民國歷史與文化研究

二　編

第 3 冊

蔣介石與民末憲政

鄭　率　著

花木蘭文化出版社

國家圖書館出版品預行編目資料

蔣介石與民末憲政／鄭率 著 -- 初版 -- 新北市：花木蘭文化出
版社，2015〔民 104〕
序 4+ 目 2+260 面；19×26 公分
（民國歷史與文化研究 二編；第 3 冊）
ISBN 978-986-404-270-8（精裝）
1. 蔣中正 2. 民國史 3. 憲政主義
628.08   104012455

ISBN- 978-986-404-270-8

9 789864 042708

民國歷史與文化研究
二 編 第 三 冊   ISBN：978-986-404-270-8

蔣介石與民末憲政

作　　者　鄭　率
總 編 輯　杜潔祥
副總編輯　楊嘉樂
編　　輯　許郁翎
出　　版　花木蘭文化出版社
社　　長　高小娟
聯絡地址　235 新北市中和區中安街七二號十三樓
　　　　　電話：02-2923-1455 ／傳眞：02-2923-1452
網　　址　http://www.huamulan.tw 信箱 hml810518@gmail.com
印　　刷　普羅文化出版廣告事業
初　　版　2015 年 9 月
全書字數　210222 字
定　　價　二編 24 冊（精裝）台幣 45,000 元

蔣介石與民末憲政

鄭 率 著

作者簡介

鄭率，1975 年生，黑龍江依蘭人，歷史學博士，現爲吉林大學文學院中國史系講師，主要研究方向爲中國現代政治史、中國經濟史。曾發表《民末憲政芻議》、《蔣介石 1928 年統一前後政治運籌評議》、《論蔣介石個人獨裁的制約因素》、《近代中國外人在華治外法權的經濟後果》、《近代中外經濟關係中關稅與釐金的糾葛》等學術論文，並參與《南京政府憲政研究》、《近代以來中外關係與中國現代化》、《中國外交史》、《東北抗戰實錄》等多部學術著作編撰。

提　　要

　　當抗戰接近尾聲之際，國民黨面臨各界強烈的行憲呼籲，政治壓力陡增，為此蔣介石一改既往消極態度，轉而積極籌備憲政。在其一手操控下，從制憲國大到行憲國大，蔣試圖把握政治改革主動權，以免受制於人。敷衍中間勢力、與中共競爭、維護個人威權及回應美方建議，這四者是蔣決意行憲的具體動機。行憲開始後，蔣深陷未曾預料的政治困境中，但仍一意孤行，繼續玩憲政於股掌之上。而隨著軍政形勢惡化，蔣於最後關頭被迫事實上廢除憲政，並變相恢復國民黨訓政舊制。縱觀民末憲政過程，實為蔣策劃、導演並直接參與演出的一場政治大戲。由於政治理念衝突，亦因憲政設計和執行間扞格，再有行憲時機選擇失當，加之黨內外複雜尖銳政爭，諸多因素交織，國民黨在民末行憲的最終果實僅為憲政空殼，政治戲劇蛻變為政治鬧劇。就蔣個人而言，決策失宜致假戲成真，弄巧成拙，政治工具竟成權力贅疣，彰顯蔣氏理念的滯後和能力的缺陷；從國民黨法統角度審視，民末一黨憲政對孫中山遺教既有尊奉又有背離，修正後加以利用卻仍不合實踐所需，國民黨遂以臨時條款代憲法運行數十載；在近代中國歷史進程中，民末憲政標記了中國民主政治發展的又一次挫折，迄民國時期終結，憲政仍徒具形式，憲政外殼之下，民主政治內核未得有效充實。

自　序

　　首先，從「民末」這個概念說起。民末，即「民國末期」的縮寫，意爲「民國時期（1912～1949 年）的最後階段」。這個時期，抗戰和內戰無縫銜接，國共雙方鬥爭在軍事戰線和政治舞臺並舉。就國民黨方面看，戰爭和改革同步進行，政治改革中維繫威權和還政於民兩種趨勢彼此牽扯相悖。時勢複雜，變幻難測，戲劇化的政治事件的一幕一幕接續上演。在棼亂如絲的政局中，蔣介石無疑擔當了一個關鍵性的角色。

　　與其稱之爲中國的拿破崙三世〔註1〕，不如說蔣介石是一個類似西班牙獨裁者佛朗哥式的政治人物。蔣介石本質上是一名軍人，憑軍事起家，以軍事實力立足於民國政壇，統領國民黨。按學問家定義，威權政治的本質即是如此。蔣的成功，當然有個人能力和努力爲基礎，但中年時期脫穎而出，遏群雄，據高位，也有賴幸運之神眷顧。爲何？蔣關鍵時刻或被提拔，或得相助，雖陷逆境亦能轉危爲安，縱使下野也能稍後復出。民國時期，豪傑梟雄輩出，國民黨內能與蔣頡頏者大有人在，例如：有黃興、宋教仁、陳其美、朱執信卻皆早亡，與蔣無競爭關係；此後，有張靜江卻不貪權位，有戴季陶卻甘爲助手，有廖仲愷 1925 年被刺殺，有胡漢民卻 1936 年病逝，有汪精衛卻 1938 年叛逃投日，有馮玉祥卻缺乏人望，有李宗仁卻過於地方化，有孫科卻不類其父，有宋子文卻過於西化……國民黨黨國大權終落入蔣介石囊中。

　　抗戰結束之際，蔣介石登上權力巔峰，一覽眾山小，風光無限。時勢造英雄，時勢轉變也會毀英雄，此爲「運」也。高處之蔣委員長，竟未覺絲絲寒意來襲。此際，中共崛起，國民黨政治體系之外的中共領袖毛澤東向蔣發起強勁挑戰。今日看來，上述蔣政治成長之「運」在 1945 年前後告一段落。

―――――――――――――

〔註 1〕　〔蘇〕沃龍佐夫著，王長國等譯：《蔣介石傳》，新華出版社 1992 年版，第 1
　　　　～2 頁。

蔣一旦幸運不再，挑戰者能力不凡，加以蔣自身政治決策失誤，終至在大陸陷入失敗境地，此實乃蔣的人生事業轉而常態化之結果。1949 年之際，若說蔣介石乃原形畢露，似不爲太過。國民黨 1949 年之敗的最大原因其實就是蔣介石，這一點長期以來是不被清楚認識的。〔註2〕縱覽蔣介石的統治史，北伐統一前後戰友同室操戈埋下國民黨內部日後長期派系紛爭的禍根，抗戰結束前後戰決策失宜使得黨內潛在矛盾爆發。1928 前後和 1945 前後關鍵時間段的兩次重大戰略失誤最終疊加到一起，遂演化成民末敗局。這是歷史事實所反映了蔣介石的眞實政治韜略水準。蔣政治素質的缺陷，其核心就是政治能力的不足。種種事實俱在，可以看出國民黨 1949 年實敗於蔣介石之手。

退據臺島前後，蔣深刻反省併改造國民黨，刷新政治，並借助美國庇護終能控臺灣一隅。1949，蔣經營大陸失敗，但「亦是他人生另一階段的開始」，成爲「建設臺灣的奠基者」〔註3〕。黨國覆滅而身家仍得以保全，權力繼續維繫，並能展開新事業，蔣的一生最後仍以幸運結束。圍繞著政治素質這個中心點來認識蔣，似乎較爲妥當。

就政治風格而言，蔣一貫自命不凡，「以聖賢自待」，「以豪傑自居」，「以革命領袖自視」；〔註4〕不過他人卻認爲蔣僅是「偏霸之才」〔註5〕，「有大略沒雄才」〔註6〕。實際情形，蔣雖不甚符合「政治家」的稱謂，但又超乎一般政客之上。作爲一威權政治領袖的蔣，其心目中的自己，和眾人眼中的他以

〔註2〕楊奎松指出：流行的觀點，認爲國民黨敗於「獨裁」和「腐敗」，但「只要比較各國，也包括新中國的歷史即可瞭解，無論專制還是腐敗，都未必導致政權垮臺。恰恰相反，缺少『專制』和『獨裁』之力，內部你爭我奪，相互推諉，卻恰恰可能是蔣介石整合國民黨及其政權各方面資源對抗中共挑戰時所存在的重大缺陷之一」。然而，「僅僅著眼於蔣介石一時的政策方針和判斷決策失誤」，也不足以回答國民黨盛衰之原因，「只是簡單地通過蔣介石國民黨統治手法上尋找缺陷來論證其失敗之必然，也是很難讓我們的研究具有說服力的」。楊的觀點明示蔣介石領導不力，暗示蔣的「重大缺陷」，但該觀點也不贊同以一時之誤和「統治手法」缺陷來論證國民黨的失敗。參見楊奎松：《蔣介石相關主題的研究回顧與展望（大陸）》，汪朝光主編：《蔣介石的人際網絡》，社會科學文獻出版社 2011 年版，第 296 頁。

〔註3〕劉維開著：《蔣介石的 1949：從下野到再起·前言》，山西人民出版社 2013 年版。

〔註4〕汪朝光等著：《天下得失：蔣介石的人生》，山西人民出版社 2012 年版，第 286 ～302 頁。

〔註5〕馬一浮評蔣語，見本書第五章。

〔註6〕張學良評蔣語，見本書第五章。

及實際上的他，其間存在著很大的張力。綜上，具體化而言，蔣介石的政治能力似「治一省有餘而治一國不足」。

蔣介石可能並非一個適宜崇拜的對象，但對蔣的過分貶損同樣不恰當，蔣的成敗，有其個人原因，更有其歷史背景和時代環境所限。對蔣的認識欲達絕對客觀，是一個具相當難度的課題。成功的研究所做到的大概只是儘量少些過分的毀譽。而今，對蔣眞正的學術研究正在拓展、深化中，蔣介石這個與民國史、國民黨史息息相關的政治核心人物，仍值得繼續加以探討，且既往研判尙有很大的改進和完善空間。

作爲一個充滿爭議性的歷史人物，長期以來國共敵對和東西方冷戰的背景使得蔣介石研究的政治色彩還超過學術色彩。互爲宿敵的國共兩黨對蔣的政治定位自是截然相反，兩黨之外的政治界、知識界對蔣介石的認知同樣仁者見仁智者見智，西方人對蔣的評價也眾說紛紜且多有不得要領甚至不著邊際之論者。令人頭痛的是，平素常自我檢討和自我評價的蔣介石對自身認識多有模糊不清之處，且前後不一。領袖還是軍閥，理想主義者還是機會主義者，革命者還是保守派，政治家還是政客……蔣的政治面相著實令人困惑。英國作家喬納森·芬比認爲：「儘管精於戰術退卻和達成暫時的妥協，但他的內心深處卻是倔強的。」〔註7〕這點出了蔣政治個性中的矛盾。

喬納森·芬比也看到了蔣介石政治事業的過渡特徵，指出「他的最大功績就是在日益統一的中國最前面生存了如此長時間，即使是這種統一最終將變成他最大敵人的舞臺」。〔註8〕芬比所言，當然看的很透，暗示蔣的成功的僥倖特徵，但同時表明蔣乃成就中國統一事業的墊腳石，這樣的認識啓發人去思索，堪稱高論。但且不論其表達明確與否，「統一」這一概念本身就屬性模糊，意義難於測度。芬比所論，仍屬論功過範疇。

對於蔣介石的評價，論功過不如論成敗，而論成敗的核心要義在於以能力爲核心的政治素質。這恐怕是認識蔣的較佳途徑。若論功過，因各人政治理念、審美、價值觀、人生觀互不相同。加之，功與過，究竟是對誰而言之爲功，對誰而言之爲過？對象不同，則功過不明。如此，邏輯不清，實難得要領，更難達一致。值得注意的是，機遇能否抓住，努力會不會帶來收穫，

〔註 7〕 〔英〕喬納森·芬比著，陳一鳴譯：《蔣介石傳》，中國青年出版社 2011 年版，第 444 頁。

〔註 8〕 同上。

其實是靠政治能力，也是政治能力的變現。否則，再好的機會，再多的努力，政治素質不佳，政治能力低下，也是枉然。從蔣介石身上，我們是可以看到這些所謂「歷史偶然性」的作用、表現和「主觀能動性」的效果。

蔣介石之成敗，一般以北伐、抗戰、建設臺灣為成就大端，以 1949 年喪失大陸為失敗焦點。從民末憲政切入，探討蔣介石 1949 年失敗之原，再次解析這一焦點問題。按歷史學研究經驗，話題過大，則無從把握，從短期歷史事件入手，倒是可以一窺局部真理。本書即是如此。蔣介石在民末憲政期間之作為，即是一例。抗戰結束前後，蔣為何決意行憲？1946 年蔣為何力推憲法通過？1947 年時局轉折之年，蔣為何繼續行憲？1948 年，蔣介石登上總統大位為何卻毫無成功之欣喜？1949 年，蔣在敗局已定情況下如何對待狼狽運行中的憲政體制？這些，本書嘗試加以探討，並一一作出剖析詮釋。

在論述中，不能不對關鍵概念「憲政」進行審視。憲政並不是一個歷史學概念，而是一個政治學概念。當一個概念與歷史不符時，需要質疑的不是歷史，而是概念。陳志讓論及清末民初政治時說：「『合法』的觀念是那時西方政治科學的基本假定，不合法的事情不屬於政治科學的討論範圍。」〔註9〕把憲政等同於民主，這樣的觀念自那時之後便充斥國人腦際，至民末時仍是認識憲政的基本思維。時至今日，又有多少人擺脫了這種過於主觀且與史不合的認識！憲政不能等同於民主，這是一種歷史主義的理解。借民末憲政這一課題，要表達的就是這樣一種理解。

本書原稿為作者博士學位論文，經過一番修訂而成，但自感粗陋淺薄之處尚多，應仍屬一篇「習作」。作為一名閱歷資歷尚淺的史學從業者，學術之路來日方長，未來仍可對這一課題繼續探究，以求新的改進和收穫。若通過本書，能夠引起一些研究者的興趣，使得更高水平的論著湧現，加深對蔣介石的研究，增進對憲政問題的認識，便是其書最大的作用，也是其人最大的心願。

鄭率

2015 年 4 月於吉林大學寓所

〔註 9〕陳志讓著：《軍紳政權——近代中國的軍閥時期》，廣西師範大學出版社 2008 年版，第 122 頁。

目次

前　言

一、新概念與學術課題緣起

倘若我們按中國傳統史學的認識模式將民國比作中國歷史上的一個朝代，則抗戰後的幾年可以看作民國時期（1912～1949 年）的末期〔註1〕。所謂民國末期，簡稱「民末」，即大致是指 1945～1949 年這個時期〔註2〕。「民末憲政」即這個時期國民黨結束訓政，推行憲政直到最後擱置憲政，恢復訓政的政治演變過程。

在抗戰後短暫的四、五年時間內，中國經歷了時局的風雲變幻，戲劇化的政治場面連番上演，和平與戰爭、民主與專制、團結和分裂穿插其中。其實，從抗戰後期開始，民國歷史的主題就由中日戰爭轉為國共對抗。在動蕩且莫測的政治環境中，各種勢力圍繞憲政角逐。幾年內，國民黨推行的憲政猶如一部政治題材的戲劇，情節起伏，引人矚目。

抗戰結束前後，面對社會各界的呼籲和出於對抗中共的考慮，經過政協會議和國民黨六屆二中全會的醞釀，1947 年國民黨正式開始實施一再推遲的憲政。與此同時，國民黨進行「戡亂」總動員，全面進入與中共的戰爭狀態。國民黨在內戰之前的大好形勢拒絕開放政權，而到局勢惡化時才實行憲政。

〔註1〕張玉法認為民國史可分為三個時期，1912～1928 年為第一個時期，可稱之為第一共和或第一民國：1928～1949 年為第二個時期，可稱之為第二共和或第二民國：1949 年以後為第三個時期，可稱之為第三共和或第三民國。參見張玉法著：《中華民國史稿》，聯經出版事業股份有限公司 2001 年版，第 4 頁。
〔註2〕與「民初」概念相仿，「民末」所指也有一定模糊性，例如本書所論實際上有時會把這一概念所涵蓋的時段延伸至 1945 年之前。

一邊「戡亂」，一邊「行憲」，導致戰時體制和憲政體制的彼此衝突，結果弄巧成拙，不但無助於「戡亂」大局，而且大大削弱了國民黨政權，以致最後不得不放棄憲政體制。這一幕結束訓政、實行憲政的政治大戲，經歷了初期抗戰結束前後的醞釀，從政治協商會議到國民黨六屆二中全會的反覆，此後又有從「制憲國大」和「改組政府」的行憲籌備活動，最後出現從「行憲國大」到「非常委員會」出臺的轉變。國民黨從訓政到憲政，再轉回到實際上的訓政，轉了一圈，又退回起點。蔣介石一手策劃、導演並直接參與了民末憲政這場政治戲劇的始終，而中共和民盟中途退出，青年黨和民社黨追隨國民黨但終不脫附庸地位。究其實，民末憲政只是國民黨的「一黨憲政」。

到目前爲止，關於民末中國政治的研究，多集中於國共之間的政治、軍事鬥爭，以及國共美蘇三國四方的複雜關係，相關的著作文章林林總總，不勝枚舉，但對於民末國民黨「一黨憲政」問題，特別是憲政前前後後蔣介石的政治作爲，既往的學術探討還存在明顯不足，尚待加強。特別突出的問題是，長期以來對於民末憲政，史學界大多還只是將其置於國共對抗的背景來看。如果我們從近代中國憲政歷史或者從近代中國民主政治發展進程來看，民末憲政的歷史地位和重要意義就迥然不同了。

對於近代中國的憲政，由於歷史分期的不同，一些研究者（一般是將1919年作爲中國近代史、現代史分界線的研究者）將近代中國的憲政研究的下限僅僅定位於民國初年，給人的印象是近代中國的憲政「試驗」至民初就已經宣告結束，中國轉而走上了另外的政治發展道路。而將中國近代史的下限定位於民國末年的研究者，更多著墨於清末預備立憲、民初憲政，論及民末憲政多有省略，且觀點含混，言辭閃爍，不能將這段重要的歷史清晰地展示在世人面前。從清末預備立憲、民初憲政到民末憲政，中國民主政治在半個世紀的時間裏經歷的起落和曲折，不充分納入民末憲政的內容，就無法完整地審視近代中國民主政治的發展。同時，民末憲政也構成了中國憲政的歷史遺產，無論是從積極的一面看，還是從消極的一面看，都對後來的歷史產生了重大的影響。〔註3〕

在對國民黨大陸統治時期中國政治的眾多研究成果中，關注訓政者眾而研討憲政者寡。誠然，在國民黨22年的大陸統治時期，有20年是在訓政，但最後這兩年的憲政也具重要意義，因爲它是國民黨短短兩年內行憲造成的

〔註3〕從「黨治」向「法治」轉變，民末憲政可以說是絕佳的參照系之一。

政治轉變，不但是對國民黨政治理念的一個檢驗，也深刻影響到國民黨退臺後的統治，甚至關乎國民黨放棄一黨專政後的臺灣政局。如此看來，民末憲政無疑是一個非常重要的研究課題。因此，提出「民末憲政」這個課題並加強相關探討對中國近代史的研究來說是很有必要的。

二、關於民末憲政的學術史回顧

民末憲政相關的研究實際上早已有之。最早的關於民末憲政的研究現於民國時期的法學專著中，如陳茹玄的《增訂中國憲法史》〔註4〕、張君勱的《中華民國憲法十講》〔註5〕、蕭公權的《憲政與民主》〔註6〕等。不過，因其時正值歷史進程當中，且這些著作屬於法學性質，它們反映了時人對憲政的看法，故此在今日的歷史學研究中具有史料價值。

民末憲政的研究尚未形成專門論著，其研究主要還是散見於各種憲法史、政治制度史、政治史著作中〔註7〕，而蔣介石的多種傳記中則對民末憲政一般著墨不多。

到目前為止，國外學者對民末憲政並不關注〔註8〕，從事相關研究的主要是中國學者。臺灣方面，荊知仁的《中國立憲史》，對民末憲政有所論述，在描述歷次議會修憲情況時，對民末政協修改「五五憲草」及其在隨後的 1946

〔註 4〕世界書局 1947 年版。

〔註 5〕商務印書館 1948 年版。

〔註 6〕中國文化服務社 1948 年版。

〔註 7〕相關著作臚列如下：荊知仁著《中國立憲史》（臺北聯經出版事業公司 1984 年版）、張朋園著《中國民主政治的困境（1909～1949）》（吉林出版集團有限責任公司 2008 年版）、徐矛著《中華民國政治制度史》（上海人民出版社 1992 年版）、陳瑞雲著《現代中國政府》（吉林文史出版社 1988 年版）、張皓著《中國現代政治制度史》（北京大學出版社 2004 年版）、王永祥著《中國現代憲政運動史》（人民出版社 1996 年版）、孔慶泰等著《國民黨政府政治制度史》（安徽教育出版社 1998 年版）、殷嘯虎著《近代中國憲政史》（上海人民出版社 1997 年版）、劉偉和饒東輝著《中國近代政體發展史》（華中師範大學出版社 1998 年版）、郭寶平和朱國斌著《探尋憲政之路——從現代化的視角檢討中國 20 世紀上半葉的憲政試驗》（山東人民出版社 2005 年版）、秦立海著《民主聯合政府與政治協商會議——1944～1949 年的中國政治》（人民出版社 2009 年版），等等，均涉及民末憲政。

〔註 8〕國外史學界關於民末政治最具代表性的著作如美國學者易勞逸的《毀滅的種子：戰爭與革命中的國民黨中國（1937～1949）》（王建朗等譯，江蘇人民出版社 2009 年版），書中視角並未探討民末憲政這個話題。

年國民大會上通過《中華民國憲法》也有所涉及，在海內外均有重要影響。不過，全書 16 章，其中僅第 16 章《制憲大業之完成》論述民末憲政，且較為簡略，與其他各章形成顯著差距。另外，張朋園的《中國民主政治的困境，1909～1949》集中於民末行憲過程中國民大會、立法院、監察院的選舉，並非完整民末憲政的方方面面。

在大陸方面，陳瑞雲的《現代中國政府》是較早的一部研究民國政治制度的著作，該書對民末憲政的來龍去脈有較完整的論述，作者指出：憲政時期的南京政府與軍政、訓政時期相比，有若干非本質的變化，但根本性質與基本制度沒變。這表現在，一方面，孫中山生前主張憲政時期政府實行五權分立，而憲政體制下南京政府雖有五院，五權之間亦有制約，但權力高度集中於總統，五院為其附屬物，是大權歸一，根本談不上五權分立；另一方面，憲政體制下，名義上取消了國民黨的黨治原則，國民黨再無權指揮政府，但行憲之後政府的大權仍由國民黨員掌握，甚至多數機構的原班人馬沒有變動或變動不大。重大的事情仍由國民黨決定，黨的決定再到政府系統走法律程序。後來蔣介石下野後，乾脆組織黨方面的非常委員會架空政府。因此，「行憲後，國民黨仍是南京政府的主宰者」。〔註9〕徐矛在《中華民國政治制度史》中以較大的篇幅論述了民末憲政，特別是指出 1946 年《中華民國憲法》形式上滿足了國民黨五權憲法的要求，而實際上憲法採用的是符合世界民主潮流的民主制衡原則。徐著認為：「如果國民黨是一個對民族負責的政黨，沿著這部憲法走下去，中國可能成為實行資產階級民主制度的共和國。」〔註10〕

進入 21 世紀後，有更多研究者開始關注民末憲政，學術論文紛紛就某些具體問題提出見解。與著作相比，論文中的觀點更新穎，分析也更深入。如張皓的《蔣介石與 CC 系在〈中華民國憲法〉下的權力之爭》〔註11〕論述了1948 年國民黨行憲之後在憲政體制下行政院和立法院圍繞行政院長人選和質詢權問題展開的紛爭，文中通過詳實的資料，細緻的分析，揭示了憲政體制下國民黨內權力之爭的實質是蔣介石和 CC 系矛盾的體現。張皓文章所揭史實一般不為人所注意，眾所週知的是國民黨敗退前的蔣桂矛盾，而蔣介石嫡系內部矛盾，特別是蔣介石與其長期倚為柱石的 CC 系之間的矛盾其實也是暗潮

〔註 9〕陳瑞雲著：《現代中國政府》，第 330～376 頁。
〔註 10〕徐矛著：《中華民國政治制度史》，第 353 頁。
〔註 11〕《歷史檔案》2008 年第 2 期。

溝湧。這對於深入研究民末國民黨政局的情況，以及憲政對國民黨統治的影響，均具有啓示意義。鄭大華的《重評 1946 年〈中華民國憲法〉》〔註 12〕和《張君勱與 1946 年〈中華民國憲法〉》〔註 13〕通過對 1946 年《中華民國憲法》的重新研讀，認爲其與此前國民黨一黨制定的「五五憲草」比較，存在著一些重大區別。與「五五憲草」不同，1946 年《中華民國憲法》多多少少帶有一些民主性質或色彩。這些民主性質和色彩是中共、民盟以及全國人民和國民黨鬥爭的結果。鄭還指出，張君勱作爲學者，其政治活動甚少有人注意。實際上在民國末期他的政治活動比他的學術活動對社會的影響更大。張君勱是 1946 年政治協商會議通過的憲草修改十二條原則的主要提出者和《中華民國憲法》的起草人之一，是民末憲政中值得關注的重要人物。鄧麗蘭的《民國憲政史上追求「直接民主」的嘗試及論爭——從「國民大會」觀民國政制的演變》〔註 14〕和《權力制度化的追求與挫折——民國政制史論綱》〔註 15〕從較開闊的視野宏觀審視了民國時期政治體制的變遷。鄧認爲：民國初年制度移植受挫，除客觀社會文化原因外，更主要的是中國思想界主動追求「改造代議制」的結果。國民黨統治時期的制度選擇追求超越型憲政模式，卻帶來制度實際運作的困難，不得不轉而「重回代議制」。制度反覆選擇的結果是制度與價值的疏離、制度與利益的疏離、制度與行爲的疏離。民國政制的演變始終處於一個尋找制度的過程卻未能完成正常的制度轉軌，成爲民國政治動蕩不安的重要根源。關於國民大會，鄧認爲：國民大會是 20 世紀 20 年代中國人追求直接民權的制度構思，孫中山的政制設計也使用了這一組織形式。南京政府 30 年代的制憲過程中，「改造代議制」抑或「重回代議制」的不同意見反映在有關國民大會職權設置的爭論中。40 年代的憲政運動中，國民大會職權問題再次在國民黨內外掀起軒然大波。中間勢力與中國共產黨人的合作使 1947～1949 年憲政走上了「重回代議制」的道路。這些研究成果，在史實重構和歷史分析上，均給人以啓發，令學術視野得以拓寬。

　　綜上所述，「民末憲政」仍屬民國史研究或中國近代政治史、制度史研究中處於初期研究階段的一個問題。民末憲政作爲近代中國立憲政治發展的一次高潮，作爲近代中國一次重要的自上而下的政治改革，加強其研究力度大

〔註 12〕　《史學月刊》2003 年第 2 期。
〔註 13〕　《淮陰師範學院學報》2003 年第 2 期。
〔註 14〕　《人文雜誌》2004 年第 2 期。
〔註 15〕　《社會科學輯刊》2006 年第 4 期。

有必要。可喜的是，時至 2010 年代，民末憲政相關研究頗有興起之勢，以往相比大有改觀。

長期的習慣，研究者多將民末憲政視為 1945～1949 年國共戰爭的背景或配合軍事鬥爭的政治手段，而極少視為近代中國一次重要政治改革。與以往次第展開的「運動」性質的鴉片戰爭、太平天國運動、洋務運動、戊戌變法、義和團運動、辛亥革命、清末新政、國民革命、抗日戰爭等的研究相比，成果尚屬不足；甚至較之「事件」性質的某些課題諸如戊戌政變、中山艦事件、西安事變等，亦嫌力度稍遜。

臺灣史學界在國民黨「威權政治」時代對民末憲政更多給予肯定的評價，而大陸方面在相關論著中，對民末憲政的評價當然還是以否定為主但某些批判實際並未切中要害。當然，最近十多年兩岸史學界在這一課題上多有交流，但實際情形仍留有往昔紛爭的影子。研究視野在政治和思想分歧的背景一下，無法充分展開。民末憲政的歷史源流，即民末憲政在民國政治演化中的位置，民末憲政在國民黨歷史演變中的位置，甚至說在中國歷史整體中的位置，還不能從容面對和客觀評說。

民末憲政牽涉甚廣，歷史淵源長久複雜，歷史影響深遠。視野拓展是民末憲政研究關鍵性的努力方向。某些問題短時期負面的評價在長時段歷史的視野下很可能就會變成正面的評價，而短時期內次要問題在長時段的視野下觀察很可能就會變成主要問題，反之亦然。視野的拓寬，今正值其時。

三、關於民末憲政的歷史詮釋

民末憲政的歷史輪廓，大致可分為三個發展階段敘述：第一，醞釀階段，1943～1946 年，即從第二次憲政運動到制憲國大前。抗戰勝利前後，由於憲政運動的推動，加之中共以「聯合政府」口號與國民黨進行政治抗衡，另有美國方面的呼籲以及國民黨內部的民主呼聲，蔣介石決定實行拖延已久的憲政，對憲政的態度由消極轉為積極。不過，蔣介石積極推動的憲政的重大政治決策，是以國民黨為中心，維護國民黨的統治地位和個人權力為出發點的。從重慶談判到政協會議，蔣介石以溫和態度對待中共及中間勢力的政治主張。然而當蔣介石發覺憲政的推進即將脫離國民黨控制的範疇時，態度又轉而強硬，國民黨在六屆二中全會上推翻了政協會議的承諾，拒絕協商民主，轉而積極推行國民黨自身嚴格操控下的「一黨憲政」。

　　第二，制憲階段，1946～1947 年，即從制憲國大召開到改組政府。國民黨六屆二中全會政治態度的重大轉變使民末憲政進入了一個新的階段，全面內戰爆發後，蔣介石更試圖以憲政為政治武器，不戰而屈人之兵，制服中共。開國大，行憲政，實際上是蔣介石在政治上招降中共的如意算盤。以中共為政治對手，戰場上、會場上同時向中共施加壓力和進行打擊。同時，推行憲政，蔣旨在實現自己權力的合法化，由一黨領袖變為全國領袖。對於蔣的意圖，中共和民盟非常清楚，針鋒相對地採取強硬方針，拒絕參與 1946 年召開的國民大會，國民黨只能拉攏青年黨和民社黨等中間勢力裝飾國民黨「還政於民」的門面；而且，對於國民黨既定政治理念而言，會上制定出的《中華民國憲法》卻更接近政協決議，這背離了「五五憲草」的原則，五權憲法體制面臨著發生重大變異的可能性，真正的西式民主可能在修正後的體制中誕生並威脅國民黨一黨專政和蔣介石個人權力。面臨種瓜得豆的局面，蔣介石心有不甘，異常惱火，在種種場合發泄心中的不滿，蔣介石雖在憲政問題上的失意，但基於在軍事上抱有信心，蔣仍決定踢開中共，單起爐竈繼續推進憲政。制憲國大後，國民黨又改組了國民政府，即所謂的 1947 年「聯合政府」，為正式的行憲做準備。

　　第三，行憲階段，1947 年底到 1949 年，即從憲政正式開始到國民黨退臺。1947 年國民黨宣佈「動員戡亂」，年底憲政正式開始實施，種種複雜、棘手的政治問題接踵而至。憲政的推行，實際上是蔣介石自己給自己出了一道難題，一邊剿共，一邊行憲，戰時體制和民主政治同步推行，兩者扞格相悖。制憲國大後蔣介石雖發覺自己的錯誤，然進退維谷中仍將憲政推上不歸之路，蔣受盡憲政的拖累。如此局面，手段再高超的政治家恐怕也難於處理。如果說此前的憲政舉措作為政治策略是尚有合理性可言，那麼此後繼續行憲則完全是錯誤的決策。隨著軍事形勢的惡化，蔣介石主導下的憲政終於陷入窘境，在憲政體制下國民黨內部的紛爭取代了國共關於憲政的鬥爭，這極大地削弱了蔣介石的權威和地位。蔣介石被迫下野後，重拾一生中屢次使用的權術故伎，恢復訓政乃至獨裁，憲政實際上被架空。憲政由政治工具變成政治累贅，蔣介石的如意算盤徹底落空。

　　民末憲政分階段演化，有著複雜、繁多的史實。民末憲政歷史事實的完善和充實，這在資料日益完備的今天已經成為可能。相關歷史資料，除以往的出版物外，新挖掘的國民黨軍政要人檔案及口述史料為民末憲政研究創造

了新的契機。一些歷史細節，如蔣介石關於憲政的決策，國民黨圍繞憲政展開的政爭問題的研究，都可望取得新的進展。

國民黨行憲至 1949 之際，憲法、國民大會和五院框架雖然最後都保留了，但憲政仍遭遇重大挫折，以失敗告終。蔣介石依靠《動員戡亂時期臨時條款》變相恢復了國民黨的訓政，甚至退回到蔣介石個人獨裁。綜合各種因素分析，實施憲政受挫、蔣介石政治意圖落空主要是囿於以下原因：其一，國民黨政治改革過程中人治、黨治、法治三者之間的矛盾，政治理念和政治現實中矛盾之處太多，民主邏輯和專制邏輯互不兼容；其二，就政治技術的角度而言，憲政設計的技術含量不高，國民黨缺乏高超的政治技巧，憲政的設計和執行中各個環節都存在著重大的缺陷；其三，戰時的政治環境是憲政推行的不利因素，國民黨面臨存亡絕續的致命挑戰，在此關口行憲絕對不是一個好的時機；其四，政治鬥爭使憲政嚴重偏離了政治改革的軌道，政治鬥爭的色彩嚴重超過了政治改革的色彩，政治改革被政治鬥爭扭曲直至歸於失敗。

蔣介石的政治能力問題與民末憲政的成敗有著緊密相關。民末憲政是在國民黨走向失敗的過程中展開的，它隨著國民黨的失敗而失敗，這其中，蔣介石是一個關鍵性人物。剖析民末憲政，是離不開蔣介石的，從蔣介石的政治決策入手，能夠較好地理解民末憲政的來龍去脈和成敗厲害。從民末憲政整個過程看，蔣介石把憲政作爲政治武器和政治工具，有時甚至是政治玩具，決策頻頻失誤，終至局面無可收拾。可以認爲：作爲國民黨領袖和民國政壇的關鍵政治角色，蔣介石的政治策略和政治能力與民末憲政的失敗直接聯繫在一起。從這個角度來審視，國民黨的失敗也可以與蔣介石個人因素聯繫起來，蔣介石的所作所爲實際上是國民黨失敗的最主要原因。〔註 16〕

從國民黨史的角度看，從孫中山到蔣介石，民主政治與威權政治之間存在著極其微妙的糾葛，孫中山的政治設計對國民黨的政治選擇產生了根本的影響，而蔣介石自身無法改變孫中山的政治設計——雖然蔣介石試圖利用孫中山的政治設計爲自己的權力服務，但實際政治操作的結果卻是被迫修正先前政治設計，這種修正在權力框架上是不利於蔣介石的。蔣介石只能借助非常規體制即戰時體制來架空憲政從而保持自己的權力。國民黨的政治理論和政治實踐之間的關係仍值得我們繼續深入探討。

〔註 16〕 相關研究參見劉會軍、鄭率：《論蔣介石個人獨裁的制約因素》(《東疆學刊》
　　　　 2003 年第 3 期；鄭率的《蔣介石 1928 年統一前後政治運籌評議》(《史學集刊》
　　　　 2003 年第 4 期。

　　另外，還需要從更廣闊的視野、更多樣的視角認識近代中國憲政的發展趨勢。民末憲政嚴格地說是短時段內發生的歷史事件，要深入地研究民末憲政，必須放寬視野，調整視角。從清末預備立憲，到民初代議政治，再到民末國民黨的一黨憲政，將其聯繫起來鳥瞰近代中國民主政治發展的曲折歷程，可以獲得更多的宏觀認識。從革命的角度或改革的角度，從國民黨的角度或從共產黨的角度抑或從中間勢力的角度，從不同人物的角度看問題，可以瞭解歷史的多面性。在近代中國，民主政治進退失據的個中緣由其實非常複雜，不同的視野，不同的視角，就會形成不同的觀點，得出不同的結論。

　　值得一提的是關於理論應用的問題。研究民末憲政需要政治學的理論的應用，具體而言即以憲政理論以及民主政治學說作為解釋工具。然而，要特別注意的是，憲政、民主這兩個概念的區分具有重要意義，憲政這一概念所蘊涵義較民主這一概念為廣，如下圖：

圖1：憲政與民主的關係

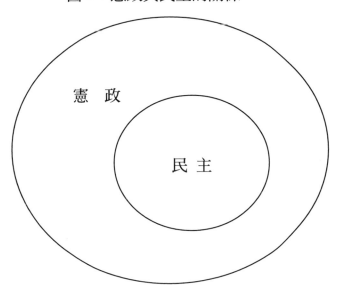

　　憲政並不一定是民主政治，民主政治可能只有憲政的外殼而沒有民主精神的內核，這是最近兩個世紀各國憲政發展史所體現出來的常見現象。缺乏民主內核的憲政還不能稱之為民主政治——雖然憲法的確定也是民主政治進展的表現；只有憲政被填充進民主政治的內核，法治、分權、制衡、人權等要素得到體現，這其中尤以法治乃為憲政第一要務，唯有力行法治，憲政才

能漸次進入民主政治的軌道。通過本文的論述，可以看到，民末憲政實踐過程中，民主政治的諸要素，特別是法治要素的落實存在很大的欠缺。正是在這個意義上講，從民主政治的立場上看問題，國民黨行憲實際並未落實民主政治，民末憲政也並未導致政治民主化。

四、文獻資料概述

　　研究資料，經編輯出版、較常見者如《先總統蔣公思想言論總集》、《總統蔣公大事長編初稿》、《中華民國重要史料初編——對日抗戰時期》、《中國國民黨歷次代表大會及中央全會資料》、《革命文獻》、《國民參政會紀實》及其《續編》、《中華民國史史料長編》、《中華民國史檔案資料彙編》、《國民黨政府政治制度檔案史料選編》、《史料薈萃：近代中國憲政歷程》，等等。實際上，對這些文獻的利用和解讀還是不夠的，筆者翻閱中，經常會發現平時大家未注意而史料價值較高之處。一些重要歷史當事人的記述爲解讀蔣介石的政治心理和政治決策以及更深入地研究民末憲政提供了線索，如《李宗仁回憶錄》、《白崇禧回憶錄》、《政壇回憶》、《張治中回憶錄》、《寄園回憶錄》、《在蔣介石身邊八年》、《蔣經國自述》、《蔣介石的美國顧問——歐文·拉鐵摩爾回憶錄》以及《文史資料選輯》中的相關記載，等等。

　　再有，當時國民大會秘書處所編印的文獻如《國民大會會議錄》、《國民大會實錄》、《國民大會代表提案原文》、《第一屆國民大會第一次會議提案原文》、《中華民國憲法草案代表提案意見摘要》、《國民大會代表對於中華民國憲法草案意見彙編》、《國民大會代表對於中華民國憲法草案發言紀錄》；行政院新聞局編《國民大會代表立法院立法委員監察院監察委員選舉概要》；中央日報社編《國民大會紀念冊》；另有黃香山的《國民大會特輯》、何漢章編《國民大會專輯》，等等，內容較爲豐富，有待加強利用。另外，第二歷史檔案館所藏有關國民大會的檔案史料還有待發掘。臺灣的「大溪檔案」（現稱爲「蔣中正檔案」）也正在對外開放，目前利用的困難逐漸減少。〔註17〕據說當年曾有《國大實錄》存放於南京的人民大會堂（即原國民大會堂），但文革時都被運走，幾卡車的歷史資料都化了紙漿。〔註18〕這些利用不足或甚少利用的資

〔註17〕田子渝：《國民黨黨史館與「大溪檔案」》，《上海黨史與黨建》2002年10月號。
〔註18〕杜興：《南京國民大會堂——夭折的憲政夢》，《先鋒國家歷史》2008年9月號。
　　　參見：http://gjls0799.blog.163.com/blog/static/39511691200882611223 7966/

料甚至消失的資料提示我們，關於民末憲政的研究尚待展開，其內容可能遠比我們想像的豐富。

　　值得一提的是史料價值很高的蔣介石日記，數十年來零散問世，原件現被蔣介石後人暫存於美國斯坦福大學胡佛研究所，已對社會開放多年，各界人士頻頻查閱利用，一度形成熱潮。〔註19〕不過，張玉法認為：蔣日記「在軍國大事方面沒有超越已經公佈的史料和已經出版的專書」，這是因為其實日記「早已開放給少數的政學界人士」。〔註20〕日本學者家近亮子也指出：「蔣日記只是佐料，能讓整篇文章變得更為細緻，但是並不能取代原有的基礎。」〔註21〕從目前史學界對蔣日記的閱讀利用情況看，大體上暫無對既有史實形成顛覆的新發現。

　　限於條件，本書目前只能利用零散可見的蔣介石日記摘錄，未能全面翻閱徵引蔣介石日記原件。大致本書運用仍以舊資料居多，但並不妨礙書中整體觀點的表達。

〔註19〕薛念文：《蔣介石日記的史料價值》，《民國檔案》2007 年第 3 期；滕繼萌：《蔣介石日記與胡佛研究院》，《世界知識》2008 年第 14 期；楊天石：《蔣介石日記的現狀及其真實性問題》，《中國圖書評論》2008 年第 1 期；葉永烈：《在美國看蔣介石日記》，《同舟共進》2008 年第 2 期；孫江：《讀蔣介石日記隨感》，《南方周末》2008 年 6 月 19 日；郝柏村著：《郝柏村解讀蔣公日記（1945～1949）》，天下遠見出版股份有限公司 2011 年版；田波瀾：《僅靠日記遠遠不能還原一個真實的蔣介石》，《東方早報》2012 年 9 月 21 日；《到斯坦福大學抄蔣介石日記》，《紅岩春秋》2013 年第 1 期；胡新民：《蔣介石日記有多少可以相信》，《文史博覽》2014 年第 2 期；彭珊珊：《『後日記時代』的蔣介石研究：我們距他還有多遠？》，《東方早報》2015 年 1 月 30 日。

〔註20〕張玉法：《蔣介石日記的史料性質——讀 1945 年 8 月至 1950 年 3 月日記的一些心得》，《開拓或窄化？：「蔣介石日記與近代史研究」學術研討會論文集》（2008 年 12 月）。

〔註21〕黃克武：《蔣介石相關主題的研究回顧與展望（海外）》，汪朝光主編：《蔣介石的人際網絡》，社會科學文獻出版社 2011 年版，第 271 頁。

第一章　蔣介石對憲政的消極與積極

　　「剿共」和「行憲」同為抗戰結束前後蔣介石最為關注的黨國要務，〔註1〕此際蔣介石醞釀發動內戰的相關史事眾所週知且學界多方研究，而關於蔣與行憲決策這一層面的問題卻少有人關注。〔註2〕事實上，在抗戰結束前夕，蔣介石改變以往對憲政的態度，由消極轉為積極，國民黨在蔣的主持下正式決定實行憲政。蔣介石之所以決定行憲，是由於憲政運動、中共政治競爭、權力合法化以及美國對華政策等因素的影響。行憲決策是抗戰結束前夕蔣介石政治策略的核心環節之一，對抗戰後中國政治的走向有著巨大的影響。

　　從重慶談判到國民大會召開，蔣介石一邊醞釀「剿共」，一邊籌備憲政，其對憲政的態度令人頗為不解，特別是蔣介石撕毀政協決議一事，此中來龍去脈目前的研究中還沒有完全理清，尚有加以探討的必要。戰後蔣介石對憲政總體上看是持積極態度，但有著一個從「溫和的積極」向「強硬的積極」

〔註1〕 據白崇禧回憶，在「剿共」和「行憲」問題上，抗戰勝利時他建議蔣介石，應「先將共匪剿平，而後行憲」，「若共匪未剿平即行憲，有甚多矛盾處，且難免違憲」。蔣則認為：「你從軍事的觀點主張先剿匪後行憲，不錯的，但各黨各派壓迫得厲害，本黨主張亦不一致，我們再考慮考慮。」（《白崇禧先生晚年訪問記錄》，臺北中央研究院近代史研究所1984年版，第475～478、848頁）蔣並未接受白的意見，「剿共」和「行憲」在抗戰後雙管齊下。

〔註2〕 如鄧野著《聯合政府與一黨訓政──1944～1946年間國共政爭》（社會科學文獻出版社2003年版）、王建朗、曾景忠著《中國近代通史──抗日戰爭（1937～1945）》（江蘇人民出版社2007年版）、楊奎松著《國民黨的「聯共」與「反共」》（社會科學文獻出版社2008年版）中對此話題均未展開敘述。陳建成的《國民黨第六次全國代表大會研究》（首都師範大學2006年碩士學位論文（未刊稿））對此有所涉及，其主要關注點在於國民黨六大上關於憲政的討論和決議。

的轉變。蔣介石對憲政態度的「溫和」或「強硬」，實際上是對中共政策的「溫和」或「強硬」，在國共關係的大背景下，蔣介石對憲政的態度是以國共關係為依歸的。

一、國民黨歷次對憲政的承諾與拖延

按孫中山生前所設計的軍政、訓政、憲政三序方略，國民黨在 1928 年開始訓政後，應於 1934 年進入憲政時期，但國民黨藉故拖遲直至抗戰爆發。國民黨被譏為是在意圖無休止地維持訓政。抗戰中，又有戰時形勢和戰時體制的庇祐，國民黨得以繼續拖延行憲日程。不過，在抗戰結束前後，國民黨的態度出現變化，特別是蔣介石對憲政突然出現積極的態度。結束訓政，實行憲政，從建議到正式文告，再到國民黨中央的正式決議，行憲腳步明顯加快。1946 年召開了延宕甚久的國民大會，並於 1947 年正式進入憲政程序。與國民大會一再拖延的記錄（見下表）相對照，國民黨在抗戰結束前後對憲政的態度發生重大變化。

表 1：國民黨歷次對召開國民大會的承諾與兌現情況〔註3〕

日　　期	召開國民大會的承諾	承諾的兌現情況
1932 年 12 月	國民黨四屆三中全會決定於 1935 年 3 月 12 日（孫中山逝世十週年日）召開國民大會，制定憲法	五屆一中全會決定延期召開國民大會
1935 年 12 月 4 日	國民黨五屆一中全會決定於 1936 年 11 月 12 日（孫中山誕生紀念日）召開國民大會	1936 年 10 月 15 日，國民黨中常委決定國民大會延期
1937 年 2 月 20 日	國民黨五屆三中全會決定於 1937 年 11 月 12 日召開國民大會	因抗戰爆發延期

〔註 3〕 本表擇取為正式的、重要的承諾，即國民黨中央的決定或蔣介石的正式表態，口頭空談者皆不計。資料來源：《國民大會實錄》，國民大會秘書處 1947 編印，第 317～318 頁；秦孝儀主編：《先總統蔣公思想言論總集》第 21 卷，中國國民黨中央委員會 1984 年編印；榮孟源主編：《中國國民黨歷次代表大會及中央全會資料》下冊，光明日報出版社 1985 年版；韓信夫、姜克夫主編：《中華民國大事記》第 5 冊，中國文史出版社 1997 年版。

日　　期	召開國民大會的承諾	承諾的兌現情況
1939 年 11 月 17 日	國民黨五屆六中全會決議 1940 年 11 月 12 日召開國民大會	1940 年 9 月 18 日，國民黨中央 157 次常務會議決定國民大會延期至戰後再行召集
1943 年 9 月 8 日	國民黨五屆十一中全會決定戰後一年內召開國民大會	1945 年元旦蔣介石表態可提前
1945 年 1 月 1 日	蔣介石宣佈國民大會不必待戰後，戰局穩定即可召開	國民黨六大決定召開國民大會日期〔註4〕
1945 年 5 月 5 日	國民黨六大宣佈 1945 年 11 月 12 日召開國民大會	1945 年 11 月 12 日國民政府發佈命令，國民大會延期至 1946 年 5 月 5 日（「五五憲草」公佈十週年日）召開。1946 年 4 月 24 日國民政府宣佈國民大會延期舉行
1946 年 7 月 3 日	國防最高委員會常務會議決定於 1946 年 11 月 12 日召開國民大會	1946 年 11 月 15 日，國民大會召開〔註5〕

　　自 1940 年國民大會被繼續推遲，憲政運動沉寂三年之久。蔣介石本來對實施憲政是滿腹的不情願，屢次強調實施憲政的條件限制，主張憲政要慎重，只是在言詞上不斷的表達實行憲政的「期望」和「盼望」，如 1939 年 9 月一屆四次國民參政會上，蔣介石表示「自從民國二十年舉行國民會議，頒佈訓政時期約法以後，我沒有一時一刻忘記」憲政；〔註6〕1940 年 3 月，國民參政會的「憲政期成會」通過「五五憲草」修正草案後，蔣介石數次在參政會發表意見，如 4 月 5 日在參政會上說自己「平生惟一的期望，就是要我國能實現美滿的憲政」，〔註7〕「我個人盼望憲法成立，不是一年兩年了，十年以來，

<hr />

〔註 4〕　當時尚無法預知抗戰結束之期，因此可以視作欲兌現蔣介石承諾的行動。

〔註 5〕　因中共抗議，加之等待青年黨和民社黨提交名單，國民大會比預定日期推遲 3 天召開。

〔註 6〕　《實施憲政應有之確切認識》（1939 年 9 月 17 日），秦孝儀主編：《先總統蔣公思想言論總集》（以下簡稱《總集》）第 16 卷，臺北中國國民黨中央委員會 1984 年版，第 380 頁。

〔註 7〕　《對於憲草與實施憲政之意見（一）》（1940 年 4 月 5 日），《總集》第 17 卷，第 225 頁。

一貫的主張，就是盼望的憲法能及早頒佈實施，但我的衷心，完全是一張白紙，絕沒有一些成見」〔註8〕；1941年4月，國民黨五屆八中全會按蔣介石的授意決定「從速籌備召集國民大會，以促進民治之實施」，〔註9〕而此前一年國民政府公佈的《憲政問題集會結社言論暫行辦法》，對各地有關憲政的活動作了種種無理限制。〔註10〕甚至有國民黨特務對各地憲政座談會公然進行破壞。一方面聲言「籌備」憲政，另一方面限制憲政運動的組織和憲政言論，因抗戰進行中，大家也就不復多言了。

然而，到1943年憲政運動又起，國民黨外中共、民主黨派的政治壓力突然加大；此際甚至國民黨內的孫科、邵力子、張治中、王世杰、張群等「自己人」也表示不滿，黨內的「其他人」如宋慶齡、何香凝、李濟深、馮玉祥、陳銘樞等就更不用說了。為改變被動的處境，1943年9月8日，國民黨五屆十一中全會決定「戰爭結束後一年內召集國民大會，制定憲法而頒佈之，並由國民大會決定施行日期」。〔註11〕這是1940年之後國民黨重提實施憲政問題。1943年9月18日，三屆二次國民參政會召開，蔣介石在會上講到：

> 關於促進民治實施憲政，本為國民政府多年一貫的主張，自第一屆國民參政會以來，五年之間，政府既屢有表示，參政會亦迭有建議，憲政期成會諸君之熱心努力，實為切望建國完成的表現。現在十一中全會對於提早完成憲政，已有具體決議；規定於戰爭結束後一年內召集國民大會，制頒憲法，並決定施行日期。政府自當依此方針，悉力以赴，在卅三年施政方針之中，已規定後方各省之縣參議會，應於一年內一律成立。同時就於完成地方自治及召集國民大會之準備，亦當督飭主管機關切實籌辦。本席以為凡事豫則立、不豫則廢，我們對於實施憲政，既不可苟簡從事，亦不可拘泥因循，

〔註8〕 《國民參政會的成就和當前要計》（1940年4月10日），《總集》第17卷，第239頁。

〔註9〕 榮孟源主編：《中國國民黨歷次全國代表大會及中央全會資料》下冊，光明日報出版社1985年版，第685頁。

〔註10〕 《國民黨中央常務委員會制訂憲政問題集會結社言論暫行辦法》（1940年4月18日），中國第二歷史檔案館編：《中華民國史檔案資料彙編》第5輯第2編，政治（一），第1016～1017頁。

〔註11〕 榮孟源主編：《中國國民黨歷次全國代表大會及中央全會資料》下冊，第844頁。

　　總要以實事求是的精神，爲迅速積極的推進，因此更希望我們參政
　　會同人，領導各級民意機關和全國職業團體，糾正我們國民散漫因
　　循的積習，推進各級地方自治的工作，務使民志團結，民力發揚，
　　然後我們<u>抗戰勝利之日，即是開始憲治之時</u>，這是國家百年大計之
　　所賴，也是本席對於各位熱烈的期望。〔註12〕

其實，這不過是再次確認了國民黨 1940 年的承諾。蔣介石曾說：「我們所
要建立的，是眞實而有基礎的民主，不是虛僞空洞而無基礎的民主。我們
所要建立的，是有法紀、有秩序的民主，而不是無法紀，無秩序的陷於無
政府狀態的假民主。本黨是要爲國家、民族負責的，決不能眩惑於假民主
的宣傳。」〔註13〕不言而喻，因爲無法預料抗戰勝利之期，所以行憲之期
此時相應未定，而且要推行的是國民黨定義的憲政，要實現的是國民黨定
義的民主。

二、蔣介石對憲政態度的轉變

　　蔣介石對憲政態度的轉變，是在三屆三次國民參政會上，1944 年 9 月 16
日，蔣提議：

　　　　我們相信訓政時期，還可以儘量的縮短，雖然十一中全會已有
　　於抗戰結束一年以內召集國民大會，實行憲政的決議，但本席正在
　　考慮提議在明年召開中國國民黨第六次全國代表大會，如果到那個
　　時候，抗戰形勢好轉，<u>憲政或有提前實行的必要</u>，或將這個決議在
　　代表大會中，重行提出討論。是不是可使實施憲政和結束訓政的日
　　期再行提早。本席的意思，以爲早一天公開政權還政於民，就可早
　　一天減輕本黨的責任，使國家的事，早日讓國民大家共同來負責。
　　只是我們爲國家負責爲人民著想，不能不顧慮如何使我們中國國家
　　的基礎，得以確實鞏固，如何使我們中國的人民，眞正能夠行使民
　　權，而不致再蹈民國初年國會的覆轍，或重演法國大革命後，議會
　　中少數暴民借假民主之名，以毀滅民主精神，徒然促成政治的紛亂，
　　增加人民無窮的痛苦。我們今日所苦心計慮以求避免的就在此一

〔註12〕《說明抗戰建國最重要的問題》（1943 年 9 月 18 日），《總集》第 20 卷，第
　　　　273～274 頁。
〔註13〕《中央日報》（1944 年 5 月 27 日）。

點。至於黨派的得失和個人的地位，我們從未加以考慮。這一點我
相信今天在座的同人以及全國的同胞，必能一致體會的。〔註14〕

蔣介石開始改口要在抗戰期間實行憲政。接下來，1945年1月1日，蔣在新
年文告中宣佈：

我覺得我們國民大會的召集，不必再待至戰爭結束以後，我在
去年參政會開會時，已說明此意。我現在準備建議中央，一俟我們
軍事形勢穩定，反攻基礎確立，最後勝利更有把握的時候，就要及
時召開國民大會，頒佈憲法，使我們中國國民黨在民國二十年受國
民會議委託行使之政權，得以歸政於全國的國民。我相信我們今後
這一年，如果能以全國一致的力量擊敗了日寇，更能夠以全國一致
的團結，來完成三民主義的憲政，則不但我們民權主義得以實行，
而且我們國父民生主義經濟建設的十年計劃，也可以因而開始，使
我們中國步入於富強康樂的大道。〔註15〕

蔣還宣稱：

我在今天元旦令節，將這個決心，報告於全國軍民同胞。凡我
同胞均應知抗戰勝利之日，即為我們建國成功之時；更須知道我們
抗戰遇到障礙，勝利失了保障，則國家民族且將不存，憲政與民權
均將無所寄託。為了洗雪日寇阻撓我們建國的仇恨，為了實踐我們
這一代國民應盡的職責，我們必須排除萬難，將抗戰勝利與憲政實
施畢其全功於一役。我相信我全國軍民同胞，必能認清國家的前途，
和國民應負的責任，共同一致，竭盡全力，矢忠矢信，奮勉圖強，
以求最後勝利之實現，與建國大業之完成。〔註16〕

這樣，「抗戰勝利之日，即是開始憲治之時」的說法變為「將抗戰勝利與憲政
實施畢其全功於一役」，這是個相當重大的變化。1945年5月5～21日的國民
黨六大上，根據蔣介石的提議，正式宣佈1945年11月12日召開國民大會，
制定憲法以實施憲政。這是國民黨六大的中心議題之一。大會通過的《本黨

〔註14〕《一年來軍事、外交、政治、經濟之報告》（1944年9月16日），《總集》第
21卷，第508頁。
〔註15〕《中華民國三十四年元旦告全國軍民同胞書》（1945年1月1日），《總集》第
21卷，第107頁。
〔註16〕《中華民國三十四年元旦告全國軍民同胞書》（1945年1月1日），《總集》第
21卷，第107～108頁。

政綱政策》中指出：「民權主義，於間接民權之外，復行直接民權。而現階段之中心要求，在於提早實施憲政，完成地方自治……使全體人民咸能行使民權。」〔註 17〕六大上，圍繞即將到來的憲政，激烈討論了國民大會、憲法草案和憲政實施的籌備等問題，並形成了一系列的決議案。蔣介石在六大上取得了在黨內空前的權力〔註 18〕，整個會議的進程在其控制之中，最後的決議也是按蔣介石的意願做出的。

　　關於國民大會，國民黨六大收到大量的相關提案〔註 19〕，主要內容涉及到國大代表問題、國大權限問題、國大召開日期、黨政關係等諸多方面。大會提案審查委員會政治組在審查眾多的議案後，提出的意見報告為：

1、國民大會之開會日期應依照總裁宣示定於本年十一月十二日。

2、國民大會之職權，除制定憲法、決定憲法施行日期外，並應行使憲法所賦予之職權。

3、依法產生之國民大會代表，除因背叛國家及死亡或因他故喪失其資格者外，一律有效。

4、為適應抗戰與時代需要，得延攬各方人士充實國民大會。其辦法交中央執行委員會酌定之。〔註 20〕

5 月 14 日，大會討論提案審查委員會上述報告，經過討論，通過《關於國民大會召集日期案》。該案規定：

1、國民大會之召集日期，依照總裁宣示，定於本年十一月十二日。

2、關於國民大會職權問題，以及其他與國民大會召集有關之各項問題，交中央執行委員會，慎重研討後酌定之。〔註 21〕

〔註 17〕 榮孟源主編：《中國國民黨歷次全國代表大會及中央全會資料》下冊，第 934 頁。

〔註 18〕 1938 年國民黨臨時全國代表大會正式確立了領袖制，國民黨由集體領導恢復為個人領導。蔣介石當選為國民黨總裁，在修改後的黨章中，總理為孫中山專有稱號，總裁「代行」總理職權，蔣介石獲得了與當年國民黨總理孫中山一樣的權力和地位，只不過沒有總理的名號罷了。1945 年國民黨第六次全國代表大會又改「代行」為「行使」，參見榮孟源主編：《中國國民黨歷次全國代表大會及中央全會資料》下冊，第 479、484、944 頁。

〔註 19〕 各類提案情況參見陳建成：《國民黨第六次全國代表大會研究》，首都師範大學 2006 年碩士學位論文（未刊稿），第 10～14 頁。

〔註 20〕 秦孝儀主編：《中華民國重要史料初編——對日抗戰時期》第 4 編，戰時建設（二），臺北中國國民黨中央委員會 1988 年版，第 1797 頁。

〔註 21〕 榮孟源主編：《中國國民黨歷次全國代表大會及中央全會資料》下冊，第 960 頁。

關於國民大會問題，從意見報告到決議，都明白寫著「依照總裁宣示」而定，然而這不過是定了一個國大召開的日期，國大具體涉及的一些問題，比如代表資格、國大職權等都採取了迴避的態度，等待以後解決。

關於憲法草案，代表們對於修改五五憲草問題紛紛提出自己的意見，會上討論異常激烈，關於總統與五院院長之間的職權、立法院職權是否應該擴大的問題爭議最大，其他的如國民經濟與教育兩章是否應該列入憲草，應該規定政績如何考覈，應該規定國大召集日期及代表任期，選舉應採取區域與職業代表結合方式等問題也引起爭議。〔註 22〕但這些代表的意見最終仍被擱置，留待以後解決，會議只是按照蔣介石的意思，最終通過如下的《關於憲法草案案》：

1、所有各代表意見，及憲政實施協進會等團體，對憲草之修正意見，並交下屆中央執行委員會組成憲法草案研討委員會，詳慎研究整理，此項整理案，於國民大會討論五五憲草時，以適當方式，提供國民大會採擇。

2、國民大會開會時，仍應以國民政府公佈之五五憲法草案爲討論基礎。〔註23〕

關於憲政實施的提案也爲數不少，蔣介石綜合各種意見，提出並通過了《促進憲政實現之各種必要措施案》，宣佈：「憲政之實施，需要適當之準備。本黨現經決定召開國民大會，實施憲政，若干準備工作必須即予完成。各種措施，凡可爲未來憲政預立規模而可提前實行者，宜於本屆代表大會閉會後，分別予以實施，以示本黨實施憲政之眞誠與決心，兼以保證未來憲政之順利推進。」具體措施爲：

1、本黨在軍隊中原設之黨部，一律於三個月內取消。

2、各級學校以內不設黨部。三民主義青年團改屬於政府，擔任訓練青年之任務。

3、在六個月內，後方各縣市臨時參議會應依法選舉，俾成爲各縣市正式民選機關。後方各省臨時參議會於所屬各縣市參議會有過半數已經成立時，立即依法選舉，俾成爲各省正式民選機關。

〔註22〕 參見陳建成：《國民黨第六次全國代表大會研究》，首都師範大學 2006 年碩士學位論文（未刊稿），第 11～12 頁。
〔註23〕 榮孟源主編：《中國國民黨歷次全國代表大會及中央全會資料》下冊，第 961 頁。

4、制定政治結社法，俾其他各政治團體得依法選舉取得合法地位。

5、本黨黨部在訓政時期所辦理有國家行政性質之工作，應於本屆代

表大會閉幕後，陸續移政府辦理。〔註24〕

該案中取消軍隊、學校黨部等條文，對於行憲來說具有實質意義，與國民大會與憲法草案問題的空洞決議相比較，這個議案對於籌備行憲來說是非常重要的，它表明國民黨已經將行憲的細節提上日程。〔註25〕若照此辦理，則國民黨將會真的去「還政於民」了。不過，議案歸議案，關鍵看落實，下一步國民黨履行決議與否，則另當別論。

通過蔣介石及國民黨在抗戰後期一系列的政治動作可以看出，蔣介石在1944年開始放鬆對憲政的語氣，國民黨在1945年開始正式改變了拖延行憲的態度，並且在國民黨六大上形成正式決策。

三、蔣介石決定行憲的原因

蔣介石為何在抗戰勝利在望之際改變態度，不再一意拖延憲政的實施，而改為主動表態推進憲政呢？主要是基於以下原因：

1、憲政運動對國民黨的壓力

抗戰時期，國民黨為團結全國各種政治勢力起見，做出民主的姿態。正如有學者所論：與通常的戰時體制相反，國民黨「不是壓縮民主，而是開放民主；不是變平時的多黨政治為一黨政治，而是有某種跡象表明它正從一黨專政向民主政治前進，給了各黨以戰前沒有的自由權利」〔註26〕。黨禁雖未放開，但昔日的死對頭中共已公開活動，各中間黨派在抗戰期間也發展起來。

國民黨外勢力參政的場所和機構為國民參政會。國民參政會從1938年設立，到1948年正式宣佈撤消，存在了約10年時間，歷四屆，共召開大會13次，提出建議案2600餘件。在這些建議案中，雖然附和國民黨或無關痛癢者居多，但是也有不少在推進抗日事業、加強民主建設和監督政府方面發揮了作用。國民參政會作為一個講壇，或稱其為「準民意機關」，國民黨外人士可

〔註24〕榮孟源主編：《中國國民黨歷次全國代表大會及中央全會資料》下冊，第932頁。

〔註25〕有人注意到了這方面決議的意義，參見陳建成：《國民黨第六次全國代表大會研究》，首都師範大學2006年碩士學位論文（未刊稿），第13頁。

〔註26〕徐矛著：《中華民國政治制度史》，第289頁。

以批評時政、進行質詢、提出議案、宣傳政見和作聯絡工作。國民參政會固然體現了戰時政治合作的一面，但同時也是非國民黨勢力制約和反對國民黨一黨專制的工具。以此為契機，中間勢力發起了兩次民主憲政運動，對國民黨的一黨專政局面產生強烈的衝擊。

身歷其事的陳啓天曾說：國民參政會是「戰時民主憲政運動的搖籃」。〔註27〕事實的確如此，在國民參政會上，持續進行著激烈的民主與反民主的鬥爭。非國民黨人士屢次要求國民黨結束一黨專政，取消特務政治，保障各黨派的合法地位，保障人權，實行地方民主自治等。這種爭取民主的鬥爭，在1939年一屆四次參政會上，發展為憲政運動。各黨派民主人士一致要求結束訓政，實施憲政，大會還通過了實行憲政決議案。面對這種形勢，國民黨被迫表態，宣佈在1940年11月12日召開國民大會，制定憲法，實施憲政。有了合法的根據，各方民主人士奔走於國民參政會內外，積極開展工作，組織憲政期成會、憲政實施協進會、憲政座談會、憲政促進會、婦女憲政座談會、青年憲政座談會，等等，憲政運動從重慶擴展到成都、桂林、昆明、延安等地，一時掀起高潮。後來因國民黨的壓制，第一次憲政運動最終退潮。〔註28〕

1943年9月，憲政運動又起。本來，第二次憲政運動源自於蔣介石在國民黨五屆十一中全會上的講話。1943年9月，蔣介石在五屆十一中全會上宣佈戰後一年內召開國民大會，中間黨派乘機重提憲政問題。抗戰勝利前後，民主憲政運動聲勢越來越大，國民黨已經沒有什麼理由繼續維持訓政體制了，進入憲政階段是遲早的事情。對於新一輪民主憲政運動，國民黨採取了比較主動的姿態，蔣介石接受了由國民政府和國民參政會共同組織憲政籌備機關的建議，經過醞釀，11月12日，憲政實施協進會成立，隸屬於國防最高委員會，由蔣介石任會長。後該會又創辦《憲政》月刊。從實際效果看，民主憲政運動實際變成了一場清議運動，憲政實施協進會變成了中間勢力發泄怨氣的場所。1944年6月，蔣介石說過這樣的話：「各方民主潮流之高漲，是抗戰七八年來一種收穫，唯不宜藉此攻擊政府，除此一點外，民主潮流越高越好。」〔註29〕從蔣介石的言行看，他是在順勢將憲政運動納入國民黨的官方範疇，遂有國民黨六大上行憲的正式決策。

〔註27〕陳啓天著：《寄園回憶錄》，臺灣商務印書館1965年版，第186頁。
〔註28〕徐矛著：《中華民國政治制度史》，第302頁。
〔註29〕中國社會科學院近代史研究所中華民國史研究室編：《中華民國史資料叢稿·黃炎培日記摘錄》，中華書局1979年版，第50頁。

抗戰期間的憲政運動，越來越有聲勢，蔣介石變拖延為促進憲政，實際上也是把憲政運動主動權接過來，控制在自己手中。〔註30〕這應該算是一個因勢利導的、比較明智的政治決策。

2、與中共進行政治競爭的需要

在抗戰開始之後，1937 年 8 月，中共即在《抗日救國十大綱領》中向國民黨方面提出「改革政治機構」的呼籲，要求「召集真正人民代表的國民大會，通過真正的民主憲法，決定抗日的救國方針，選舉國防政府」。〔註31〕國民黨方面予以積極回應，表示要在抗戰期間為憲政做準備。不過，隨著抗戰進入相持階段，國民黨出現消極抗日、積極反共的傾向，國共在憲政問題上出現對立。

1939 年興起的第一次憲政運動，中共方面持積極的態度，中共中央連續發出兩次指示，各抗日根據地迅速成立了憲政促進會。當年 9 月召開的一屆四次國民參政會召開前，中共方面發表了《我們對過去參政會工作和目前時局的意見》，就政治、軍事、外交、經濟、財政、黨派合作等六個方面提出了意見，其中包括要求國民政府「保障各抗日黨派之合法權利，取消各種所謂防止異黨活動辦法」，「嚴令禁止對共產黨及其他抗戰黨派之歧視壓迫行為」，「實行戰時民主」，「切實保障人民有言論、出版、集會、結社及武裝抗敵之權利」，「容納各黨派人才」，等等。〔註32〕1940 年 2 月，毛澤東在延安各界憲政促進會上講演，肯定了憲政運動的積極意義，同時認為在中國實施憲政不可能一帆風順。毛澤東說：「世界上歷來的憲政，不論是英國、法國、美國或者是蘇聯，都是在革命成功，有了民主事實之後，頒佈一個根本大法去承認它」，而中國「事實上是半殖民地半封建社會的政治」，「即使頒佈一種好憲法，也必然被封建勢力所阻撓，被頑固分子所障礙」。〔註33〕在第二次憲政運動過程中，1944 年 9 月，中共代表林伯渠在三屆三次國民參政會上公開提出「希

〔註30〕 參見鄧野著：《聯合政府與一黨訓政──1944～1946 年間國共政爭》，社會科學文獻出版社 2003 年版，第 32 頁。

〔註31〕 《中國共產黨抗日救國十大綱領──為動員一切抗日力量爭取抗戰勝利而鬥爭》（1937 年 8 月 25 日），《中共中央文件選集》第 11 冊，中共中央黨校出版社 1991 年版，第 328～329 頁。

〔註32〕 《我們對過去參政會工作和目前時局的意見》（1939 年 9 月 8 日），《中共中央文件選集》第 12 冊，中共中央黨校出版社 1991 年版，第 164 頁。

〔註33〕 毛澤東：《新民主主義的憲政》（1940 年 2 月 20 日），《毛澤東選集》第 2 卷，人民出版社 1991 年版，第 735 頁。

望國民黨立即結束一黨統治的局面，由國民政府召集各黨各派、各抗日部隊、各地方政府、各人民團體的代表，開國事會議，組織各抗日黨派聯合政府」的主張。〔註34〕中共的主張一出，朝野上下再次就結束黨治問題展開了激烈的辯論，中共在國民黨和中間勢力之外鮮明地樹立起自己的政治的旗幟，乃至形成一場「聯合政府運動」。〔註35〕實踐中，聯合政府的主張對第二次憲政運動起到了很強的配合作用，中共和中間勢力互相呼應，對國民黨形成了巨大的政治壓力。

抗戰後期，特別是豫湘桂戰役後，中共對國民黨的方針日趨強硬，已準備與國民黨爭奪國家領導權。重慶的國民黨六大和延安的中共七大先後召開，中共七大毛澤東所作政治報告標題即爲《論聯合政府》，其中內容與國民黨六大的行憲決議針鋒相對。關於「兩條道路」、「兩種命運」的強烈措辭表達了與國民黨進行政治競爭的決心。〔註36〕

抗戰期間，中共的實力和聲望日增，這是蔣介石最爲憂心的問題。順應憲政的呼聲，把憲政的主導權掌握在國民黨手中，在蔣看來，是打壓中共的政治策略。蔣介石的政治決策，是視乎中共的動作而定。

中共支持憲政運動向國民黨施加壓力，國民黨則試圖掌握憲政運動的主動權。中共打聯合政府牌，國民黨打憲政牌。

對於蔣介石的政治策略，中共方面顯然是清楚的，本來欲參加第二次憲政運動的中共改變方針，提出聯合政府口號，民盟對聯合政府的主張立即響應。1944 年 9 月 24 日，民盟主席張瀾在重慶主持各黨派領導人和民主人士400 餘人參加的集會，抨擊國民黨獨裁統治，擁護中共提出的成立聯合政府的主張。10 月 10 日，民盟發表《對抗戰最後階段的政治主張》，向國民黨政府提出立即結束一黨專政，建立聯合政府的十項要求。〔註37〕同一天，昆明 5000

〔註34〕《林伯渠在國民參政會上關於國共談判的報告》（1944 年 9 月 15 日），中央檔案館編：《中共中央文件選集》第 14 冊，中共中央黨校出版社 1992 年版，第334 頁。

〔註35〕聞黎明：《抗日戰爭時期憲政運動若干問題的再研究》，《近代史研究》2006年第 5 期。

〔註36〕毛澤東：《論聯合政府》（1945 年 4 月 24 日），《毛澤東選集》第 3 卷，人民出版社 1991 年版，第 1029～1098 頁。

〔註37〕《中國民主同盟對抗戰最後階段的政治主張》（1944 年 10 月 10 日），中國民主同盟中央文史資料委員會編：《中國民主同盟歷史文獻（1941～1949）》，文史資料出版社 1983 年版，第 31～34 頁。

餘人舉行紀念雙十節的群眾大會，李公樸、聞一多、羅隆基等呼籲全國一致要求國民黨必須立即建立民主聯合政府，切實保障人民身體、言論、集會、結社等自由。1945 年 1 月 15 日，民盟針對蔣介石新年文告發表時局宣言說，只有結束一黨專政，建立聯合政權，中國始有實現民主憲政之可能。「否則藉延宕以資敷衍，弄名詞以飾觀聽，則不惟當前一切困難問題無從解決，整個國家民族且有陷於分裂破碎之虞。」〔註 38〕這一宣言發表後深得輿論的擁護和中共的大力支持。

　　3 月 1 日，蔣介石在重慶憲政實施協進會上發表演說，公開反對召開黨派會議，反對建立聯合政府，蔣聲稱：「共產黨最近的要求是要中央立即取消黨治，將政權交給各黨各派組織的聯合政府，而我們的政府立場，是準備容納其他政黨（包括共產黨）與全國無黨無派的有志之士參加政府。但在國民參政會召集以前，政府不能違反建國大綱，結束訓政，將政治上的責任和最後的決定權，移交給各黨各派，造成一種不負責任的理論和事實兩不相容的局面」，「吾人只能還政於全國民眾代表的國民大會，而不能還政於各黨各派會議，或者其他聯合政府」。〔註 39〕蔣介石明確地指出要拒絕中共的聯合政府主張。3 月 10 日，民盟表示不贊成國大的舊代表，而主張以普選產生國民大會的代表，重申了對召開國民大會的態度，指出：「當二十四、五年舉行選舉之際，固猶是黨權極盛之時，當時國內除國民黨外，各黨派無一能享有參與選舉之機會；即平日在社會雅負時望之各界人士，如非早已取得國民黨黨籍，亦絕少有被選為國大代表的可能；甚至即在國民黨黨內之若干賢達，對於當時選舉之種種情況，亦有深致其不滿者。凡此均屬全國所週知的事實，不容否認。今時移世易，合全國之力以與日寇周旋，為時已八年之久！世界民主高潮，即挾其排山倒海之力以俱至，而全國必須團結以共度此戰時戰後之難關，又實為時代之迫切要求。如置上舉一切事實於不顧，仍舉八、九年前所產生之舊代表，以之應付當前千難萬難之新局面，則所謂民主云云，團結云云，豈不將徒託空談？」〔註 40〕民盟否定國民黨包辦國民大會的主張及對國

〔註 38〕　《新華日報》（1945 年 1 月 26 日）。

〔註 39〕　蔣介石：《在憲政促進會上的講話》（1945 年 3 月 1 日），王德貴等編：《「八‧一五」前後的中國政局》，東北師範大學出版社 1985 年版，第 162 頁。

〔註 40〕　《中國民主同盟發言人對最近國內民主與團結問題發表談話（1945 年 3 月 10日》，中國民主同盟中央文史資料委員會編：《中國民主同盟歷史文獻（1941～1949）》，文史資料出版社 1983 年版，第 41 頁。

民黨一黨憲政的抨擊，給中共以巨大的輿論支持，憲政運動越來越向聯合政府運動靠攏。由於憲政紛爭的焦點轉向了召開黨派會議和建立聯合政府的「協商民主」路徑之上，憲政運動讓位於聯合政府運動。〔註41〕

中共提出的建立聯合政府的主張，代表了中間勢力的現實利益，杜絕了空談憲政的弊端，得到了民盟的熱烈擁護，中共與民盟在憲政問題上進一步取得了共識，爲政治上的進一步合作打下了有利的基礎。中共與民盟事實上逐漸結成政治同盟。聯合政府運動的巨大政治影響，政治天平有向中共傾斜之勢，蔣介石在這樣的時刻試圖以加緊推行憲政來抵消中共的政治上陞勢頭。

打憲政牌的蔣介石在三屆三次國民參政會上感覺到了中共的意圖，中共公開主張的次日，蔣介石立即聲稱「抗戰形勢好轉，憲政或有提前實行的必要」，轉變對憲政的消極態度。進而蔣介石在 1945 年元旦明確提出「將抗戰勝利與憲政實施畢其全功於一役」，這顯然是蔣應對中共聯合政府主張的舉措。

此後的國共談判，國民黨六大，乃至政協會議，籌備召開國民大會的過程，都充斥著國共圍繞憲政的政治對抗。如國民黨六大明確拒絕中共的聯合政府主張，打起「還政於民」的旗號，而不是還政於黨派會議。〔註42〕其目的仍是與中共競爭，使國民黨避免陷於孤立。此後的情形也大致如此，如 1946 年 11 月 27 日，制憲國大期間，蔣介石在南京勵志社召集國民黨籍國大代表時說：「這次修改憲法就是爲了共產黨。」〔註43〕當年參與憲政運動的梁漱溟曾這樣分析：

> 在蔣介石、國民黨心中，最大的一個問題是中國共產黨的問題，特別是中國共產黨擁有幾十萬軍隊。蔣介石解決中國共產黨的問題，有兩條路：軍事的路和政治的路。軍事解決的辦法‧雖未斷念，但是走不通，形勢也始終不允許；因此，他想走政治的路，在抗日

〔註41〕 不可否認的事實是：1944 年 9 月聯合政府主張提出，中間勢力的憲政運動迅速走向式微。憲政運動實際上依舊存在，只不過民盟與中共結成政治同盟，而青年黨和民社黨依舊沿襲憲政運動一貫路徑前進，逐漸向國民黨靠攏，最後參與制憲國大。

〔註42〕 王建朗、曾景忠著：《中國近代通史——抗日戰爭（1937～1945）》，江蘇人民出版社 2007 年版，第 504～505 頁。

〔註43〕 陳興唐主編：《中國國民黨大事典》，中國華僑出版社 1993 年版，第 674 頁。

戰爭勝利之際，急忙召開國民大會，迫使中國共產黨交出軍隊。按
英美憲法，政黨不得擁有武力。國民大會制定的憲法中也按英美憲
法作出這種規定，中國共產黨參加制憲和將來的憲政，就要按憲法
交出軍隊。如果中共拒絕交出軍隊，即是阻撓憲政，以這個罪名強
加給中共。以此向中共進攻。這樣也會合英美的意，取得英美的支
持，可借國際輿論攻擊中共。所以，一九四五年五月，蔣介石匆匆
忙忙宣佈年內召開國民大會，完全是想借國民大會來向共產黨進
攻，妄圖迫使共產黨交出軍隊，得到他在戰場上得不到的東西，並
不是真正要實現憲政，給人民以民主自由權利。〔註44〕

蔣介石行憲決策在應對中共的政治挑戰時應算是明智的政治策略，但從其具
體操作來看卻是技藝欠佳，遠遜中共。中共的統一戰線策略在把握政治時機、
鼓動輿論和自我宣傳等方面，佔據了優勢地位。更重要的是，國民黨，特別
是蔣介石，向來追求一黨獨大，極力維持一黨專權，對實行民主政治缺乏決
心和誠意，唯恐非國民黨勢力威脅到國民黨的地位，因此與中共在圍繞憲政
的政治較量中存在著先天的不足。

3、憲政體制下權力合法化的要求

　　抗戰期間，蔣介石允許國民黨外勢力參政，但在黨內卻試圖走向個人獨
裁。隨著抗戰期間蔣介石在國民黨領袖地位的確立，「一個黨、一個主義、一
個領袖」之聲甚囂塵上，蔣介石個人幾是等同於國民黨，「反蔣」也就是「叛
黨」。蔣介石借一黨專制掩護、扶植個人獨裁，蔣權與黨權合一，〔註45〕不過，
實際上蔣介石的領袖地位在抗戰後期也面臨著危險，豫湘桂戰役慘敗嚴重打
擊了蔣的權威，加之國民黨的腐化消沉，激起社會上的強烈不滿和輿論的責
難，聲望日跌。在國民黨內部，此時也有改革的呼籲。國民黨六大上，有代
表在會上質詢節制資本、平均地權、澄清吏治、改善役政、黃金漲價、消息
泄露等與腐敗相關的問題，遭到蔣介石的大罵。六屆一中全會開幕式上，蔣
介石誇張地讓全體中央執監委員和候補執監委員逐個宣誓，表明「服從總裁
命令」的態度。〔註46〕5 月 21 日，蔣介石設宴招待國民黨六大代表，600 名
代表出席者不足三分之一，代表們如此輕慢之舉令蔣暴跳如雷，聲言：「要查

〔註44〕 梁漱溟著：《憶往談舊錄》，中國文史出版社 1987 年版，第 132～133 頁。
〔註45〕 陳瑞雲著：《現代中國政府》，吉林文史出版社 1988 年版，第 256 頁。
〔註46〕 苗建寅主編：《中國國民黨史》，西安交通大學出版社 1990 年版，第 387 頁。

清不到者名單，予以相當處罰。」〔註47〕抗戰勝利前後的「黨政革新運動」〔註48〕，表現出國民黨內出現有組織的挑戰蔣介石個人獨裁的集體行為，是黨內「少壯派」向「老先生」要黨內民主，變國民黨的個人領導為集體領導。抗戰勝利前後的種種情況顯示出蔣介石國民黨領袖的地位存在不少虛浮成分，權力危機隱藏其間。

更為重要的是，蔣介石的權力建立在國民黨訓政的基礎上，而按照孫中山明確規定日程的三序方略，憲政的最後實施是難以避免的。國民黨能否在從訓政到憲政的過渡中繼續主導中國政治，保證大權不失，這將決定性地影響蔣介石的權力之路──因為蔣介石的政治統治畢竟不是赤裸裸的軍事獨裁，是要求有合法性基礎的，也就是要給自身的權力一個合法、合理的解說。訓政憲政更替之際，蔣介石的力求借憲政的制度框架，長期、穩定地維持住權力。

抗戰時期，蔣介石的權力也是建立在國民黨戰時體制的基礎上，蔣乘抗戰之機，實行黨政軍一元化領導，大大加強了自己的權力。1937 年設立國防最高會議，代行中政會職權，蔣介石為主席，後在 1939 年進而設立國防最高委員會，蔣介石任委員長，《國防最高委員會組織大綱》規定：「對於黨政軍一切事務，得不依平時程序，以命令為便宜之措施。」〔註 49〕戰時統帥的特別權力，到戰爭結束時就必須恢復為平時領袖應有的權力，戰時獨攬一切的國防最高委員會依法應撤消，但蔣對戰時體制依依不捨，1946 年國民黨六屆二中全會決議撤消國防最高委員會，恢復中央政治委員會，直到 1947 年國民政府改組前，國防最高委員會還行使著最高權力。戰時體制和平時體制的轉換也促使蔣試圖在憲政的框架下維持住權力。

4、對美國政治建議的回應

抗戰後期，美國為避免因國共關係緊張而影響抗戰和美國對日作戰方

〔註47〕 參見李勇、張仲田編：《蔣介石年譜》，中央黨史出版社 1995 年版，第 311 頁。

〔註48〕 參見〔美〕易勞逸著，王建朗等譯：《毀滅的種子：戰爭與革命中的國民黨中國（1937～1949）》，江蘇人民出版社 2009 年版。該書第四章《國民黨的政治內幕：三民主義青年團》和第五章《國民黨的政治內幕：革新運動》中有相關論述。另參見王奇生著：《黨員、黨權與黨爭──1924～1949 年中國國民黨的組織形態》，華文出版社 2010 年版。該書第十四章《「六大」前後的派系政治與精英衝突》對此也有論及。

〔註49〕 榮孟源主編：《中國國民黨歷次代表大會及中央全會資料》下冊，第 563～564 頁。

略，催促蔣介石進行改革，對其施加壓力。1943 年美國總統羅斯福向蔣介石提出建議，希望「中國宜從早實施憲政」，「國民黨退爲平民，與國內各黨派處同等地位，以解糾紛」。〔註 50〕1943 年 12 月開羅會議上，羅斯福與蔣私下談話時建議：「在戰爭尚在進行的時期，與延安方面握手，組織一個聯合政府。」〔註 51〕美國的建議與國民黨重啓憲政及第二次民主憲政運動有著密切的關係，本來 1939～1940 年的第一次民主憲政運動的後期，國民黨與中間勢力妥協，約定抗戰期間不再提出憲政問題的協議，但 1943 年美國爲了減輕太平洋戰場的壓力，需要藉重中國戰場的軍事配合，不願看到國共矛盾影響戰事，因此才有實施憲政和組織聯合政府的建議以緩和國共關係。蔣介石依賴美國援助，加之美國力主中國爲反法西斯四強之一的地位，因此不能忽視美國的建議，隨之蔣對於憲政表現出新姿態。1944 年史迪威事件之後，美國確立了扶蔣反共的政策，美國駐華大使赫爾利在國共之間牽線進行談判，但中共方面的聯合政府主張不爲國民黨認可，國民黨堅持憲政在國民黨主導下進行。抗戰勝利後，美國顧及與蘇聯在雅爾塔的約定，主張中國在戰後和平，因此力主國共和談，同時放棄無條件支持國民黨的政策。1945 年 11 月，赫爾利辭職，隨後馬歇爾來華調停國共關係。在馬歇爾的壓力下，國共停火並召開政協會議，國民黨在憲政問題上做出重大讓步。不過，馬歇爾使華期間，美國對華政策由調停國共衝突最終變成了支持蔣介石以武力消滅中共，蔣介石在行憲問題上也隨之強硬起來。

　　本來政協會議可能使中國的憲政順利進展下去，但國民黨卻試圖推翻政協決議，踢開中共和民盟搞「一黨憲政」，國共全面內戰爆發後，國民黨自行召開了國民大會，制定憲法。到 1947 年，戰場形勢發生變化，馬歇爾調停失

〔註 50〕 據黃炎培在 9 月 10 日日記中所記：蔣介石在五屆十一中全會致訓詞時透露，羅斯福總統對他獻議：1、中國宜從早實施憲政；2、國民黨退爲平民，與國內各黨派處同等地位，以解糾紛；3、戰後建設須自籌經濟。（參見中國社會科學院近代史研究所中華民國史研究室編：《中華民國史資料叢稿·黃炎培日記摘錄》，中華書局 1979 年版，第 39 頁。）不過，蔣介石的訓詞發佈後並無這些內容（參見《大會開幕式蔣總裁訓詞原文》，《大公報》（重慶）1943 年 9 月 11 日），《先總統蔣公思想言論總集》所收錄的訓詞也無這些內容（參見《全黨同志應研討建國問題》（1943 年 9 月 6 日），《總集》第 20 卷，第 259～264 頁）。可能是蔣的脫稿發言，爲黃炎培所得悉。具體情形，尚待考證。

〔註 51〕 伊里奧·羅斯福著：《羅斯福總統見聞秘錄》，春光新聞社 1947 年版，第 154～155 頁。

敗。美國堅持以國民黨改革爲援華條件，到 1947 年 4 月間，「美國仍企圖以美援爲槓杆，爭取國民黨進行更合美國之意的政府改組」。這是美國對華政策占主流的意見，他們主張蔣介石不實行改革，就不給美援，而且出現了這樣的聲音：「委員長並不是對美在華目標必不可少的。」〔註52〕蔣介石面臨美國如此重壓，行憲過程中不能不考慮美國的意見，只是多大程度上去滿足美國的要求，或者是陽奉陰違的問題了。

不過，綜合來看，美國因素實際上並不能左右中國的憲政。中國本國的時局和各種政治勢力的政治態度才是決定憲政進展的關鍵，美國因素是摻和進國內因素之後才起作用的。況且，到了行憲國大即將召開之際，美國駐華大使司徒雷登「也曾建議過緩開」〔註53〕，但蔣介石卻沒有採納美國人的建議，召開行憲國大並組織行憲政府。這反映出抗戰後一個大的歷史背景：中國政治的主導權已經變成由中國自身因素爲主導，具體而言，國共兩黨才是影響戰後中國政治走向的決定性因素。

四、政協決議對國民黨憲政設計的更改

抗戰收尾之際蔣介石的行憲決策，意圖將憲政運動納入國民黨政權的官方範疇，極力使國民黨成爲憲政的主導勢力。抗戰結束後國共兩黨及中間黨派的政治活動中心，都是圍繞憲政題目做文章。重慶談判、政協會議、國民大會的召開以及政府的改組等歷史事件，都與當初蔣介石的行憲決策息息相關，在憲政題目下，錯綜複雜的政治糾葛充分展開。

1945 年抗戰結束前後蔣介石以主動姿態醞釀召開國民大會。雖然國民大會也有 1945 年 11 月和 1946 年 4 月兩度推遲，但是與以往國民黨的拖延相比，實際是暗含著異乎尋常的積極，實際是在趕進度，「提前」實施以配合蔣介石整體的政治、軍事需要。這種積極的態度和舉動體現出蔣介石要把憲政的主導權掌握到國民黨手裏，推行蔣介石所理解的、國民黨字典裏的「憲政」。這是蔣介石的政治策略，即欲以憲政爲政治工具，應付日益高漲的民主呼聲（包括國內的憲政運動和以及美國對中國實行民主政治的呼籲），與中共進行政治競爭，並實現個人權力的合法化。

〔註52〕資中筠著：《追根溯源——戰後美國對華政策的緣起與發展》，上海人民出版社 2000 年版，第 126～127，139～140 頁。
〔註53〕觀察特約記者：《國大畢竟召開了》，《觀察》第 4 卷第 7 期，第 10 頁。

　　戰後國共重慶談判簽訂「雙十協定」，雙方互相承認對方的地位，決定召開政治協商會議，討論中國政局的出路問題。政治協商會議的主旨：聯合政府，多黨憲政。抗戰勝利後，團結民主的氣氛一時甚濃，各方要求迅速結束國民黨的訓政，而國民黨實際上也沒有再次拖延憲政的好藉口了。在 1946 年 1 月召開的政治協商會議上，國民黨和非國民黨勢力展開了新一輪的較量，包括中共在內的非國民黨代表結成同盟，反對國民黨的一黨獨大，主張建立聯合政府和實現西式民主。

　　在政協通過的《國民大會案》、《憲法草案案》、《政府組織案》、《軍事問題案》和《和平建國綱領》五項決議中，其中四項直接關乎即將實行的憲政。〔註54〕

　　關於國民大會，決議規定其在 1946 年 5 月 5 日召開，主要任務是制定憲法。憲法的通過要有 3／4 的代表同意。代表名額問題，國民黨原來的 1200 名代表依舊有效，增加臺灣、東北代表 150 名，其他黨派及無黨派人士代表 700 人。憲法頒佈六個月之內施行憲政。

　　關於憲法草案，決議規定由參加政協會議的五方代表及會外專家組成憲法草案審議委員會修改五五憲草，供國民大會討論。憲草修改的原則是：1、全國選民行使四權，稱為國民大會，總統普選之前由縣省及中央各級選舉機關選舉或罷免；2、立法院為國家最高立法機關，由選民直接選舉。職權相當於民主國家的議會；3、監察院為國家最高監察機關，由各省及民族自治區議會選舉，職權為行使同意、彈劾及監察權，相當於上院或參議院；4、司法院為最高法院，大法官由總統提名，經監察院同意任命無黨派人士任職；5、考試院委員由總統提名，經監察院同意，任命無黨派人士任職；6、行政院為國家最高行政機關，院長由總統提名，經立法院同意任命，對立法院負責，如立法院對行政院全體不信任時，行政院或辭職或提請總統解散立法院；7、總統經行政院決議，得依法頒佈緊急命令，但須於一個月內報告立法院；8、省為地方自治的最高單位，省與中央的權限劃分採取均權主義，省長民選，省制定省憲；9、人民自由權利受憲法保障，如用法律規定，須出於保障自由之精神，非以限制為目的。

　　關於政府組織，決議規定：國民政府委員會方面，1、國民政府委員會名

〔註54〕政協決議案的內容參見《中央日報》（1946 年 2 月 1 日）。

額爲 40 人；2、國民政府委員由主席就國民黨內外人士選任；3、國民政府爲最高國務機關；3、國民政府委員會議決立法原則、施政方針、軍政大計、財政預算、各部會長官任免及立法、監察委員之任用等事項；4、主席對委員會之決議如認爲執行困難，得提交復議，如有 3／5 以上委員同意，該案應予執行；6、委員會一般議案以出席委員過半數同意通過，如有涉及施憲綱領之變更者，須有出席委員 2／3 之贊成；7、委員會每兩周開會一次。行政院方面，1、各部會長官均爲政務委員，並設不管部會之政務委員 3 至 5 人；2、政務委員及部會長官，均可由各黨派及無黨派人士參加。其他方面，1、國民政府主席提請選任各黨派人士爲國民政府委員者，由各黨派自行提名，但主席不同意時，各該黨派另提人選；2、國民政府主席提請選任無黨派人士出任國民政府委員時，如有爲各被選人 1／3 所反對者，主席須另行選任；3、國民政府委員半數由國民黨人員充任，其餘半數由其他黨派及社會賢達充任，分配另行商定；4、行政院政務委員總額中將以 7 至 8 席約請國民黨外人士充任；5、國民黨外人士擔任部會數目，會後繼續磋商。

關於和平建國綱領，規定了國民政府改組後的施政綱要，規定尊奉三民主義爲建國之最高指導原則；團結一致，建設統一自由民主之新中國；政治民主化、軍隊國家化和黨派平等合法爲達到和平建國必由途徑；用政治方法解決政治糾紛，以保持國家之和平發展。綱領中有「在蔣主席領導下」字樣，承認蔣介石的領導地位。

要指出的是，政協決議實現了中共和中間勢力的要求，而對於國民黨的憲政設計來說則是一個重大的改變，特別是其中將國民大會虛置，行政院與立法院的關係變成相當於西方的內閣和議會的關係，而總統則成爲無實權的虛位元首。這樣的責任內閣制和「五五憲草」中的總統制是根本不同的。民盟代表羅隆基滿意地指出：「假使這些修正原則，將來經過憲法審議委員會的工作，都把它們列入憲法草案中，那麼，英法的議會制和內閣制不就整套販運到中國來了嗎？」〔註 55〕很明顯，政協會議是中共和民盟的一大勝利，一時間輿論歡呼雀躍，國民黨以外各黨派趨向樂觀，最突出的是中共方面甚至一度認爲中國將迎來「和平民主建設的新階段」，並就此在黨內進行指示，意

〔註 55〕 羅隆基：《從參加舊政協到參加南京和談的一些會議》，《文史資料選輯》第 20
輯，文史資料出版社 1961 年版，第 288 頁。

欲轉換工作重點。〔註56〕不過，各方未曾預料到的是，也就是在此時，蔣介石對憲政的態度悄然轉變。

五、蔣介石對憲草修改原則做重大讓步的原因

1月31日，是政協會議最後一天，這是很關鍵的一天。從上午8時到下午2時，政協會議最終達成決議。當日下午3時至6時，國民黨中央開會討論政協決議，蔣介石面對會上國民黨人的反對之聲，沉默多時後最終表態：「我對憲草也不滿意，但事已至此，無法推翻原案，只有姑且通過，將來再說，好在是一個草案，這是黨派協議，還待取決於全國人民，等開國民大會時再說吧。」〔註57〕當日晚7時召開的政協閉幕會上，蔣介石對政協決議「夾敘夾議，大加稱讚」，唯獨對憲草修改原則持保留意見，聲稱「憲草只是黨派協議，我們大家不能包辦民意，還須取決於國民大會，將來再斟酌吧。」〔註58〕據黃炎培描述，會議最後「行閉會式，蔣主席致詞，周恩來、張君勱、曾琦、莫德惠先後致詞。禮成，於全場極度和諧興奮中散會」。〔註59〕就31日一整天的情況而言，實際上沒有蔣的同意，政協決議是無法通過的。至此可以看到，蔣介石對憲政仍持溫和的態度，此後到國民黨六屆二中全會時事情起了變化，梁漱溟等人曾私下問雷震：

> 憲草原則在小組會上國民黨完全同意，為什麼又不承認呢？

雷震回答：

> 政協開會期間，國民黨出席各小組的代表在會後都要向蔣主席彙報，唯有孫科懶得面蔣報告，只把憲草小組會議記錄送蔣過目，而蔣卻未看。我們屢次請他看，他卻始終未看。到了政協閉幕前夕，蔣才看會議記錄，已經晚了，來不及挽回了。〔註60〕

〔註56〕《中央關於目前形勢和任務的指示》（1946年2月1日），中央檔案館編：《中共中央文件選集》第16冊，中共中央黨校出版社1992年版，第62～67頁。

〔註57〕梁漱溟點評蔣這段話時有「蓋蔣視政協如無物」的推測，參見梁漱溟：《我參加國共和談的經過》，《憶往談舊錄》，中國文史出版社1987年版，第174頁。

〔註58〕同上，第174～175頁。

〔註59〕中國社會科學院近代史研究所中華民國史研究室編：《中華民國史資料叢稿·黃炎培日記摘錄》，中華書局1979年版，第94頁。

〔註60〕梁漱溟對雷震的話自己理解為孫科不是「懶得面蔣報告」，而是「懷鬼胎，不敢面蔣」，參見梁漱溟：《我參加國共和談的經過》，《憶往談舊錄》，第176頁。

另據梁漱溟回憶：

> 孫科是國民黨方面的首席代表，是代表國民黨蔣介石參加國共兩黨談判的，但是他在談判中有私心，他不是站在蔣介石國民黨的立場上進行談判，而是站在他自己的立場上。他有什麼私心呢？說起來是一個很可笑的私心，這就是他想奪國民黨的大權，出賣蔣介石。怎麼一個奪法呢？在制定憲法草案時，他想搞成一個英國式的憲政。英國憲法規定，英王是國家元首，但是是無權的；首相是政府首腦，掌握實權。英國憲法還規定，立法權在眾議院，內閣由眾議院產生，內閣是眾議院的一個委員會，行使行政權，內閣閣員不放棄眾議院議員的身份。眾議院對內閣不信任，可以推翻內閣；內閣可以解散眾議院，訴之於民意，舉行大選。孫科在制定憲法草案時，要完全套英國憲法，想把蔣介石擺在英王的地位——無權的地位，他當首相，掌握實權。

> 完全照搬英國憲法，不是孫科的發明，是張君勱的發明。張君勱設計的方案，表面上是孫中山先生的五院制，設立立法院、行政院、司法院、監察院、考試院。實際上內容不同了，把立法院搞成英國酌眾議院、行政院，形成英國式內閣。總統相當英國女王，行政院長相當英國首相。

> 張君勱這個套英國憲法的策劃，得到孫科的支持。孫科私下安排，他將來是行政院長，當英國式的首相或日本式的首相，把蔣介石推尊為大總統，實際上是英王。美國代表馬歇爾認為，這種憲政符合西方式政治，覺得很好，完全贊成。中國共產黨方面，周恩來完全同意，因為中共方面反對蔣介石國民黨的政治獨裁和一黨制。參加政協的絕大多數人也想不出什麼好辦法，都認為就像歐美這個樣子吧，沒有別的道可走。〔註61〕

其實，這種說法是經不起推敲的，政協決議這樣重大的問題，蔣介石不可能不過問。他不關心，倒可能是他根本沒把政協決議放在心上，梁漱溟自己也說：

> 孫科是首席代表，邵力子、張群當時沒辦法，扭不過孫科。他

〔註61〕 梁漱溟：《國共兩黨和談中的孫科》，《憶往談舊錄》，第217～218頁。

們就把協議送給蔣介石，擺在蔣介石的辦公桌上，想讓蔣介石看了不同意，加以反對。但是，那時蔣介石目空一切，根本看不起政協，把政協放在眼裏，政協通過的協議他根本不看。蔣介石不看，不阻止，正合孫科的意。孫抖就按他的辦法進行。

政協就要閉幕了，蔣介石才看文件，一看不對了，就把邵力子找去。國民黨裏的親蔣派谷正綱、張道藩等人大哭大鬧，說我們黨完了，被孫科出賣了。蔣介石安撫說：「我自有道理！」孫科這個人胡塗，蔣介石哪裏會受他的騙。〔註62〕

孫科有欲出任行政院長的私心這種看法成立嗎？2月2日蔣介石在日記中寫道：「本周最感苦痛之事，乃為政治協商會議憲草組未提中常會徵詢意見，即擅自規定憲草修改原則，益覺孫科之受人愚弄也。」〔註63〕而2月4日王世杰在日記中也表達了類似的看法：「憲草案確多不妥之處，予覺哲生、力子兩君當時確不免輕忽將事。」〔註64〕蔣介石與王世杰的看法基本相同。而孫科自己在會後的表態是：「政協的成功有人不公平地說，是共產黨的成功，民主同盟的成功，青年黨的成功，是國民黨的失敗。但是我聽這些是很不高興，我想第一應該是國民黨的成功。有人以為國民政府委員位置讓出一半，好像就是失掉一半地盤，但是我說這是不對，我們換來的是很多的，換來的是中國的和平、民主和統一。」〔註65〕揣摩一下這些話，看起來孫科的確有可能是「受人愚弄」和「輕忽將事」。而梁漱溟聽雷震的話後加入自己的臆測，其實雷震原本並沒說孫科的私心問題，也許是梁漱溟對問題「理解過度」了。另外，後來梁漱溟聽人說孫科曾與民盟方面聯繫裏應外合反蔣，在回憶中就更斷定孫科「在政協時搞了一個小陰謀」。〔註66〕道聽途說之詞，本來就不一定準確；用其來證明孫科在政協會議上的「私心」、「小陰謀」，恐怕還是欠妥當。再仔細看看梁漱溟的回憶，既說孫科「懷鬼胎」，又說孫科「這個人胡塗」，

〔註62〕梁漱溟：《國共兩黨和談中的孫科》，《憶往談舊錄》，第218～219頁。

〔註63〕《蔣總統事略稿本》，1946年2月2日條，臺北「國史館」藏「蔣中正檔案」，轉引自楊奎松著：《國民黨的「聯共」與「反共」》，社會科學文獻出版社2008年版，第597頁。

〔註64〕《王世杰日記》（1946年2月4日），臺北中央研究院近代史研究所1990年影印本。

〔註65〕《時事新報》（1946年2月9日）。

〔註66〕梁漱溟：《國共兩黨和談中的孫科》，《憶往談舊錄》，第217～218頁。

前言後語自相矛盾。就準確性而言，蔣介石、王世杰的日記當比梁漱溟的事後追憶更準確，因為梁漱溟自己也認為「現在事過境遷，許多事情都已忘記」。〔註67〕

　　還是把注意力轉回到蔣介石身上。其實事情發展到這一步，更可能是原因倒是在於蔣介石根本就不甚清楚憲法原則修改意味著什麼，對協議文本不加理睬說明他對所持的不屑、不感興趣的態度。聯繫前後蔣的言論，可以看出蔣是缺乏對憲政的基本知識，實際他上是一個憲政盲。若不是國民黨內強硬派在政協決議通過後表示強烈反對，並製造2月4日的「滄白堂事件」和2月10日的「較場口事件」，國民黨內強硬派鬧出亂子震動了蔣，恐怕不知道他何日才會注意到其中的利害關係和事態的嚴重。

　　對於此中細節，有學者持另外觀點，認為政協會議閉幕開始蔣介石講話中就存在著「對政協決議的牴觸和反對」，實際上蔣介石「對憲草決議的不滿始終一貫」。原因是蔣介石之所以接受政協決議，與美國的壓力有關。美國特使馬歇爾雖未參加政協會議，但在會場外始終關注會議的進展並施加影響力，馬歇爾在會議期間曾經會見蔣介石，提出美國方面的主張，即實行西式的民主原則，約束國民黨一黨專政，以現實態度對待中共，給予中共在地方上很大的權力。蔣介石面對美國的壓力，只能接受政協決議。蔣對美國人的提議，在日記中抱怨道：馬歇爾的提案「為共黨所不敢提者，可知客卿對它國政治之隔閡，若本身無定見，不僅誤國，且足以召亡國之禍也」。〔註68〕

　　蔣介石也為自己做過這樣的說法：他同意政協決議的一個原因是「因為國際關係複雜，我們政府不能不委曲求全，以謀國內和平統一」，「我們為使友邦明瞭共產黨的毒計陰謀及其虛偽的宣傳，所以不能不忍受一時的委曲，求得諒解。」。〔註69〕這種後來的說法恐怕更多是蔣介石為自己僨事之舉的辯解。

　　2與10日，蔣介石與國民黨元老的談話透露了其中的原委，蔣的談話如下：

　　　1、本人對於憲法草案，向未發表意見，實因總理遺教明白昭垂，我

〔註67〕 梁漱溟：《我參加國共和談的經過》，《憶往談舊錄》，第167頁。
〔註68〕 秦孝儀主編：《總統蔣公大事長編初稿》第6卷（上），臺北中國國民黨中央委員會黨史委員會1978年版，第24～25頁。
〔註69〕 《特種兵的任務和努力的方向（上）》（1946年6月7日），《總集》第21卷，第324～325頁。

中華民國之憲法必為五權憲法，無待余之多述。深信憲法之起草與制定，必不違背總理之遺教也。余之對憲草不多發言者，更因國人一般心理，對人對事，常多混淆。余若發言，或恐有人以為余有希望作總統之意，而所言者乃為自身打算，故寧緘默不言。

2、今日在座者，均本黨老同志，余敢明言余不擔任總統。但余為黨員，必絕對遵奉總理之遺教及本黨五權憲法之黨綱，此則為不可移易之志願，亦為余之決心。

3、此次政治協商會議中，憲草所決定之原則與總理遺教出入處頗多。餘事前未能詳閱條文，在協議決定以前，不及向本黨代表貢獻意見，以相商榷。協議既定之後，本黨代表八人所同意者，黨不能不為八位代表負責，雖有不同意之處，黨亦只好為所派遣之代表負責也。然事實上欲據此原則作為定案則窒礙甚多，且決不能拘束國民大會而使之通過，亦為甚明之理。

4、本黨致力革命，為三民主義五權憲法而奮鬥。吾黨同志先烈之流血犧牲，即為實行三民主義與五權憲法。今協商會議雖接受三民主義，而對五權憲法則多所改易。如此則本黨不啻自己取消其黨綱，而失其存在之地位，且亦無以對已往為革命奮鬥而犧牲之先烈與軍民。故余為此事，實甚傍徨不安。

5、凡事不可太勉強，吾人如變更總理五權憲法之精義，而製成一種不合黨綱、不適國情之憲法，則他日本黨同志必有揭五權憲法之名義而革命者，吾人將無法加以制止，而禍患將不堪言，故不可不慎之於始。

6、總理最主要之遺教，為建國大綱。若引用其他講演論文之片段，而置建國大綱於不顧，此即不免流於曲解，不足以服黨內同志之心，亦不能保證國民大會代表之不反對，故憲草之制定，必須以建國大綱為準繩。

7、余之見解，以為此時吾人提出於五月五日國民大會之憲法草案，必當絕對符合於總理五權憲法尤其建國大綱之遺教。待本屆國民大會集會決定憲法，而召集下屆國民大會時，本黨乃為真正還政於民。換言之，下屆國民大會時，如對憲法有所修改，而對五權

憲法稍有變通，本黨乃可通融接受，此時決不可犧牲五權憲法之精神，否則本黨即喪失其立場矣。

8、或有以為只要不背五權憲法之精神，而不必拘泥於五權憲法之形式者，此亦為不盡妥善之論。余之意見，即五權憲法之形式，亦不可多所變更。

9、政治協商會議協商決定之憲草原則中，最不妥者，即為國民大會不以集會之方法行使四權。而以全體國民各在其居住地點行使選舉、罷免、創制、復決之四權。因我國民情散漫，公民智識更未普及，假設各地人民得不以組織國民大會之方式，而在原地行使四權，設使有人利用此點，隨時號召各地之選民行使四權，則國家基礎即隨時搖動，而陷於不安之狀態。故此項原則為最不妥善者。

10、原則中又一不妥之點，必須注意再加研討者，即為中央政制。此在憲政初實行時，尤關重要，應顧及我國之國情及事實，不可以若干學者空想之理論，拼湊而成，致有扞格難行之處，使政府成為無能之政府，而無法做事。

11、省得自制省憲一節，並不見於建國大綱，而縣為自治單位，則明言於建國大綱者。餘意省憲制定，在最近五、六年內當不致成為事實，吾人無須重視。但省的地位之確定（如省得兼為自治單位之論），與省長民選之實行，須於縮小省區同時考慮，方不致演成散漫割據之局面。

12、本人對於法律無暇研究，惟知以總理遺教為依歸，實因憲草關係國家未來之安危，故不得不直陳所見。深望今日在座之各位老同志，於此次憲草審查委員會開會時，盡保障三民主義五權憲法之責任。〔註70〕

解讀這段談話，我們會發現其中透露出的很多信息令人十分訝異，甚至啼笑皆非。如蔣介石說：「此次政治協商會議中，憲草所決定之原則與總理遺教出入處頗多。餘事前未能詳閱條文，在協議決定以前，不及向本黨代表貢獻意

〔註70〕《對憲法草案之意見十二項》（1946年2月10日），《總集》第37卷，第333～335頁。

見，以相商榷。」原來蔣介石根本就沒有認真的看過政協決議中關於憲法的內容！如此重要的文件竟然不放在心上，真是不可思議。他自己在談話中也說：「本人對於法律無暇研究，惟知以總理遺教爲依歸。」仔細看過政協通過的憲草修改原則，才發現這與國民黨憲政設計相左之處實在太多。可見蔣介石不懂憲政，也不在乎憲政。

上述蔣介石 2 月 10 日對國民黨元老的十二點談話才是蔣的真實寫照。對於政協決議和即將到來的與國民黨所設計截然不同的憲政，「不瞭解何爲民主政治的蔣介石，顯然一度把接受現實看成一件並不很困難的事情」，「基於以往的政治經驗，他顯然相信，無論通過什麼樣的決議，最後他都有辦法爲己所用」。〔註71〕這種分析可謂鞭闢入裏，筆者深以爲然。

六、六屆二中全會與蔣介石的新態度

政協會議閉幕後，接下來的幾天裏，蔣介石依舊沒有什麼大的動作。不過，滄白堂事件發生後的次日即 2 月 5 日，蔣介石在官邸答記者問，有外國記者注意到事情的蹊蹺，突然臨時提問：「政府在這次政治協商會議中，讓步很多，何以並不注重宣傳加以說明？」蔣回答：「國民黨認爲政權乃是一種責任，而非權利。政府能將其責任的一部分交付於國民，而由國民共同擔負，這乃是政府所始終祈求者，而且，我認爲這是我生平最足自慰的一事。」〔註72〕這番說辭毫無實際內容，等於沒有回答，顯然蔣另有想法。蔣介石發覺問題的嚴重性後，對此當然不會坐視，2 月 10 日的內部談話時則說了真實想法：「決不可犧牲五權憲法之精神，否則本黨將喪失其立場矣。」〔註73〕蔣介石顯然是借政協的憲草修改原則違背孫中山的五權憲法和建國大綱爲名，反對以責任內閣製取代總統制。但蔣介石此時並未明確提出要推翻政協決議。

1946 年 3 月 1 日召開的國民黨六屆二中全會上，黨內保守派發難，佔據上風，做出與政協決議針鋒相對的決議，蔣介石及國民黨的意圖昭然若揭。在其他黨派做出重大讓步的情況下〔註74〕，因國民黨依舊固持一黨獨大方

〔註71〕楊奎松著：《國民黨的「聯共」與「反共」》，社會科學文獻出版社 2008 年版，第 606～607 頁。

〔註72〕《蔣介石答外國記者問》，《新華日報》（1946 年 2 月 6 日）。

〔註73〕《對憲法草案之意見十二項》（1946 年 2 月 10 日），《總集》第 37 卷，第 333 頁。

〔註74〕徐矛著：《中華民國政治制度史》，第 336～337 頁。

針，缺乏分權的誠意，蔣介石亦有意支持國民黨內的強硬勢力試圖撕毀政協決議。二中全會指責中共破壞和平，破壞行憲的環境，通過的決議案中聲稱：1、憲法應以建國大綱為依據；2、國民大會應為有形組織，用集中開會方式行使職權；3、立法院對行政院不應有同意權及不信任權，行政院亦不應有提請解散立法院之權；4、監察院不應有同意權；5、省無須制定省憲。〔註75〕

這樣的決議實際上是向五五憲草回歸，政協五項決議案中，除《國民大會案》、《憲法草案案》被原則性的改變外，其他的《政府組織案》、《軍事問題案》和《和平建國綱領》也只是表面的模糊的贊成。因為決議中說：「各項協議之實施進程中，凡有足為和平建國之障礙者，胥必力為排除。」〔註76〕可見，六屆二中全會決議的本質就是：一黨政府，一黨憲政。

隨即，蔣介石表示要繼續推行憲政，要如期召開國民大會，但他在四屆二次國民參政會（無中共人員參加）上的政治報告中稱：1、憲法是國家根本大法，而憲法的最後決定權，應屬於國民大會；2、《訓政時期約法》是1931年國民會議制定的國家組織法，在憲法未頒行以前應根本有效；3、國民政府與二中全會均尊重政治協商會議，但政協會議在本質上不是制憲會議，唯有國民大會制定的憲法，方能代替《訓政時期約法》；4、擴充政府組織，是就國民政府現在的基礎上，要求各黨派人士及社會賢達共同參加，共商建國方案，準備國民大會的召集。〔註77〕可以看出，蔣介石從黨的會議上，到現在的議政機關上，完成了對政協決議態度的大轉彎，蔣介石雖沒有明確表示撕毀政協決議，但「政協會議在本質上不是制憲會議」的說法已經包含著否定的意味了。其實此前國民黨方面也是這樣認為的，政協會議開幕之際，《中央日報》社論明確指出：「政治協商會議乃是國民政府在國民大會召開之前的一種權宜的重大措施，並不是民主政治完成和其完成所必經的步驟。」〔註78〕政協會議閉幕之際，《中央日報》認為憲草修改原則為國民大會多一「參考」，須由國民大會對其「從長考慮與研究」。〔註79〕此時再次公開強調這一點是蔣

〔註75〕 《國民黨六屆二中全會對於政治協商會議報告之決議》，《大公報》（1946年3月17日）。

〔註76〕 同上。

〔註77〕 《國民參政會第四屆第二次大會政治報告》（1946年4月1日），《總集》第21卷，第286頁。

〔註78〕 《政治協商會議開會》，《中央日報》（1946年1月20日）。

〔註79〕 《政治協商會議閉幕》，《中央日報》（1946年2月1日）。

介石在表達對於憲政的態度。此後，蔣介石繼續力推國民黨主導下的憲政方案，逆政協決議而行，先制定憲法，後改組政府，試圖一步步造成有利於己的局面。可見，蔣介石的對憲政的態度由溫和的積極轉而變爲強硬的積極，即強行地、主動地推行國民黨一黨主導下的憲政。

新形勢下圍繞憲政的事態發展，體現了國共嚴重的政治分歧，即要多黨憲政還是要一黨憲政。從 1946 年的政協會議和國民黨六屆二中全會的異趣可以洞悉。中共方面對於國民黨六屆二中全會的決議痛加駁斥：「制定憲法應依據建國大綱爲最基本之依據，這一規定本身就充滿了一黨專政的臭味。參加政協會議的各黨派從未也永不可能同意國家的憲法應以某一黨的某個什麼文件爲最基本之依據。」〔註 80〕4 月間，中共中央數次指示駐重慶中共談判代表繼續鬥爭，絕不讓步，國共兩黨在憲政問題上形成僵局。〔註 81〕到 11 月制憲國大召開，中共拒絕與會，最終國共兩黨在憲政問題上分道揚鑣。在隆隆的內戰槍炮聲中，實現民主與和平的契機不復存在。

抗戰後的形勢，各種因素交織在一起，不存在獨立事件。蔣介石對憲政的態度即是一例。全面內戰爆發前，蔣介石一直在大力整軍經武，並應付國共局部軍事衝突，故此有對於政協決議的疏忽。而當蔣介石眼見憲政之前途和自己預想相左時，即不惜出爾反爾地撕毀政協決議，踢開中共和民盟，單起爐竈，於是乎有接下來有國民黨、青年黨和民社黨合作召開的制憲國大。〔註 82〕

六屆二中全會上國民黨人對於政協決議的強烈反應，不但表明蔣介石的政治意圖在國民黨人中間欠缺領會，而且更關鍵的是暴露了國民黨內對蔣的離心傾向。蔣介石對政協決議的疏忽又與國民黨內政治態勢緊密相連。蔣在會上轉而變得強硬其實是順應國民黨內強硬派的意見，一意孤行很可能就會繼續損及其自身權威地位。

美國人對國共關係的調停，使蔣介石不得不顧及其意見，政協會議是在給美國人面子。〔註 83〕蔣介石實際上對憲政的具體爭議問題不感興趣，一心

〔註 80〕　胡喬木：《評國民黨二中全會》，《解放日報》（1946 年 3 月 19 日）。

〔註 81〕　參見鄧野著：《聯合政府與一黨訓政——1944～1946 年間國共政爭》，社會科學文獻出版社 2003 年版，第 375～376 頁。

〔註 82〕　值得注意的是：後來由於青年黨、民社黨的力爭，在制憲國大上政協憲草修改原則在憲法中基本得以體現。

〔註 83〕　當周恩來 1 月 27 日就政協決議問題乘飛機回延安請示後，於 30 日返重慶，蔣介石注意到周恩來態度大變，高唱「軍黨分離」、「國共長期合作」，且周對馬歇爾表示「中共有親美而疏俄之意」。對此，蔣介石開始疑神疑鬼，認爲「此

只想著依靠美國的扶助進行將來的國共決戰。這也造成了其對政協決議的疏忽。

就蔣介石的政治個性和政治理念而言，他嚴重缺乏民主觀念，且作風偏狹，剛愎自用。對於複雜的民主政治運作中的一些具體問題，蔣的疏忽也許算是一種潛意識中的迴避和拒斥。

綜上所論，各種因素交織中的蔣介石，其抗戰後對憲政態度的立足點是工具性的，憲政只是對付中共的一個政治工具，而當這個工具不能隨心所欲運用時，蔣對其態度的轉變也就在情理之中了。

中必另有陰謀」。當周恩來表示對整編計劃基本可照政府意見實施，蔣愈發狐疑：「此時意外之事，恐他時必多翻覆也。」（《蔣總統事略稿本》，1946 年 2 月 2、4 日條，臺北「國史館」藏「蔣中正檔案」，轉引自楊奎松著：《國民黨的「聯共」與「反共」》，社會科學文獻出版社 2008 年版，第 597 頁）此時的蔣介石正渴盼美國的全力扶蔣反共，因此極力維護與美國的關係，一點風吹草動可能就使蔣介石心中出現一些對中共與美國接近的擔憂。

第二章　蔣介石與制憲國大及「聯合政府」

　　抗戰結束前後，蔣介石力主國民黨結束訓政，實行憲政，政治態度積極，不過自國民黨六屆二中全會後，國共矛盾激化，內戰升級。1946～1947 年，從制憲國民大會召開到「聯合政府」建立，蔣介石逆政協協議而行，力推國民黨主導下的步驟和方案，先制定憲法，後改組政府。在國民黨行憲籌備活動全面展開的過程中，蔣介石試圖在戰場上和會場上同時向中共施加壓力和進行打擊，以政治手段配合軍事手段擊敗中共。另外，通過憲政手段，蔣介石也試圖實現自身權力的合法化，鞏固其政治領袖地位。在蔣介石的政治策略指導下，行憲籌備活動完全被引向國民黨的政治軌道，「一黨憲政」的真實用意完全暴露。

一、制憲國大召開前蔣介石的樂觀與誤判

　　按政協協議規定，國民大會應於 1946 年 5 月 5 日召開，但由於國共爭議再起，戰火遍地，談判無果，只能向後延期。7 月，蔣決定 11 月 12 日召開國大，最終延至 11 月 15 日才開幕，至 12 月 25 日閉幕。國民大會上的唯一議程是議決《中華民國憲法》，因此這次國民大會被稱作「制憲國民大會」，簡稱「制憲國大」。

　　會前，國民黨軍隊戰場上處於攻勢，東北、中原、華東、華北各條戰線，中共軍隊節節敗退，10 月 11 日，國民黨軍隊攻佔中共控制的戰略要地，察哈爾省城、晉察冀邊區首府張家口。國民黨方面認為這是一個重大戰果，上下彌漫著勝利即將到來的氣氛，蔣介石提出「打到延安去，活捉毛澤東」的

口號，準備向陝甘寧邊區進攻。〔註1〕顯然，蔣認爲中共將被擊敗，軍事勝利將帶來政治勝利。〔註2〕就在攻佔張家口當日，國民大會召集令公佈，蔣介石自以爲得計，他在日記中得意地寫到：「國民大會開幕，此實爲革命史上最艱難之創舉，與劃時代之新頁也……國民大會今已開會，共黨一年來聯合其它黨派以孤立本黨，圍攻政府之陰謀，已被我完全擊破。」〔註3〕對於這一切，旁觀者卻不是那樣的盲目樂觀，輿論有人認爲暫時的軍事優勢恐怕是無法解決根本政治問題的，國民黨以國大爲工具一統各派勢力只是政治失策，當前的形勢是「一個軍事勝利緊接著一個政治僵局」。〔註4〕沒有第二大政治勢力中共和最大最有影響的中間勢力民盟參與的制憲國大，實際上就變成了國民黨的獨角戲，參加大會的青年黨和民社黨〔註5〕只是點綴而已。這一點，長期參與國共談判的國民黨要員王世杰看的很清楚，他說：「實際上彼等之參加恐不能有何貢獻，惟國民黨則可以宣佈此次之國大並非一黨之國大矣。」〔註6〕

不過，蔣介石卻不是這樣理解問題，由於中共抵制制憲國大〔註7〕，他在

〔註1〕師哲回憶，李海文整理：《在歷史巨人身邊──師哲回憶錄》（修訂本），中央文獻出版社1995年版，第335頁。

〔註2〕唐縱：《在蔣介石身邊八年》，第652頁。另參見汪朝光著：《中華民國史》第3編，第5卷，第591頁。

〔註3〕〔日〕古屋奎二：《蔣總統秘錄》，第14冊，臺北中央日報社1986年版，第72頁。戰後蔣對與中共鬥爭的過於樂觀的誤判其實早已形成，重慶談判毛澤東回延安後蔣介石在日記中認爲：毛澤東「態度鬼怪，陰陽叵測，硬軟不定，綿裏藏針」，但斷定毛「決無成事之可能，……任其變動，終不能跳出此掌一握之中」。（楊天石著：《尋找眞實的蔣介石──蔣介石日記解讀》，山西人民出版社2008年版，第445～446頁）1946年6月，蔣在演講中稱：「有人認爲中共問題軍事不足以解決，此乃大謬不然，過去軍事不能解決的原因，由於日本掩護中共搗亂，今日人已經投降，軍事解決爲極容易之事。」（《在蔣介石身邊八年》，第623頁）1947年6月，蔣還是認爲國民黨軍隊實力比之中共軍隊占絕對優勢，「一切可能之條件，皆操之在我，我欲如何，即可如何」。（《國軍將領的恥辱與自反》（1947年6月1日），《總集》第22卷，第135頁）

〔註4〕《爲國民大會設想》，《大公報》（1946年10月14日）。

〔註5〕全稱「中國民主社會黨」，1946年8月由國家社會黨和民主憲政黨合併組成。

〔註6〕《王世杰日記》（1946年11月17日），臺北中央研究院近代史研究所1990年影印本。

〔註7〕後來文革時期的周恩來回憶中共本來就不希望參加制憲國大，他說：「我參加了舊政協開會以後，回到延安向毛主席彙報，……毛主席說的很清楚。毛主席說：這個和平，我們是拖延時間，便於我們積蓄力量，便於我們訓練軍隊。我們一方面要訓練軍隊，一方面要搞好生產，第三方面要加緊土改，準備戰

會前極力爭取青年黨和民社黨與會，顯示出高度重視之意。制憲國民大會由 11 月 12 日推遲到 11 月 15 日表面上為等待中共、民盟參加，實際更深層的意思是等待青年黨和民社黨的到來。蔣介石也認識到：「假定各黨派都不來，由國民黨一黨唱獨角戲，在政治上不能不說是一種失敗。」〔註 8〕蔣介石為了拉住青年黨和民社黨，不惜推遲會議以待之，甚至有意復活政協憲草修改意見。對於政協憲草修改意見的設計者主要是民社黨領袖張君勱，蔣介石更不遺餘力爭取，國大開幕前夕蔣介石極力滿足張的要求。據時人回憶：國民黨「採用民社黨（即張君勱執筆的）憲法草案，提交國民大會，並由國民黨總裁蔣介石與民社黨主席張君勱，交換親筆書信（這兩封書信均在報端公佈），保證在大會上通過」。〔註 9〕蔣介石 11 月底在國人上也說：此憲法草案是「根據政協的修改原則，再加審訂整理和補充，成為完整的草案」，「中國共產黨雖沒有參加，而當時參加政協的大多數黨派是經過同意的」。〔註 10〕可見，蔣介石為拉攏民社黨、青年黨與會，鑒於張君勱對憲草態度的堅決，為避免一黨制憲的尷尬局面，被迫在憲法問題上做出重大讓步，「屈就」張君勱的憲法草案，而這個提交國民大會的憲法草案實際上大部分符合政協會議通過的憲草修改十二條原則。〔註 11〕

爭，準備戰場。……毛主席還指示，可以在政協會議上簽字，表面上說這個政協決定不錯。」參見《談批評劉少奇》（1967 年 11 月 29 日），廣東省直屬機關革命造反大聯合總部主辦：《紅戰報》第 15 號。

〔註 8〕　四川大學馬列教研室：《政治協商會議資料》，四川人民出版社 1981 年版，第 454～455 頁。

〔註 9〕　傅益光：《張君勱的若干事》，全國政協文史委員會編：《文史資料選輯》第 145 輯，中國文史出版社 2001 年版，第 64 頁。

〔註 10〕黃香山編：《國民大會特輯》，東方出版社 1947 年版，第 3、21 頁。

〔註 11〕1946 年 11 月。憲草審議委員會完成《五五憲草修正案》（後改稱《中華民國憲法草案修正案》），該修正案經過國防最高委員會通過之後，即由國民政府送交立法院審議。立法院對該修正案沒有做出討論和修改，只是將該修正案送呈國民政府，轉送國民大會，以完成立法程序。該修正案與政協憲草修改十二條原則不同之處有三：其一，國民大會仍為有形組織，行使四權；其二，取消政協憲草修改十二條原則的第六條；其三，取消省改為「省得制定省自治法」。（參見《近代中國憲政歷程：史料薈萃》，第 1091～1104 頁。）兩相對比，可以發現，《中華民國憲法草案修正案》雖與政協憲草修改十二條原則有了一些不同，但二者之間的差別遠遠沒有二者與《五五憲草》大，二者的基本精神是一致的。《中華民國憲法草案修正案》還是體現了張君勱的思路，就是要「把立法院變成英國的眾議院，行政院形成英國式內閣，總統相當英國女王，行政院長相當英國首相」。（參見梁漱溟：《國共兩黨和談中的孫科》，《梁漱溟全集》第 7 卷第 195 頁）

最終，青年黨 11 月 15 提出代表名單，民社黨 11 月 20 日也提出了代表名單。此時除中共和民盟代表外總人數已達到 3／4 法定開會人數，故大會暫留兩黨席位，照常舉行。除了原本在中國大陸各地各界選出的代表外，還增加了來自 1945 年光復後臺灣省的代表。這樣，蔣介石的意圖達到了，國民大會不再是「一黨制憲」。〔註12〕11 月 22 日，大會選舉代表組成主席團，輪流主持會議，同時主席團推定洪蘭友為大會秘書長，陳啓天和雷震為副秘書長，大會的制憲工作開始。

然而，接下來的事態發展並不像蔣介石自我感覺那般良好，制憲國大上的微妙場面很快給蔣兜頭潑了一盆冷水，暫時軍事勝利及拉攏住部分中間勢力召開的國民大會給蔣介石帶來的是一部令其不如意但又無奈之下不得不去接受的憲法。

二、制憲國大上蔣介石力推憲法通過

抗戰時期，政治權力向蔣介石集中的勢頭強烈。國民黨和國民政府實行戰時體制，蔣介石的政治權力相對來說所受制約較少，中央唯一可以與蔣介石抗衡的潛在領袖、政治實力派汪精衛叛國投敵，蔣介石的黨內地位無人可再撼動，加之地方的國民黨軍事實力派也因蔣介石的不懈努力，或消滅、或收編、或安撫，到抗戰時期已經有很大的削弱，加之抗戰大局下，無人能有藉口和時機對蔣發起真正挑戰。蔣介石乘抗戰之機，實行黨政軍一元化領導，蔣幾乎可以被稱為獨裁者了。

到抗戰勝利前後，雖然蔣介石個人威權已登峰造極，但是一些因素還是對蔣形成限制，如戰時開放民主給非國民黨勢力參與政權提供了機會，他們的影響擴大，對國民黨和蔣介石形成制約，國民參政會、政協會議以及這期間的憲政運動不時束縛蔣的手腳就是證明。另外，最根本一點，戰時體制只是一種臨時性的應對措施，蔣介石的權力很大程度上是戰爭賜予的，戰爭結束這種權力就理應終結。而且，戰時國民黨的政治理念並沒有改變，還必須遵循孫中山的遺教，蔣介石權力的增大並不意味著其權力就此定格，戰後還是要恢復常態的。蔣介石當然試圖更多地攫取權力，但戰後其個人的諸多舉

〔註12〕 鄭大華：《張君勱與 1946 年〈中華民國憲法〉》，《淮陰師範學院學報》（哲學社會科學版）2003 年第 2 期；劉全娥、曾加：《民主社會黨參加「制憲國大」之原因探析》，《西北大學學報》（哲學社會科學版）2005 年第 9 期。

動遭各界質疑，權威又逐漸跌落，非國民黨和非蔣勢力此時發起的挑戰與抗戰期間的活動一脈相承，他的獨裁之路恐怕難以爲繼。蔣介石對形勢應該是清楚的。怎麼辦？怎麼才能保住得來不易的大權？制憲、行憲！這似乎是一個妙策。

　　進入憲政階段，無論國民黨和蔣介石的意願如何，從法理上講，黨的權力受法律制約，個人權力亦由法律來限制，通過對 1946 年憲法的分析中就可以看到這一點。雖然後來蔣介石試圖並最終在特定的形勢下突破了法理的制約，但是相應的政治糾葛卻得不償失。從制憲國大開始，蔣介石憲政策略的運作漸漸從得意變成失意。

圖 2：國民大會堂

　　1946 年 11 月 15 日，國民大會在南京召開。中國共產黨和民盟拒絕參加。中共聲明：國民黨違背政協決議單獨召開「國大」是非法的，中共將不受「任何片面決定之約束」。〔註13〕民盟聲明：國民黨單獨召開國大，既違反政協決議又「一黨專政之局不改，全國統一之局不成」，「不敢冒昧參加」，并呼籲國人「共起反對」。〔註14〕按法定人數國大代表 2050 名，其中區域、職業、特種選舉代表 1350 名（內含抗戰前選舉的代表 1200 名），其中絕大多數是國民黨人。新進選代表國民黨 220 名、青年黨 100 名、民社黨 40 名、「社會賢達 70 名，共產黨代表 190 名和民盟代表 80 名拒絕出席。實際報到的代表為 1420 人，出席會議的 1355 人，國民政府公佈的為 1580 名製憲國大的代表絕大部分是國民黨人。實質上，國民大會仍然是國民黨一手包辦，與 10 年前準備召開的「一黨國大」所不同的只是增加了青年民社兩黨和一些社會賢達的代表。

　　憲草的討論一開始就紛繁複雜，十分棘手。11 月 18 日會上，蔣介石對國民黨籍國大代表大肆抱怨，發言未及幾句，便稱：「過去這一年以來，我們政府所受的恥辱，幾乎超過了過去五十年間所有的恥辱。」顯然，蔣說的「政府」實指自己。大叫「恥辱」後，蔣接著長篇大論，痛切陳詞。為看清蔣的心態，這裏不妨大段照錄：

> 我們深切反省，我們為國為民，忠誠耿耿，實在可告無罪於國家，告無罪於人民，尤其可以告無罪於各黨派。既然如此，我們為什麼還要忍辱負重，受無理的批評和指責呢？大家要知道：本黨領導建國，到現在已經瀕於成功的階段，目前主要的工作，不是要對各黨派作無謂的鬥爭，只要他們不反對我們所制定的憲法，憲法頒佈之後，國家能順利地走上憲政的軌道，就是我們獲得了成功。所以這次國民大會召開的時候，我們不惜一再忍讓，想盡方法，要請各黨派來參加，原因就是在此。因為我們如果不忍辱負重，與各黨派斷然決裂，則我們在國內必致引起更多人的反對，在國外亦不能取得友邦的同情。如此，我們國民革命必陷於比現在更困苦的環境，而革命成功的希望，也就更加渺茫了。所以現在事實上我們惟有忍耐才能成功，切不可感情用事，不忍小忿，以致破壞整個的計劃，

〔註13〕《新華日報》（1946 年 7 月 10 日）

〔註14〕中國民主同盟中央文史資料委員會編：《中國民主同盟歷史文獻（1941～1949）》，文史資料出版社 1983 年版，第 233 頁。

而且我們要徹底明白各黨各派和本黨的關係。現在國內所有的黨派，真正反對本黨的只有共產黨，只有他們處心積慮，想用種種的陰謀詭計來消滅本黨，推翻政府。其餘各黨派只因為一部分的主張不同，政見不同，加以本黨平時不能在情感上與他們維繫，於是他們就和我們疏遠，而共產黨就利用各黨各派來包圍本黨，打擊本黨，使本黨陷於孤立，以達到他們的陰謀。我們今天深切反省，我們本身平時也實在過於驕傲自大！我們既然是一個負責建國的政黨，本來應該特別寬大有容，而平時言論態度，往往深閉固拒，使人難堪，無形中叫人不能和我們合作。這種態度不單是大家如此，就是本人也不免如此。因此，使本黨受各黨派的包圍，增加革命的阻力不少，現在已經過去了的也不必再說了。我們要特別注意的，是這次國民大會中本黨所處的地位，和對於革命，對於國家，所負的責任。我們現在所處的地位是主人的地位，所負的責任是主人的責任，我們在大會中間就必須有主人應有的態度。如果主人不照顧客人，甚至於得罪了客人，那不但客人不滿，而且失了自己的本分，所以主人是不容易做的。希望大家在這三個星期內，務須特別忍耐，顧全大體，否則我們一年來忍辱負重，委曲求全的努力，將要前功盡棄，沒有絲毫的結果。現在無論客人怎麼反對我們，責備我們，甚而至於謾罵我們，我們只有忍受的一法。如果我們和他們對抗，和他們爭吵，即使完全勝利，也是等於失敗。總要使世界各國知道本黨的度量，知道本黨同志能夠為主義為革命為國家而忍辱負重。我們愈是遭遇困難就愈要忍耐，所有到會的各黨派我們不妨把他們當做本黨同志一般，過去的一切暫時也不必計較了。

其次，我們必須表現建國的精神。我們建國最重要的精神就是守秩序，重紀律。在現代的國際社會中，國民沒有守秩序，重紀律的精神，就不能建立現代的國家。所以我們現在能不能在國民大會內表現建國的力量，就是要看我們各位代表同志有沒有守秩序，重紀律的精神。我們同志之間，平時難免有意見的不同，這時卻不能再使步調參差。譬如一個家庭內的人，平時在家，如有不同的意見，不妨自由發表，充分辯論，但是如有許多客人在座，就不好自相爭執了。又如在聯合國大會中，我國的代表是代表整個的國家，也就

不好以黨派的恩怨，來提出紛歧的意見。倘使一個國家的代表在聯合國大會中要爭取個人的言論自由，自相爭執不休，試問是否要失去這個國家的國格呢？現在本黨的代表在國民大會中也正是如此，在各黨派都參加的大會中，我們黨員代表就不能只顧個人而不顧本黨整個的策略。希望各位徹底明瞭這個道理，保持良好的精神，不要讓人來批評我們不守秩序，不守紀律，不配做現代的國民。因為這一次大會關係太大，不但是民國三十五年以來從來沒有這樣重大的會議，就是我國五千年的歷史上也沒有這樣大規模的會議。因此，我們所負的責任也最重大，最困難，我個人真是誠惶誠恐，小心翼翼。各位同志如果稍一疏忽，則將來的結果如何，就不堪想像。在這緊要的關頭，我們的一切言論行動，必須要對得起本黨，對得起同志，對得起國家，決不能圖一時的痛快，隨便發言，致使五十年來無數先烈同志忍痛犧牲得來的成果皆歸喪失。否則我個人和各位同志就都成了本黨的罪人！總之，這次大會實在是艱巨非常，我們過去開過不少的大會，但是都沒有這次的關係重要。如果這次大會，能夠圓滿結束，就可以為革命事業闢一坦途，為我們國家立百年不拔的基礎，如其結果不佳，則不但騰笑於中外，就是總理和先烈也將不安於地下。因此，希望各位同志，格外謹慎，格外忍耐，發揮革命的精神，嚴守革命的紀律，共同一致，為本黨，為革命而努力奮鬥，完成我們偉大而艱巨的使命！〔註15〕

演講中，蔣介石種種複雜情緒溢於言表，同時也暴露了蔣介石製憲的真實意圖。事實表明，憲政的進展出乎蔣意料之外，妙策轉眼很可能就變成了臭棋。「代表發言者至為踴躍，遞請求發言條備多至百七十餘人⋯⋯統計各代表對於憲草之批評，大都集中下列備點：（一）為國大之組織與權力問題。（二）為五院制度，及立法與行政之關係問題。（三）為地方制度問題。（四）建都地點問題。（五）本屆大會職權，是否兼及行憲問題。（六）婦女及職業代表問題等。至十二月六日停止廣泛討論決設憲草審查會，分八組同時進行。總計各代表提案，有四百二十餘件分發各組審查，在審查會中，各代表發言亦極為熱烈，指責憲草者更為激昂，當時情景，大有將草案基本原則，一一推

〔註15〕《忍辱負重表現建國精神》（1946 年 11 月 18 日），《總集》第 21 卷，第 451
～453 頁。

翻之勢，於是青年、民社兩黨代表，以政協原則不可免，否則此次參加國大毫無意義、情願退出為詞，而民黨領袖，對其黨員代表，亦屢加勸導，以顧全大局，完成憲法為第一要義，任何缺點，有可俟將來依法修改者，不必在此時力爭。自此之後，辯論之熱焰少過。然八組審查會結果，對於原案，仍多重要之修改。」〔註16〕此時更讓蔣大跌眼鏡的是，國民黨內也出現了不同的聲音，關於國都問題，很多代表提出議案，欲定都於北平，而此時的北平卻處於中共軍事威脅之下。該議案獲得廣泛支持，大有通過之勢，國民黨元老張繼、李石曾等並不按蔣介石的意旨行事，支持定都北平。蔣親自向領銜簽署議案的張繼施加壓力，要求張撤銷議案；吳敬恒、何應欽、張靜江等則勸說李石曾等撤回簽署。〔註17〕在多方努力斡旋工作下，最終撤銷定都北平議案，而憲法文本中並未指定首都地點。上述種種，讓蔣介石陷入尷尬境地，蔣介石在會議上大費周章地對各種意見進行調和，同時憤怒、煩躁、不滿、委屈等情緒在其發言中我們可以很清晰地看到。

11 月 25 日，蔣介石對本黨代表演講時，有些不耐煩，他說：

總理常常說：「做大事要求其簡單，不要令其太複雜。」吳稚暉先生也常常說：「大事要小做，小事要大做。」現在國民大會集合了將近兩千的代表，來制定憲法，這是何等重大的一件事，我們做這樣的大事，就要愈簡單愈好，愈迅速愈好，總要集中意志，整齊步伐，發揮團體力量，達成預定的目標。如果大家意見紛紜，議論龐雜，往復辯難，各逞己見，那不僅在二十天內不能制定憲法，即使討論一年，也〔不〕會獲得結果！這次國民大會如果失敗，就等於是共產黨勝利，所以要特別注意！一方面要使大會的意見趨於簡單，一方面更要使會議的進展迅速順利，決不要陷於複雜和拖延。自從大會開始，政府宣佈停止向中共進攻以來，共產黨反而加緊軍事行動，攻擊我們國軍已有七十四次之多，在軍事上他們雖然沒有得勝的希望，然而他們在政治上是無時無刻不想破壞我們的計劃，尤其要破壞我們國民大會，使得枝節橫生，曠日持久，不能得到結果。這是共產黨最惡毒的陰謀，大家不可不提高警覺，特別注意。

〔註16〕陳茹玄著：《增訂中國憲法史》，世界書局 1947 年版，第 281～282 頁。

〔註17〕唐奇：《制憲國民大會見聞》，《文史資料存稿選編》12，中國文史出版社 2002 年版，第 352～353 頁。

> 我們要知道國民大會開會之後，中國青年黨、民主社會黨和許多社
> 會賢達都已參加會議，尤其是民主社會黨的參加，使民主同盟基礎
> 動搖，更是共產黨的致命傷。這次國民大會實際上已成為全國國民
> 和各黨派共同的會議，共產黨對國際宣傳，已經感到困難。只要我
> 們能使大會順利完成，通過政府所提出的憲草，則共產黨的宣傳，
> 更將不攻自破。〔註18〕

顯然，蔣介石對民主政治的「複雜」很不適應，他要的是「簡單」的民主。
其實這也不是蔣一時的想法，在抗戰中國民參政會上，蔣對憲法也有過這樣
的看法：「我們的憲法，條文不可太繁密，規定不可太詳細，要將我們幾年來
社會習慣和不成文的部分，貫注於全部憲法的精神以內，使初步施行能切合
人民實際的程度，和國家真正的需要。」〔註19〕「憲法的規定，要儘量適應
事實，要注重我們不成文的許多事例，所以條款不宜過於繁密，而且要富有
彈性，更要使條條都能實行。」〔註20〕制憲國大會議的議程採用三讀會模式，
11月28日，國民大會第三次大會，蔣介石提交憲法草案，開始一讀會階段。
蔣致辭：

> 今天國民政府將憲法草案提交國民大會以後，可以說政府已經
> 將國家的責任，交給全國人民了。從今天起，全國人民就要開始擔
> 負這個重大的責任。各位代表受全國人民的重託，必須審察時勢，
> 克盡職責，制定一部完美可行的憲法，才不負全國人民的期望。代
> 表諸君責在制憲，我們所制定的憲法，不僅要求形式的完善，而且
> 要求其能付諸實行而無窒礙。自從政府公佈五五憲草以後，經過全
> 國人民十年的研討，已經深入人心，五五憲草是根據國父的五權憲
> 法而制定的。大家都知道，國父所發明的五權憲法，是世界上最新
> 最進步的憲法，但是政府今天為什麼要修正五五憲草，為什麼政府
> 今天提出的憲草，與國父的五權憲法有不能完全符合之處，這一點
> 今天本席必須加以解釋。國父在發明五權憲法之後就常常面示我

〔註18〕 《本黨對國民大會和憲法問題應有的態度》（1946年11月25日），《總集》第
21卷，第462頁。
〔註19〕 《對於憲草與實施憲政之意見（二）》（1940年4月6日），《總集》第17卷，
第230～231頁。
〔註20〕 《國民參政會的成就和當前要計》（1940年4月10日），《總集》第17卷，第
240頁。

們,「有了良好的憲法,還要有忠實的施行憲法的人,最好由創制憲法的人來行憲,然後才能發揮憲法的精義,否則如果行憲的人不明了立憲的精神,則行憲就不會確實而順利。」這一段話,我今天特別要提起代表諸君注意。國父五權憲法的精義,在於權能分治,政權與治權分開,要使這個憲法的精義儘量發揮,必須具備兩個條件:第一必須行使政權的人民,具有掌握政權確保政權的能力和習慣;第二必須行使治權的政府,能夠恪守治權的界限,不以治權來侵犯政權。如果行使治權的人,不能尊重政權而侵犯政權,同時行使政權的人又沒有掌握政權的能力與習慣,則其結果必致完全違背國父創制的精神,所以五權憲法最好由國父本人來行使,以治權保護政權,培養政權,養成人民行使政權的能力和習慣,使政權與治權相輔相成,政府不致於無能,人民不致於無權,才能臻於理想。如果行憲的人不能以國父的精神為精神,對政權不能盡保育護持的責任,則將來一定要發生流弊。因為五權憲法的中央制度,可以說是一種總統制,行使政權的人民,如果沒有掌握政權的能力,對於治權不能有適當控制,則總統權力過分集中,必致形成集權政治,這種政治,不合於現在時代,而且有害於中國,有害於中華民族。各位代表諸君,國父遺教,服膺五權憲法,決不願使國父的五權憲法,流為極權政治,貽害於國家民族。所以我今天要請大家估量我們一般同胞行使政權的能力和習慣,審察國際環境和時代趨向,我們如果在今天就實行五權憲法,人民是否能掌握政權,而不受治權的侵犯呢。我可以說目前我國大多數的人民,還沒有這種能力和習慣,如果這樣毫無保障,就實行五權憲法,我個人認為非常危險。當然以我們國家人才之多,國父遺教感人之深,自有許多具備行使治權能力而瞭解五權憲法精神的人物,不過代表諸君要知道,在人民還不能自己掌握政權鞏固政權的時候,要完全信賴行使治權的人來尊重政權,這究竟是一種冒險的嘗試。

我相信假如我自己來行使五權憲法,我一定能以國父之心為心,以治權來保護政權,培育政權,使民權充分發展。但是我個人自民國十四年國父逝世以後,為國奮鬥,擔負重責,已經二十年了,只因國基未固,憲政未行,革命天職,不容放棄,對於國事義無容

辭。現在國民大會已經開會，憲法制頒有期，革命建國之工作，已可告一段落，我個人本來沒有政治的欲望和興趣，而且我今年已經六十歲，再不能像過去二十年一樣擔負繁重的責任，所以必須將國家的責任，交託於全國的同胞。更因為如此，所以我特別關心於國家大法的確立，務使行之有利於國家，有利於人民。今天我代表國民政府提出憲草於大會，當然尊重大會的意見，同時我以人民代表的立場，為保護政權，發展民權著想，對於今天國民政府所提出的憲法草案，我是贊成的，擁護的，<u>我認為五五憲草在今天是不適用的</u>。我今天將我十四年來對於憲法的體驗，貢獻於代表諸君，希望諸君為國家民族深長考慮，奠立憲政實施良好的初基。須知今後國家的存亡隆替，民族的盛衰榮辱，都繫於憲政施行之是否順利，而制憲的責任，則在於代表諸君。我們今天制定憲法，一定要至公至誠，純粹為國家的安寧和人民的福利著想，切不可膠柱鼓瑟，更不可削足適履，忽略民眾的需要，漠視時代的因素，我們要集思廣益，審慎周詳，制定一部完美的可行的憲法，使全國人民都能受到實利，使我們國父和五十年來的革命先烈與抗戰陣亡將士的英靈，得以安慰於地下。

　　總之我們所要制定的憲法，必須切實可行，能使國家長治久安，建設工作得以邁進，而後民生樂利，民權自然可以一天天的發展而鞏固，到了這個時候，我相信我們國父的五權憲法，一定能夠完全實現。〔註21〕

蔣介石在致辭做了憲法草案的解釋工作，他認為「國父所發明的五權憲法是世界上最新最進步的憲法」，但「政府今天提出的憲草，與國父的五權憲法有不能完全符合之處」，蔣表示「對於今天國民政府所提出的憲法草案，我是贊成的，擁護的」，甚至認為「五五憲草在今天是不適用的」，這顯然是蔣表示要做出重大讓步。

〔註21〕國民大會秘書處編：《國民大會實錄》，1946 年，第 389～392 頁。蔣發言中「我認為五五憲草在今天是不適用的」這一句在後來編輯的《先總統蔣公思想言論總集》中被刪去（參見《說明憲法草案制訂之經過與意見》（1946 年 11 月 28 日），《總集》第 21 卷，第 465 頁）。

圖 3：蔣介石在制憲國民大會上致辭

　　一讀會 11 月 28 日開始，至 12 月 21 日方完成，占去了會議的大部分時間，可見是破費周折的。一讀會期間，國民黨籍代表對憲法草案極度不滿，在最初的一周審議過程中將憲草按五五憲草式樣修改，試圖使憲草重新符合孫中山五權憲法理論。民社黨為維護政協憲草計，宣稱民社黨代表將離席抗議。青年黨也堅持保留原憲法草案，呼應了民社黨的舉動。面對此種情況，為避免制憲失敗，國大召集緊急會議，各黨派領袖均極力勸說本黨代表，蔣介石在國民政府演講時說：

　　　　各位同志要知道：我們這次國民大會的開成，就是共產黨在政治上一個最大的失敗！大家想必還記得：在國民大會開會以前，共產黨曾經一再恫嚇政府，說如果召開國民大會，那就是「全面破裂」，以後就只有戰爭。以為如此，就可以威脅政府，中止國大的召開，耽誤制憲的工作。但是政府一秉初衷，絲毫不受其脅制，毅然決然召開國民大會，使國際輿論和國內同胞都認識政府實施憲政的真誠，這是共產黨所不及料的，可以說國大召開的第一天，我們已經獲得了初步的勝利！現在大會順利進行，共產黨更加恐懼。將來憲

法草案如果得以順利通過，則更是本黨政治上空前的勝利，共產黨在國際上造謠誣衊的一切陰謀詭計，都無所施其技了。

現在各組審查會都已經開始工作，下星期起，正式討論的二讀會即將開始，希望各同志在此一周之中，加緊努力，完成審查的工作，使大會的進行，迅速順利。我以爲憲草如果沒有重大的矛盾之處，我們盡可以不必在文字上和形式上斤斤計較。尤其是關於總統的權限，行政院和立法院的關係等條，我們不必多所爭執。因爲共產黨現在唯一的希望，就是希望我們在憲法中擴大總統和行政部門的權限，然後他好在國際上宣傳我們的憲法是法西斯的憲法，藉此來打擊政府。各位同志切不可中他們的詭計！在這審議憲草的時候，必須體察時艱，認清環境，集中意志，齊一步驟，來貫徹本黨的主張，然後才能達成我們革命最後的目的。〔註22〕

經過對憲草重新審議，一周後代表們將其基本恢復至政協憲草原樣。在一讀會 151 條修改案中，104 條遭到否決。12 月 21 日，一讀會正式完成後，大會立即進入二讀會逐條審議通過階段。此時，憲法主體基本完成，只存在具體細節問題爭議。12 月 24 日，二讀會完成，大會進入三讀會階段，憲草僅在文字上作細微修改，隨之大會三讀通過了《中華民國憲法》。

雖然憲法案中的一些條款並不符合蔣介石的本意，但是最後憲法還是三讀通過，不過從蔣在總理紀念周講演中對一些憲法條款的意見可以隱約地看到他的不滿情緒。

國民大會制憲的工作，已完成二讀會的程序，三讀會今天或者可以結束，大會即可圓滿閉幕。各位同志能夠參加這次會議，制定國家根本大法，確立國家長治久安的基礎，實在是機會難得，極其光榮。而且各位同志在會場上的表現，都能服從黨的紀律，貫徹黨的主張，應該堅持的，大家都據理力爭；應該讓步的，就遵照黨團的指示，犧牲成見，顧全大局。這種誠懇坦白的精神，實不失爲執政黨應有的態度……過去幾星期以來，本黨同志都集中精力來應付會議，因此只注意到運用會場的方法和技術，對於憲法的本身反而

〔註22〕《政府對於中共問題所持之方針》（1946 年 12 月 9 日），《總集》第 21 卷，第 482 頁。

不能作充分的研究，以期完善。因爲這個緣故，對於條文的處理，就不免有疏忽之處。當然任何一部憲法，都必須遷就當時的環境和事實，而不能盡善盡美，不過憲法如果有顯著的缺點，那我們就一定要在事前加以補教，以免將來實行的時候發生窒礙……是立法院的人數問題。照原來憲草的規定，是沒有職業團體產生的立法委員的，現在既加上職業選舉，而從省市區域選出的名額仍然照舊，那麼將來立法院的人數，將要超過八百人。而立法院的權限又非常龐大，行政院一切政務的推行，都必須對立法院負責。在今日中國國情之下，立法院人數實在不宜過多，否則意見紛歧，主張不一，對行政院的工作必多所牽掣，勢必減低行政效率，甚至增加兩院間的糾紛，所以這一點，各位同志必須予以切實的考慮，最好能設法加以補救。〔註23〕

制憲工作完成後，制憲大會同時制定了憲法實施準備程序，定於 1947 年 1 月 1 日公佈《中華民國憲法》，並於 1947 年 12 月 25 日實施。屆時將正式進入憲政時期。蔣介石接受了國民大會主席吳敬恒親手提交憲法和實施準備程序，這樣國民政府歷時 20 餘年之久的制憲工作終於宣告完成。12 月 25 日，制憲國大閉幕會上，蔣介石致辭：

今天國民大會制定中華民國憲法，並議決憲法實施日期及準備程序，中正代表國民政府敬謹接受。誠如剛才大會主席吳先生所説，此次憲法的制定，足使我們國父五十二年來領導革命所犧牲的先烈以及抗戰陣亡軍民的英靈得安慰。國民政府必當遵照大會決定的程序，一一施行。深望我全體代表，協助國民政府，領導全國民眾，共同一致擁護這一部憲法，實行這一部憲法，使我們中國成爲三民主義民有、民治、民享的新中國。從今天起，國民政府得償其還政於民的凤願，代表諸君開創了中國憲政之治的初基，實在值得全國同胞的慶幸。中正謹代表政府慶祝大會成功，並祝各位代表及全國同胞的康樂。〔註24〕

〔註23〕《二讀會後憲草之缺點及補救辦法》（1946 年 12 月 23 日），《總集》第 21 卷，第 490～492 頁。
〔註24〕《國民大會制憲大會閉幕致詞》（1946 年 12 月 25 日），《總集》第 21 卷，第 493 頁。

顯然，在木已成舟的情況下，蔣顧及影響，刻意收斂起自己的情緒，畢竟他在會上的努力還是有收效的，起碼憲法大致按會前設想的方案通過了。蔣的發言不長（這不符合蔣的一貫風格），簡單提憲法的些許意願和希望後，讚譽大會的成功和勝利，顯然只是應景之語。

圖 4：蔣介石接受吳敬恒提交《中華民國憲法》

1946 年國民大會制訂《中華民國憲法》，是五五憲草和政協憲草修改原則的折中產物，雖然不完全符合政協決議，但實際上體現更多的是偏離了五五憲草的設計。從下表可以看出，制憲國大上憲法較草案修改之處不多，最重要之處在於對憲法的根本原則沒有大的改變。

表 2：制憲國大對憲法草案的審查和修正情況

憲草原文（要旨）	審查會修正意見（要旨）	綜合審查會意見（要旨）	一讀會通過
第一條 中華民國基於三民主義爲民有民治民享之民主共和國	中華民國爲三民主義民主共和國	維持原草案	維持原草案

憲草原文（要旨）	審查會修正意見（要旨）	綜合審查會意見（要旨）	一讀會通過
第廿一條 人民有依法律服兵役之義務	在兵役加「及工役」三字	維持原案	維持原草案
第三章 國民大會	增列一條 國民大會爲代表中華民國國民行使政權之最高機關	與審查會意見相同惟縣市區域人口逾五十萬者每增五十萬增選代表一人，蒙古每盟四人，特別旗一人	照綜合會意見
第廿七條 國大職權爲選舉及罷免正副總統，憲法修改之創議，復決立法之修憲提案，一般法律之創制復決，俟全國有過半數縣市行使後由國大制定辦法行使	選舉正副總統、立監兩院正副院長及委員、司法考試兩院正副院長。罷免正副總統、五院正副院長及立監委員。創制及復決法律	維持原草案	維持原草案
第廿九條 國大於每屆總統任滿前九十日集會選舉正副總統	國大每二年開會一次，由總統召集	與原草案略通同	照綜合會意見
第七十四條 立法院享有決算審核權	決算之審核由監察院爲之於審核後提出報告於立法院		照審查會意見
第八十二條 司法院爲國家最高審判機關，掌理民事刑事行政訴訟之審判及憲法之解釋	司法院爲國家最高司法機關，當理民事刑事行政訴訟之審判及公務員之懲戒	採用審查會意見	照綜合會意見
第九十一條 公務人員之任用與專門職業及技術人員之執業資格，應經考試院依法考選銓定之	主張加入「公職候選人資格」一款	維持原草案	維持原草案

憲草原文（要旨）	審查會修正意見（要旨）	綜合審查會意見（要旨）	一讀會通過
第一四九條 憲法之解釋由司法院爲之	憲法之解釋由國大代表互推十五人，立法司法監察三院各推五人合組憲法解釋委員會爲之	維持原草案	維持原草案

資料來源：荊知仁：《中國立憲史》，臺北聯經出版事業公司 1984 年版，第 458～460 頁。

關於國民大會的條款。五五憲草第 32 條規定國民大會的職權爲：「一、選舉總統、副總統，立法院院長、副院長，監察院院長、副院長，立法委員，監察委員；二、罷免總統、副總統，立法、司法、考試、監察各院院長、副院長，立法委員，監察委員；三、創制法律；四、復決法律；五、修改憲法；六、憲法賦予之其他職能。」而 1946 年《中華民國憲法》第 27 條規定國民大會的職權爲：「一、選舉總統、副總統；二、罷免總統、副總統；三、修改憲法；四、復決立法院所提之憲法修正案」，「關於創制、復決兩項，除前項第三、四兩款規定外，俟全國有半數之縣市曾經行使創制、復決兩項政權時，由國民大會制定辦法並行使之。」這樣，國民大會就變成了一個選舉總統的機構，四權之中只有選舉、罷免兩權，而創制、復決兩權暫缺。國民大會實際上已經處在「有形」和「無形」之間，既不符合政協決議，也不同於五五憲草。

關於總統權力的規定。與五五憲草相比，對總統權力增加了很多限制。1946 年《中華民國憲法》第 39 條規定，總統依法宣佈戒嚴，但須經立法院之通過或追認，立法院認爲必要時，得決議移請總統解嚴；第 43 條規定，總統於立法院休會期間，得經行政院會議之議決，依緊急命令法，發佈緊急命令，爲必要之處置，但須於發佈命令後一個月內提交立法院追認，如立法院不同意時，該緊急命令立即失效；第 55、79、84 條規定，行政院長由總統提名，經監察院同意任命，司法院正副院長由總統提名，經監察院同意任命，考試院正副院長由總統提名，經監察院同意任命。第 57 條規定，行政院對立法院負責。經過這些制約，總統權力變得不再像五五憲草規定的那樣至高不上，限制增加很多。而且，其中關鍵之處在於行政院不再向總統負責，而是改爲向立法院負責。這既不是五五憲草的總統制，也不符合政協憲法修改意見中的內閣制，實際是介乎兩者之間。

　　從以上關乎蔣介石權力的條文來看，蔣介石的權力將受到憲法的極大制約，如若付諸實行，蔣介石將再不能如訓政時期一般乾綱獨斷，個人意志會受到憲政體制的束縛。這是蔣介石不願意看到的。1946 年《中華民國憲法》實際上更接近政協憲草修改原則。因此，制憲國大實際是蔣介石失意的一次制憲會議。「國民黨內的頑固派與民主派都對蔣介石表示不滿。蔣介石進退失據，左右逢敵。」〔註25〕

　　蔣介石另起爐竈召開國民大會制定的《中華民國憲法》與 1936 年的「五五憲草」在政治體制上有了根本的不同。「五五憲草」實行的是總統制，總統擁有廣泛而實際的權力；但《中華民國憲法》所規定的總統權力則大爲有限，而且相關條文均有「依法」兩字加以限制，總統只是處於至尊地位的國家元首，真正的權力在行政院和立法院。〔註26〕爲什麼蔣介石沒有在憲法中爭取更大的甚至是獨裁的權力呢，這是因爲當時國民黨面臨著國內外的雙重壓力，國內的民主派是如此，美國方面也要求國民黨政權進行改革，而蔣介石更重要的動機還是出於對抗共產黨的考慮，被迫做出開明的姿態，應付輿論的壓力，爭取人心。因此，制憲國大實際上採納了政協會議關於憲草修改原則的大部分內容。

　　事實上，蔣介石是不甘心的，他在國大開會前說：「我們此次制憲，倒不如適應環境，盡可能的容忍退讓，以期制定大法，奠立憲政的初步基礎。如果還有不盡完美，未能符合主義或者施行有窒礙的條文，則在頒佈以後，我們仍有機會，提出修正」〔註27〕

　　另外，值得注意的是，1946 年國大召開之前，國共圍繞憲草問題的爭執展開多次談判，然而制憲國大最後的結果實際上是更多地反映出中共的意見，具體情況如下：

表 3：1946 年國共兩黨憲草爭執與結果

爭執議題	國民黨觀點	共產黨觀點	最終民國憲法
人權保障	間接保障	積極保障	積極保障
國民大會	有形國大	無形國大	有形國大

〔註25〕徐矛著：《中華民國政治制度史》，上海人民出版社 1992 年版，第 352 頁。
〔註26〕徐矛著：《中華民國政治制度史》，第 341～348 頁。
〔註27〕《本黨革命歷史的教訓與代表同志應取的態度》（1946 年 11 月 14 日），《總集》第 21 卷，第 442 頁。

爭執議題	國民黨觀點	共產黨觀點	最終民國憲法
國大職權	選罷創復四權	選舉罷免兩權	暫有選罷兩權
立法委員選舉	國大選舉	人民直選	人民直選
政體	總統制	內閣制	內閣制
行政院對立法院負責	無需負責	負責	負責
司法行政權	屬司法院	不屬於司法院	不屬於司法院
監察院同意權	無需同意權	有同意權	有同意權
監察委員選舉	國大選舉	省議會選舉	省議會選舉
地方制度	省縣自治	聯邦省縣	省縣自治
憲法修改	有形國大	無形國大	有形國大

資料來源：維基百科條目「政治協商會議憲法草案」。

　　從上表來看，國共各項爭執點中，最後採中共觀點者占多數，只有國民大會、地方制度和憲法修改三項採國民黨觀點。蔣介石寧肯對青年民社兩黨方面讓步，也不對中共民盟方面讓步，但最後通過的憲法居然大體符合中共要求。眞是令人詫異的事情！

　　召開國大本來最大的著眼點是與中共這個政治對手競爭，而國共兩黨關係此時已經走向完全破裂，中共並未與會，而蔣介石此時爲繼續在政治上打擊中共，繼續推行既定策略，甚至通過威脅其大權的憲法亦在所不惜。這樣做的後果，蔣自己心裏其實也清楚，對未來的憲政體制還是有所憂慮的。隨著制憲進程的進展，顧忌和矛盾心理迅速滋長，爲此而產生的種種不滿、憤怒也就可以理解了。

三、制憲後蔣介石對危機的因應與憲政進程的繼續

　　經過制憲國大，蔣介石認爲在政治上國民黨佔據了優勢地位，軍事輔之以政治，必能逼中共就範。〔註28〕1947 年初國共雙方又連續接觸三次。

───────────────

〔註28〕 1946 年，馬歇爾勸國民黨方面勿輕言戰事，蔣介石很傲然且自信地告訴馬歇爾「三十年來處事之經驗」：「凡事至無能爲力時，只有暫時擱置，聽其自然，但終有解決之一日，非至時機成熟，則徒勞無益也。至於政府現採取有限度之軍事自衛行動，實有助於彼之調解工作，而決無任何妨礙。」（《總統蔣公大事長編初稿》卷 6（上），第 217 頁）此時的蔣介石對戰爭勝利是充滿信心

　　1947 年 1 月 9 日，應即將離華的馬歇爾之請〔註 29〕，國民黨方面宣佈願意派代表赴延安同中共討論「停止衝突與改組政府的全面計劃」。中共方面對此回應：除非國民政府接受中共廢除憲法和恢復 1946 年 1 月 13 日軍事位置兩點要求，否則在延安就沒有什麼可談的。國民黨方面隨即發表聲明，希望各黨派舉行圓桌會議，以解決存在的分歧；中共發言人再度回應：已經提出兩點要求，該由國民黨方面宣佈它作為恢復和談基礎的反建議了。〔註 30〕

　　1 月 16 日，國民政府進一步提出派代表赴延安及恢復和談的四項方案：1、舉行圓桌會議，各黨派均可參加；2、政府與中共立即下令全國就地停戰，並協談停戰方案；3、整編軍隊與恢復交通，仍根據過去協議原則由三人小組繼續商談具體辦法；4、憲法實施前，對於有爭執之區域地方政權，政府願意與中共商定解決辦法。中共方面 17 日回應：如政府同意前面兩項先決條件（廢除憲法和恢復 1946 年 1 月 13 日軍事位置）即可恢復和談，否則政府無須派員赴延安。〔註 31〕

　　1 月 20 日，國民政府再度發表聲明，請中共相忍為國，繼續和談，以實現軍隊國家化、政治民主化之目標。25 日，中共回應：廢除憲法和恢復 1946 年 1 月 13 日軍事位置，是最低限度的和談先決條件。〔註 32〕

　　至此，國共和談已經徹底破裂。中共早已看穿蔣介石的意圖，只是策略性地虛與委蛇並儘量爭取政治優勢。1947 年 1 月底至 3 月初，在中共方面拒絕繼續談判、拒絕撤離人員和機構的情況下，國民黨在統治區內驅逐中共談判代表、留守人員，關閉中共的一些機構。3 月 7 日，董必武率領南京的中共人員撤退，並宣佈國民黨方面驅逐中共代表，「關閉一切和平談判之門，妄圖

　　　　的，認為「比較敵我的實力，無論就哪一方面而言，我們都佔有絕對的優勢」，堅信「一切可能之條件，皆操之在我，我欲如何，即可如何」。（《總統蔣公大事長編初稿》卷 22，第 135 頁）按蔣介石假設的國民黨軍必勝的前提而言，通過軍事壓迫下的政治招安，實現不戰而屈人之兵的目的，未嘗不是良策。

〔註 29〕《馬歇爾離華聲明》（1947 年 1 月 7 日），《政治協商會議紀實》，重慶出版社 1989 年版，第 1583～1588 頁。

〔註 30〕中國社會科學院近代史研究所翻譯室譯：《馬歇爾使華（美國特使馬歇爾出使中國報告書）》，中華書局 1981 年版，第 456～458 頁；《周恩來評馬歇爾離華聲明——在延安紀念會上的演說》，《政治協商會議紀實》，第 1588～1594 頁。

〔註 31〕秦孝儀主編：《中華民國重要史料初編——對日抗戰時期》第 7 編，第 2 冊，臺北中國國民黨中央委員會黨史委員會 1981 年版，第 365 頁。

〔註 32〕《中共中央宣傳部部長陸定一的聲明》，《政治協商會議紀實》，第 1595～1600 頁。

內戰到底」，「一切後果由他（蔣介石）負責」。〔註33〕這樣，發動內戰的政治責任被中共完全推到國民黨、蔣介石一邊。3 月 10 日，國民黨軍隊開始進攻延安。6 月，國民黨方面正式通緝中共首腦毛澤東、周恩來、任弼時、董必武等人，取締中共。10 月，宣佈因民盟涉嫌煽動學潮配合中共叛亂而被取締。國共內戰正式公開爆發。

此後蔣介石在國民參政會上的講話就溫和多了，當然那是說給外人聽的，有打官腔之嫌。在黨內講話時仍聲色俱厲。1947 年 3 月 1 日，蔣介石在中央訓練團黨政班留京同學春季聯誼會上面對學員講演，再次怒氣衝衝：

> 我們國家所以要陷於今天的地步，共產黨所以能夠如此囂張叛變，肆無忌憚，究竟是什麼原因？本黨同志，尤其是中訓團的兩萬學員，個個受過主義的薰陶，如果能齊心協力，和共產黨作殊死的鬥爭，我們復員建國的工作，本來很快就可以完成，共產黨決不能破壞我們的國家，反對我們的政府。所以反省起來，實在是由於我們全體同志精神渙散，意志消沉，不能團結，才使我們國家民族遭受如此重大的侮辱！這是我們每個同志要在此時此地徹底反省的。我以爲我們在任何方面，軍事也好，政治也好，外交也好，沒有一件不勝過共產黨，沒有一件不能打倒共產黨，至於本黨領導抗戰，獲得光榮的勝利，當然更不會遭受外國的輕視，建國工作，遵循民主憲政的軌道，也可順利完成，可以說沒有一件事有什麼不能解決的困難；所成問題的，只是在我們全體同志的本身能否振作，能否團結。只要我們力戒從前的懈怠，從此振作自強，努力奮發，只要我們痛悔從前不團結，從此瞭解黨國的艱危，精誠團結，互助合作，始終無間，那麼，不但本黨有如此眾多的黨員，就是單憑我們中訓團的兩萬學員，也足以消滅共產黨，解除國家的危難，而毫無疑問。
> 〔註34〕

蔣介石對黨內的「不團結」深表不滿，竟狂言道率中央訓練團兩萬學員也可消滅中共，實乃泄憤之語。制憲國大幾個月之後，蔣介石仍然怒氣難消。

〔註33〕 《中共中央負責人評中共駐京滬渝人員被迫撤離》，《政治協商會議紀實》，第 1612～1614 頁。

〔註34〕 《團結一致完成建國使命》（1947 年 3 月 1 日），《總集》第 22 卷，第 38～39 頁。

　　上述蔣介石的言論表明，蔣以國民大會為工具，以軍事手段輔之以政治手段逼中共就範的企圖破產，更糟糕的是，因憲政的閘門打開，出現了新的對自己權力的威脅。即將到來的憲政體制，很可能會消解蔣的大權。這種情況下，蔣在惱怒之餘，必須要籌謀新的對策了。

　　隨著制憲完成，憲政籌備告一段落，蔣介石心緒稍安，繼續按既定方針展開新一輪憲政籌備工作，同時蔣也進行自省，公開反思、檢討前段工作。1947 年 3 月 15 日，國民黨召開六屆三中全會，蔣介石公開宣佈國共徹底決裂，稱：對中共政治解決已經絕望，當前急務，在鞏固國家統一。〔註 35〕除此之外，另一個重要任務就是要「結束訓政，促進憲政」，在會上通過的《憲法實施準備案》中宣佈：

1、自中華民國憲法公佈之後，至依據憲法召集國民大會之日止，本黨之政治設施，應以從速擴大政府基礎，準備實施憲法為中心。

2、國民政府擴大基礎後，在三民主義原則指導下，依據憲法基本精神所為之各項設施，本黨應予以全面之支持。

3、本黨與國內其他和平合法之政黨，應切實合作，共同完成憲法實施之準備程序。

4、國家法令有與憲法保障人民自由之規定相牴觸者，應由政府迅速分別予以修正或廢止。

5、國民政府應迅速依據憲法實施之準備程序，制頒各種有關法規，如期施行。

6、依憲法實行各種選舉時，本黨應與其他合法之政黨相提挈，儘量協助確保代表人民利益之人士參加競選，并力矯因選舉而發生之弊端，以樹立民主政治之楷模。

7、國家法令有與憲法保障人民自由之規定相牴觸者，應由政府迅速分別予以修正或廢止。

8、依憲法之規定，分別擬定省縣自治通則，加速推行地方自治，並於秩序安定之省區選定縣份，實行縣長民選。

〔註35〕榮孟源主編：《中國國民黨歷次全國代表大會及中央全會資料》（下），光明日報出版社 1985 年版，第 1088 頁。

9、訓政時期，各項應行完成之地方自治工作，其有尚未完成者，應
加緊辦理，尤應注重清查戶口，辦理戶籍登記，以便實行選舉。

〔註36〕

3月21日，蔣介石在六屆三中全會上講話，首先回顧六屆二中全會以來的工作：

自從二中全會閉幕以後到現在，這一年中間，本黨革命的工作
——無論軍事、政治、經濟、外交、那一方面，實在沒有表現成績，
不僅一般民眾感覺不滿，就是本黨同志，也覺得不滿。我今天向全
會作政治報告，首先要忠實坦白的承認，過去一年軍事、政治、經
濟、外交之所以沒有成績，不能完成我們預定的計劃，完全應該由
我一個人來負責！各方面的錯誤，都是我一個人的錯誤！但有一點
可以報告各位的，就是我們政府的政策容有錯誤，當局者的才力經
驗容有欠缺，然而各部門主管同志之小心謹慎，忠實努力，則是本
人敢向全會同志保證的！所以各位同志如果認爲政府當局不忠實於
職責，或是故意的怠忽業務，以致工作沒有成績，那這種批評就是
不公平，太過分了！我們中國有句俗語說：「事非經過不知難」。許
多的同志現在沒有負實際的責任，不免以理想來衡度事實，覺得一
切都不能令人滿意，以爲自己如果負了這個責任，一定可以作得比
現在好。殊不知事實並不如想像的簡單，政治工作如果是輕而易舉，
則本黨執政到現在已有二十年，主義應該早已實行，國家的政治應
該早就走上軌道，那我們何致再像今天一樣，要遭受重大的恥辱呢？
我今天要告訴我們全會同志，自從前年八月敵寇投降，到現在爲止，
這一個時期可以說是本黨五十年來革命環境最黑暗的一個時期！

〔註37〕

顯然，蔣介石認爲剛過去的1946年的工作「實在沒有成績」，「不能完成我們
預定的計劃」，「遭受重大的恥辱」，1945年以來是「本黨五十年來革命環境最
黑暗的一個時期」。坦誠各方面的錯誤，都是他一個人的錯誤！他要負責。但
面對質疑，他又指責批評者「不公平、太過分」，「沒有負實際的責任」就「以

〔註36〕 榮孟源主編：《中國國民黨歷次全國代表大會及中央全會資料》（下），光明日
報出版社1985年版，第1102頁。
〔註37〕 《最近一年來軍事政治經濟外交之報告》（1947年3月21日），《總集》第22
卷，第45～46頁。

理想來衡度事實，覺得一切都不能令人滿意」，「以爲自己如果負了這個責任，一定可以作得比現在好」，認爲這種態度是不對的。蔣顯然是在反擊對他的指責，他自我解脫說國民黨 20 年事情都沒辦好，豈能一朝一夕輕易解決，「事實並不如想像的簡單」。蔣介石痛斥某些人「不明白個中的困難，不能諒解當局的苦衷，而徒然唱高調，作不合事實的批評」。〔註38〕實際上蔣的辯白中潛藏的話語就是：我不行？你行嗎？蔣介石所痛陳的「困境」和「黑暗」，一方面是對處境惡化的描述，但另一方面何嘗不是此時心境的流露呢？一年前信心滿滿的好感覺現在已經蕩然無存了！

在自我反省和辯解之後，接下來蔣介石繼續談及即將到來的行憲和改組政府問題，對國民黨全黨揭出告誡和指示，對黨內持異議者加以批評：

> 說到改組政府的問題。上面已經說過這次改組政府的目的，並不是爲了要得到外國的借款來穩定經濟，那麼我們爲什麼要進行改組政府呢？這次改組政府，實際上我們可以說，完全是因爲政治局勢非改變不可。這一點希望大家認識清楚。如果在這次世界大戰以後，我們還固執成見，繼續著一黨專政的辦法，則國內國外的環境，都不能容許，對於黨國的前途，徒然增加困難。當然不如遵照總理的遺教，提早實施憲政，還政於民，而且在憲政實施以前，開放政權，延攬各黨派和社會賢達來共同負責。我們從目前國際政治的趨勢，國內環境的演變，以及共產黨和各黨各派的現狀，來作一個全盤考慮，認爲改組政府不但可以使我們的國家轉危爲安，而且可以使本黨的革命轉敗爲勝。我們無論爲國家爲本黨打算，都應該從這裏想辦法。所以各位同志要切實明瞭本黨現在改組政府和改換政治環境的意義，是完全出於自動，而爲一種積極的政策。是因爲我們已經認定惟有改組政府，實施憲政，還政於民，才是本黨一條正當的出路。必須如此，才能消滅共產黨，保障本黨過去的歷史。我們根據這個前提，決定了本黨改組政府的政策。政策既經決定，大家便要切實遵守。我們革命黨是要講信義的，對於自己決定的政策，自然更要誠心誠意，忠實執行，才能取信於人，得到人家的同情和擁護。切不可以爲改組政府是本黨被迫而出此，而常懷怨懟之心。更不要以爲各黨各派人士參加政府，擔任

〔註38〕《最近一年來軍事政治經濟外交之報告》（1947 年 3 月 21 日），《總集》第 22 卷，第 48 頁。

重要的職務，便是使本黨同志數十年奮鬥犧牲的結果盡付東流，而由各黨各派來坐享其成，反客為主。我們如果這樣斤斤計較，就不配做一個革命黨，也就不能領導建國的大業，完成革命的使命！而且還有一點我今天要提起各位同志注意的，依據政治協商會議通過的和平建國綱領的規定，在改組後的國民政府委員會中，本黨應占委員名額的半數，這種規定本是用來防範共產黨的，現在共產黨既已拒絕參加政府，這個規定我們也就用不〔上〕十分堅持。如果在共產黨已不參加政府的情形下，仍然要和其他的黨派爭多數，爭過半數，那就不足表示我們改組政府的誠意。所以只要共產黨沒有參加政府，在人事和經費支配各方面，我們應該盡可能範圍儘量的忍讓。過去黨外的人批評本黨腐敗無能，自私自利，不為國家的前途和人民的利益著想，而只求個人陞官發財，我們對於這種批評要痛切反省，在這次政府改組後，黨的作風和態度，更要徹底改變。過去各位中央委員中有不少的同志，不但對黨外的人士深致不滿，就是對黨內的同志也有許多不滿意的表示，甚至在黨外作公開的譏評，這種態度，今後務須改變。各位同志為了主義的實現，為了本黨的前途，對內不論遭遇到何種困難，都應該同艱共苦，團結一致，才能渡過難關；對外也應該與各黨各派開誠布公，同舟共濟，才能消滅共產黨，為革命建國的工作開闢一條光明的大道。除此以外，實在沒有其他更好的道路可循。尤其是我們現在要實行民主政治，則對於本黨以外的各黨派，只要他們忠於國家民族，我們都要盡心竭力，匡持扶助，使之能發展而成為中國第二大黨，與本黨共同擔負建國的使命。五十年來，我國革命建國的工作，一貫的是由本黨來領導，我們本已得到了主人的地位，現在只要我們不以主人自居，歡迎各黨各派來共同從事建設的工作，那我們主人的地位是永遠不可動搖的。反之，我們如果處處以主人自居，以為國家是我們的國家，人民是我們的人民，深閉固拒，不容黨外過問，那其結果人人都要來奪取我們的地位，而我們的地位便時時有動搖的危險。所以現在我們正要表現革命黨偉大的風度，拋棄權利的思想，從事於埋頭建設，為民服務的工作。〔註39〕

〔註39〕 《最近一年來軍事政治經濟外交之報告》（1947 年 3 月 21 日），《總集》第 22 卷，第 51～53 頁。

上述蔣介石的言論中可以看出，蔣對追隨者的動搖和懷疑表現出強烈的不滿，國民黨內叢生的腐化、分化、僵化之風也令蔣憂心忡忡。不過，此際蔣介石還未能，也無太多餘力兼無太多餘暇顧及國民黨振刷革新之事。後國民黨六屆四中全會，黨團合併，也未能產生效果，稱不上實質性改革。國民黨的改革提上日程，是在 1949 年 7 月非常委員會成立後討論「國民黨改造方案」時，到臺灣後國民黨更有中改委之設，國民黨全面進行改組，才扭轉了國民黨的頹敗局面。〔註40〕另外，有學者注意到，「作爲國民黨領袖，蔣介石因其歷史和現實的原因而在國民黨內基本上處於無人能批評的至高無上地位，但是，這樣的地位在戰後召開的國民黨六屆二中和三中全會期間，開始受到越來越多的質疑，從而使蔣仕有形和無形之中，也對國民黨執政地位的動搖承擔了一定的壓力」。〔註41〕實際上，蔣介石的權威下降並不是始自 1946～1947 年，在 1945 年抗戰結束前後，已經顯露端倪，例如：國民黨六大時即有眾多中央委員輕慢蔣的現象發生（參見本書第一章）。「蔣介石在六屆三中全會期間的一系列演講和發言，解釋與訓導參半，可以說反映出其當時的特定心態，對於國民黨內那些不怎麼『聽話』的中央委員，蔣也感覺有些力不從心的無奈。當然，蔣介石仍然可以利用他在國民黨內長期形成的獨斷權力和地位，利用其『最後決定權』，使六屆三中全會總體上仍處在可控範圍內，全會最後通過的各項決議也基本上沒有超出他的決策所及，沒有更多地吸納全會上的批評意見。但是，蔣介石的個人獨斷『權威』，對國民黨執政之利或不利。」〔註42〕這樣的分析可謂深刻，蔣的個人權威問題和黨的頹敗問題糾結到一起，兩個因素互相惡化對方，加之黨內即將行憲帶來的民主挑戰，黨外正在發生著的中共軍事挑戰，蔣介石即將面對著一場棼亂如絲的困局，而且事實上蔣的表現也證明他已經看到了即將到來的困局。如何因應？難度太大了。

　　當然蔣介石對黨務問題絕非毫無作爲，六屆三中全會，一個主要的議題就是黨政關係如何處理。會上，提出「以黨透政」方針。這是國民黨加強行政監督的措施之一。六屆三中全會決定：凡本黨的政策，提交同級政治委員會決定後，命令從政黨員於政府中制定方案，作爲施政的依據。同時，在民

〔註40〕邱錢牧：《中國政黨史》，山西人民出版社 1991 年版，第 1017～1018 頁。
〔註41〕汪朝光：《危機中的因應——中國國民黨六屆三中全會研究》，《歷史研究》2008年第 3 期。
〔註42〕同上。

意機關和群眾黨員挑選若干人，組成黨團，指導執行黨的決議和各項方針政策。努力是做出了，但效果則是另外一回事。

　　蔣介石行憲之舉的最初目的，現在幾乎一個都沒達到。面對憲政，蔣介石可謂頗費心力，局面複雜如斯，令其漸漸不適，心境黯惡如斯，惹其時時惱火。〔註43〕不過，在許多場合發泄完心中怒氣後，蔣介石對憲政的語氣也變得逐漸策略性的溫和，他開始籌劃下一步如何行事，才能既應付亂局，又保證大權在握。國民黨六屆三中全會實際上就是個轉折點。

四、「聯合政府」建立和「一黨憲政」局面

　　本來，按政協協議的規定，先成立聯合政府，然後再開國民大會。蔣介石逆轉程序，先開國民大會，再成立聯合政府。國民大會固然不如人意，聯合政府的組建工作不能不重視。國大這張牌打的不好，只好再打聯合政府這張牌。其實，這倒是反證了當年中共聯合政府主張的正確性和合理性。當年若組織聯合政府，國家未必就會陷入戰亂和紛爭，蔣對時局和權力的掌控也未必不如目前情形。

　　1947 年 4 月 17 日，蔣介石主持召開了國民黨中央委員會常務委員會、國防最高委員會聯席會議，決定修改《國民政府組織法》，以國民政府委員會為最高國務機關。這是蔣介石改組政府的開端。次日，蔣介石正式宣佈改組國民政府委員會。國府委員名額的分配如下：國民黨 12 席，民社黨 3 席，青年黨 4 席，社會賢達 4 席，五院院長為當然委員，另外占 5 席。由於五院院長皆為國民黨黨員，因此在總共 28 個席位中國民黨與非國民黨席位的比例為 17：11，國民黨席位超過了半數。〔註44〕不過，蔣介石卻狡辯稱，如果算上

〔註43〕當然也有好消息，1947 年 3 月 19 日胡宗南佔領延安即是最能振奮蔣介石精神者，蔣在日記中寫道：「本日十時半國軍克復延安城區，十一年來共匪禍國殃民之根深蒂固老巢剷除於一旦，為國為黨雪恥復仇之願已償其半矣。此後，國內共匪已失憑藉，所有戰略與政略據點皆已剷除淨盡矣，感謝上帝，洪恩保祐中華。」但胡宗南部入延安時僅獲空城，蔣遂空歡喜一場。另臺灣 1947 年又出現暴亂，蔣甚關注。中美關係日趨不和諧，經濟漸漸不支戰局，也同時困擾著蔣。

〔註44〕國民黨 17 人為張群、孫科、居正、戴季陶、于右任、張繼、鄒魯、宋子文、翁文灝、王寵惠、章嘉呼圖克圖、邵力子、王世杰、蔣夢麟、鈕永建、吳忠信、陳布雷；青年黨 4 人為曾琦、陳啓天、何魯之、余家菊；民社黨 3 人為伍憲子、胡海門、戢翼翹；社會賢達 4 人為莫德惠、陳光甫、王雲五、包爾漢。

所謂留給中共和民盟的 11 個席位，在總數 39 個席位中國民黨與非國民黨席位的比例則爲 17：22，未能達到半數。由於給予中共席位的要求是放棄武裝，〔註45〕這在當時的環境下是根本無法實現，因此國民黨席位未過半數的說法純屬欺人之談，事實是國民黨憑多數席位控制著國民政府委員會。

　　再看具體職位，此次改組政府，安排幾個無實權的職位給青年黨、民社黨和社會賢達。王雲五爲行政院副院長（社會賢達），李璜爲經濟部長（青年黨），左舜生（青年黨）爲農林部長，俞大維（社會賢達）爲交通部長，周詒春（社會賢達）爲衛生部長，常乃惪（青年黨）、繆雲臺（社會賢達）、李大明（民社黨）、蔣勻田（民社黨）爲政務委員。國民政府主席蔣介石、副主席孫科，行政院長張群，立法院長孫科（兼任），司法院長居正，考試院長戴季陶，監察院長于右任以及行政院各主要實權部門首長，內政部長張厲生、外交部長王世杰、國防部長白崇禧、財政部長俞鴻鈞等，皆爲國民黨黨員。蔣介石稱其爲「多黨政府」、「自由主義政府」、「介乎訓政與憲政之間的政府」。表示「今已完成多黨之政府矣」。〔註46〕4 月 23 日，國民黨中央宣傳部長彭學沛在記者招待會上聲稱改組後的國民政府已是「多黨過渡政府」，他說：「一黨執政已於今日結束，國民黨已實踐其還政於民之諾言，並實現其由訓政到憲政之建國綱領。」「多黨之國民政府委員會已經正式成立，行政院亦已改而包括各黨派與無黨派人士」。〔註47〕的確，這次改組政府吸納了大量的非國民黨人士進入政府，這在國民黨統治史上可謂空前的舉動。不過，就其本質而言，這個聯合政府仍是名不副實的。

〔註45〕《蔣主席爲國民政府改組成立發表講話》（1947 年 4 月 18 日）。
〔註46〕李勇、張仲田編：《蔣介石年譜》，第 337 頁。
〔註47〕《中央日報》（1947 年 4 月 24 日）。

圖 5：1947 年中華民國國民政府組織系統

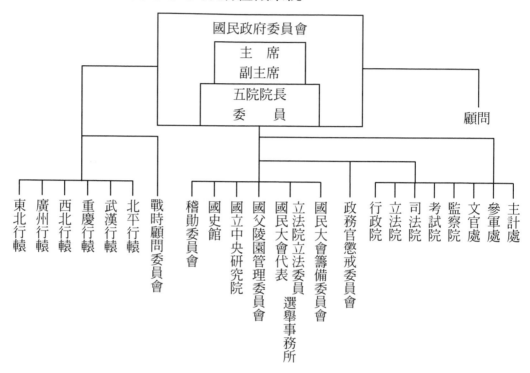

來源：《申報年鑒》（1948 年）上冊，第 280 頁。

從形式上看，國民政府委員會和行政院的組成有多黨性質，但國民政府委員會國民黨佔據多數席位，行政院的實權部門均由國民黨人擔任，蔣介石以國民政府主席的身份，仍然通過國民黨控制著大權。《國民政府組織法》規定：國民政府主席、副主席，由國民黨中央執行委員會選任；國民政府委員由國民政府主席就中國國民黨內外人士選任之；國民政府主席、副主席對國民黨中執委負責，五院院長對國民政府主席負責。

另外，國民黨在改組政府的同時，宣佈撤銷國防最高委員會〔註 48〕，恢復國民黨中央政治委員會。4 月 28 日，蔣介石主持中政會首次會議，通過《中

〔註 48〕國防最高委員會是抗日戰爭時期成立的黨政最高決策機構，取代國民黨中央政治會議的職權。抗戰勝利後，在戰時狀態下成立的國防最高委員會自然應取消。1946 年 3 月，國民黨六屆二中全會通過決議，撤銷國防最高委員會及所屬的設計局、黨政考覈委員會及各專門委員會，以國民政府委員會爲決定國務之最高機爲同時恢復領導國民政府的中央政治委員合作爲國民黨的政治最高指導機關，4 月 1 日，國民黨中常委會及國防最高委員臨時聯席會議修正通過了《中央政治委員會組織條例》。

央政治委員會組織條例》，規定該機構為國民黨對於政治之最高指導機關，對國民黨中央執行委員會負責。中政會主席團主席由國民黨總裁擔任。對於改組後的政府，蔣介石對黨內曾做出如下指示：「本黨對於政府之指導方式理應加以更正，以期適應改組後之新情勢，至少應在表面上不露痕跡。中常會及中政會所有關於政府之重要決策及人事規定，均必須通過行政院會議或國務會議，事先自不宜公佈，且應保守秘密，以免招致國內外批評本黨一黨專政，且同時刺激少數黨之情形。」〔註49〕

至此，事情已經很明顯了，國民黨中央執行委員會才是一切政務真正擁有決策權的部門，而蔣介石通過國民黨總裁、國民政府主席和中政會主席團主席的三個職位牢牢地、嚴密地控制著政府。聯合政府仍然是國民黨的政權，是蔣介石的政權，幾個國民黨外人員的職位不過是點綴而已。政權開放的表面功夫仍掩蓋不住一黨專政的政治實際。

輿論對此次改組政府也是進行了批評，4月25日，新華社發表題為《新籌安會——評蔣政府改組》，強烈斥責說：「中國人民可以看出蔣介石這一次改組政府的把戲，不過是繼承袁世凱舊籌安會的一個新籌安會，其媚外殘民、打內戰、走死路等特點，將無一而不相像。」「當人們從經驗中再次證明這個『三黨政府』只是美國政府剝奪中國人民與屠殺中國人民的工具的時候，它是一點也欺騙不了中國人民的。」〔註50〕一些民主黨派人士如李濟深、何香凝、蔡廷鍇、彭澤民、李章達、陳其尤等聯合發表聲明：「目前改組之政府，民、青兩黨之參加，不過為一黨政府之裝飾，今後政治上將繼續獨裁，軍事上繼續內戰，經濟上將繼續發鈔票與借外債，一切都不會有絲毫的改變。我們對此偽裝之政府改組，不但不寄託任何希望，且號召國人共起反對之。」〔註51〕有評論更是看透其中關鍵：「國府仍是一黨政府，因主席須向國民黨中執委會負責。」〔註52〕國民黨、蔣介石玩弄的政治遊戲在眼睛雪亮的輿論面前，被一下點破了虛偽的外表，直指其實質。

圍繞著制憲問題的一系列政治演出至此告一段落，國民黨雖然制定出來一部有違蔣介石獨裁願望、顛覆國民黨自身政治設計的憲法，但國民黨在制

〔註49〕秦孝儀主編：《中華民國重要史料初編——對日抗戰時期》第7編，第2冊，第798～799頁。

〔註50〕晉冀魯豫解放區《人民日報》（1947年4月25日）。

〔註51〕香港《華商報》（1947年4月21日）。

〔註52〕《大公報》（1947年4月20日）。

憲後改組的政府中仍然沒有改變一黨專制的事實。接下來如何繼續行憲,被徹底踢開的國民黨外勢力其實已經不關心了,民末的憲政至此已經完全納入國民黨自身的範疇。抱著一黨獨大態度的國民黨、蔣介石,其「一黨憲政」眞實動機完全暴露。

第三章　蔣介石與行憲國大及憲政糾葛

1947 年，中國的政治形勢發生了巨大的變化。在這個「轉折年代」〔註1〕，蔣介石及其主導下的憲政逐漸走進死胡同。年中蔣介石開始「動員戡亂」，年底又正式進入憲政時期，一邊剿共，一邊行憲，戰時體制和民主政治同步推進，實際上這是蔣給自己給出了一道難題。如此難題，手段再高超的政治家恐怕也難於解決。如果說此前的憲政舉措作爲政治策略尚有合理之處，那麼此後繼續行憲則完全失去鬥爭策略意義。國民黨軍事戰線顯現不利跡象，其政治戰線也陷入困難局面。

1948～1949 年，伴隨戰場形勢的惡化，國民黨內部在憲政中的紛爭取代了國共關於憲政的鬥爭，極大地削弱了蔣介石的權威和地位。無奈之下，蔣重拾一生中屢次使用的權術故伎，恢復訓政乃至獨裁，憲法被事實上擱置，憲政也終被架空。

一、行憲的準備活動

國民黨行憲的準備活動，早在《中華民國憲法》於 1947 年頒佈之時，已經開始進行。1947 年 1 月 1 日，國民政府公佈《憲政實施準備程序》，具體規定：

> 1、自憲法公佈之日起，現行法律與憲法相牴觸者，應迅速分別予以修正或廢除，於行憲國大集會前完成。

〔註1〕參見金沖及著：《轉折年代——中國的 1947 年》，生活·讀書·新知三聯書店 2002 年版。

2、國民政府應依照憲法之規定，於憲法公佈後三個月內制定並公佈《國民大會組織法》、《國民大會代表選舉罷免法》、《總統副總統選舉罷免法》、《立法委員選舉罷免法》、《監察委員選舉罷免法》，以及五院組織法。

3、依照憲法應由各省議會選出之首屆監察委員，在各省市議會未正式成立以前。得由各省市現有之參議會選舉，其任期以各省市正式議會選出監察委員之日止。

4、依照憲法產生之國民大會代表、首屆立法委員與監察委員之選舉，應於各有關選舉法公佈後六個月內完成。

5、依憲法產生之國民大會，由國民政府主席召集。

6、依憲法產生之首屆立法院，於國民大會閉幕後之第七日自行集會。

7、依憲法產生之首屆監察院，於國民大會閉幕後由總統召集。

8、依憲法產生之國民大會代表、立法委員與監察委員在本程序第四條規定期限屆滿時已選出各達總額三分之二時，得爲合法之集會及召集。

9、制定憲法之國民大會代表於憲法通過後至依憲法選出之國民大會代表集會前之期間內應盡促成憲法施行之責，依國民政府所定之辦法悉數加入於憲政實施促進委員會、至依憲法選出之國民大會代表召集時滿其任期。〔註2〕

1月20日，公佈《憲政實施委員會組織規程》，內容如下：

1、憲政實施委員會以研究考察憲政實施準備事項與各地準備進度及向政府提出有關建議爲任務。

2、憲政實施委員會設會長1人、副會長2～4人，主持會務；設秘書長1人，承會長之命處理日常事務。

3、憲政實施委員會設常務委員會、置常務委員95～125人；設研究、宣傳、考察3委員會，各置委員若干人，分章研究、考察、宣傳各事宜。

〔註2〕《普選法令彙編》，民意出版社1948年版，第21～22頁。

4、憲政實施委員會常務委員會下設秘書處及議事、總務二組。

5、憲政實施委員會正副會長、秘書長、常務委員皆由國民政府從聘任委員中指定，制憲國民大會代表均得為委員。〔註3〕

3月31日，公佈《國民大會代表選舉罷免法》，規定：國民大會代表名額為3035名，其中由各縣市及其同等區域選出者 2167 名，由蒙古各盟旗選出者57名，由西藏選出者40名，由在邊疆地區之各民族選出者34名、由僑居國外之國民選出者15名，由職業團體選出者487名、由婦女團體選出者168名，由內地生活習慣特殊之國民選出者17名。同日，還公佈了《國民大會組織法》、《總統副總統選舉罷免法》、《立法院立法委員選舉罷免法》、《監察院監察委員選舉罷免法施行條例》及五院組織法。

5～6月，又相繼公佈《國民大會代表選舉罷免法施行條例》、《立法院立法委員選舉罷免法施行條例》、《監察院監察委員選舉罷免法施行條例》及《國大代表和立法委員選舉補充條例》。

6月25日，成立以孫科為主任的國民大會籌備委員會、以張厲生為首的國民大會代表暨立法委員選舉總事務所、選舉總事務所置委員3～5人組織選舉委員會以指揮辦理全國選舉事宜，省設省選舉事務所，省內各縣市及其同等區域設選舉事務所，院轄市設市選舉事務所（與省選舉事務所同等），僑居國外之國民設僑民選舉事務所，全國性職業與婦女團體設今國性職業團體及婦女團體選舉事務所；蒙古各盟旗與西藏民族之選舉設蒙藏選舉事務所（置選舉監督1人），下分設各區主管選舉事務所併各置選舉監督1人。〔註4〕

制憲國大後，行憲問題即將提上日程。不過，此時國民黨面臨著嚴峻的戰場形勢以及黨內的嚴重派系紛爭危機。戰時體制和處理派系矛盾構成了蔣介石行憲的政治背景。國民黨內的一些頭腦清醒的人極力勸說蔣：在戰場失敗、財政危機的危局之下，「內憂外患交相煎迫」，「草率從事，違反民意」。他們認為：「戡亂期間實難進行選舉」，「全國將士奔馳前方，無暇參加選舉」。更深刻指出：「使各黨政工作同志置戡亂工作於腦後，用全力於辦選舉或競選」，「按現在各地競選情形，選舉完畢後，本黨內部一定分崩離析，同志變

〔註3〕陳旭麓等主編：《中華民國史辭典》，第385～386頁。
〔註4〕孔慶泰等著：《國民黨政府政治制度史》，第746頁。

仇人」，最後會「國事不堪聞問」。蔣面對這些警告，置之不理，他堅持「選舉不能停辦，應如期舉行」。〔註5〕

6月30日，國民黨召開中常會和中政會聯席會議，蔣介石做《當前時局之檢討與本黨重要之決策》的講話，提出「戡亂總動員」和「黨團組織合併」兩項重大決策。兩項政治決策隨後得以落實。

7月4日，國民政府委員會第六次國務會議通過了蔣介石提出的《厲行全國總動員，以戡平共匪叛亂，掃除民主障礙，如期實施憲政，貫徹和平建國方針案》。7月5日，國民政府正式頒佈了「總動員令」。〔註6〕宣佈全國進入動員戡亂時期。

7月19日，國民政府又頒佈《動員戡亂完成憲政實施綱要》，其中有關規定可以借「戡亂」，剝奪人民自由和權利。〔註7〕基本內容為：「戡亂」所需之兵役、工役及其他有關人力，應積極動員，凡規避徵雇及妨礙徵雇等行為，均應依法懲處：「戡亂」所需之軍糧、被服、藥品、油、銅鐵、通信器材等軍用物資，均應積極動員，凡規避徵用及囤積居奇等行為，均依法懲處；凡怠工、罷工、停業關廠及其他妨礙生產及社會循序之行為，均應依法懲處；對於「煽動叛亂」之集會及其言論行動，應依法懲處等等。國民政府還決定取消中共方面的國大代表及國民政府委員保留名額，並將中共參政員予以除名。

我們看到，國民黨在戰時體制下，在限制人民權利的同時，又去推行所謂還政於民的憲政；一邊要限制民主，一邊還要實行民主，這顯然極不協調而且頗為怪異。

9月9日，國民黨召開六屆四中全會，宣佈黨團合併，蔣介石在開幕詞中提出面臨的任務：「一、完成黨團統一，集中力量，消滅共產黨；二、召開國民大會，實行憲政，以示本黨還政於民的決心。」

三青團本是為加強國民黨而成立的組織，但其發展的結果卻只是在黨內增加了一個政治派系，徒增紛擾。在黨團紛爭加劇，三青團有脫離蔣介石控制的勢頭的情況下，四中全會一開幕，蔣就對三青團的工作提出嚴厲批評：

〔註5〕孔慶泰等著：《國民黨政府政治制度史》，第746～747頁。
〔註6〕直到1991年5月臺灣當局才明令宣告結束動員戡亂時期。
〔註7〕苗建寅主編：《中國國民黨史》，第422～423頁。

　　我今天還要坦白指出本團過去在心理上精神上已經犯了兩個足使革命失敗的錯誤：第一個錯誤是決定今年團的中心工作在參加立委和國民代表的競選；第二個錯誤是主張與本黨保持不即不離的關係，發生相互的作用。這兩個錯誤的決定足可以使革命整個失敗。青年團是青年組織，是培育青年，為青年服務的團體，為什麼要參加競選，為什麼要使純潔的青年變成政客？這樣的青年組織還有什麼革命性可言？要知道：凡是競選的人就是你的敵人，那裏還有功夫對付我們真正的敵人！所以你們這種行動的後果，只有促成黨團對立，而減少本黨革命的力量；這是我所以要把團合併於黨的主要原因。而且還有一層，你們因為自己要競選，便不能不驅使團員去運動選舉；這樣，就是把青年當作競選的工具，利用青年來達到陞官發財的目的。這種青年組織，怎麼能得到青年的信仰？怎麼能和共產黨鬥爭？我們團部如果下命令要青年為革命工作而服從紀律，這是應該的，但如果要他們選你當立委、當代表而服從紀律，則那一個青年願做你的工具，那一個青年願意入你這個團？老實說，我如果是青年，我就一定要反對的，為什麼一般幹部同志不考察到這一點，而作出這種錯誤的決定？而且居然沒有一個人起來糾正。由此可知團的領導幹部，思想絕對錯誤，竟不惜利用青年做他的工具。不僅把青年做工具，而且團的中心工作的決定，竟不報告團長，這就是把我團長當作傀儡，這在革命紀律上是絕對不容許的。其次講到黨團的關係。我一再說過，三民主義青年團，自始就是中國國民黨的青年團，決不是一個獨立的青年團。既然是國民黨的青年團，為什麼又說和黨保持「不即不離的關係，發生相互的作用」，我可以斷言：黨與團如保持不即不離的關係，其結果只有相互摩擦，相互牽制，力量相互對消；今天黨團的關係，已經弄到這種地步，現在如再不合併統一，則革命必然失敗。所以我這次決定把團合併於黨，是本黨起死回生的唯一途徑。否則，黨與團惟有同歸於盡。本來就現在的情形而說，共產黨如此囂張，社會民生如此不安，我們惟有集中力量，消滅共匪，根本就不應舉辦選舉，以分散剿匪的注意力的。但本黨現在為要適應環境，不得已而舉辦選舉，則一切就應該

由黨作決定，團就不應該參加，只可從旁來協助黨。而且我今天還可以告訴大家，任何黨員都不許自由競選，自亂革命陣容，黨員如果不聽黨的命令，自由選舉，我們黨就不需要這種黨員，而他自己將來亦必被時代所淘汰，而不能存在。總之，我們青年團領導幹部的思想行動錯誤到今天這個地步，不能不歸罪於我自己領導無方，平時不能及時糾正，好在現在迷途未遠，只要你們即刻覺悟，還來得及改正。希望你們聽了我這篇坦白而沉痛的訓示之後，能夠徹底反省，徹底覺悟，則我們黨國前途一定可以因禍得福。我個人如果有什麼錯誤的地方，也希望你們坦白批評，我一定虛心接受。我自從擔負革命責任以來，操心慮患，從來沒有今日的深切，但是絕對不是政治經濟軍事有什麼危險，也不是共產黨有什麼了不起的本事，使我有這樣的憂慮，我所憂慮的，是我現在已經六十一歲了，雖然我的精力和過去五十歲時沒有什麼差別，但究竟已經到了這個年齡，我今後究竟是不是還能有十年或二十年的時間來領導革命呢？我如果不能健全本黨的組織，發揮本黨的力量，及身完成革命事業，實現三民主義，我將何以對總理，何以對先烈？我們十五年北伐犧牲了這麼多同志，中間江西剿匪又犧牲了這麼多同志，此次八年抗戰全國軍民犧牲更是慘重！而到今天內憂外患仍然沒有解除，我個人要負多麼重大的責任。因此我時刻憂慮，時刻警惕。希望各位同志也要像我一樣的憂懼警惕，坦白檢討，改正錯誤，從此精誠團結，互助合作，來繼承總理和先烈的遺志，完成革命建國的使命。〔註8〕

蔣介石推行黨團合併改革，其最主要的針對目標是即將到來的選舉。蔣指出三青團 1947 年工作的第一個錯誤就是參加國大代表和立委的競選，明確指示任何由黨來主持的競選，團不應該參加，今後任何黨員不允許自由競選。第二個錯誤就是認為三青團擅自行動，脫離了黨的控制，特別是脫離作為三青團團長的蔣介石個人的控制，這是他不能允許的，蔣決不容許三青團把自己當作傀儡。其實第二點錯誤還是由於三青團準備自由競選引起蔣介石的警惕

〔註8〕《對黨團合併的指示》（1947 年 7 月 9 日），《總集》第 21 卷，第 213～215頁。

和不安。因此黨團合併在蔣看來最現實、最近期的目的還是保障「一黨憲政」的順利推行。

不過，國民黨四中全會上顯示出不祥的氣氛，開幕式上「大概是因為蔣介石主持開幕會議，到會人很齊，可說是座無虛設，看來還像個樣子。當天下午的會就顯得鬆散，多處出現空座。到第二、第三天的會就更不像樣子。會議進行中，有交頭接耳和低聲談笑的，有走出走進借機晤面的，甚至不斷有人離開會場走去。」〔註9〕國民黨高層一派鬆鬆垮垮的景象。有與會者這樣評價這次會議，「前線上共產黨節節進逼，國民黨處處敗退。這事中央沒人管，而只熱衷於爭權奪利，你攻擊我，我攻擊你。蔣介石氣急了，經常發怒，誰都不敢去見，見了就是拍桌子罵人。現在中央亂極了。我給你說，再過二十年，國家也治不好，除非這一批人都死了。」〔註10〕可以看出，國民黨人心渙散，在準備行憲之際已經嚴重信心不足，內部矛盾已經在大量潛伏、滋生。

二、國大代表問題的紛擾

行憲國大開幕之前，在籌備過程之中，最引人矚目和引起矛盾最多的，就是代表選舉問題。六屆四中全會上，蔣介石強調了國民大會代表的選舉原則：

> 如期召開國民大會，實行憲政。召開國民大會，實行憲政是本黨一貫奮鬥的目標，各位同志自願為實現此一目標而努力，現在不必細說。今天所要提到的是國民大會代表選舉的問題，我覺得我們這次選舉代表，必須信守下列三個方針：即（一）黨員參加競選，必須由黨提名，絕對禁止自由競選；任何黨員如不聽命令，自由競選，黨部即開除其黨籍。（二）必須選賢與能；凡本黨所提之候選人，必須其人格道德和能力學識，均足以為人民的代表，且為眾望所歸的人物，青年同志最好不要參加競選。黨部尤不可以選舉為迎合青年心理的手段，使他們放棄本身基本的工作，而走上政客的道路。（三）選舉必先推社會賢達與友黨提名的人士而後及於本黨黨員，

〔註 9〕 田象奎：《國民黨六屆四中全會的內幕見聞》，全國政協文史資料委員會編：《文史資料選輯》第 110 輯，中國文史出版社 1985 年版，第 66 頁。
〔註10〕 同上，第 68 頁。

這一點特別重要。凡同一地區有道德、學問、能力、聲望相等之二人，一爲黨員，一爲社會賢達或友黨人士，則本黨提名時寧提社會賢達而不提黨員。我們要建立眞正的民主政治，必須儘量設法，使社會賢達多有參加政治的機會，使他們與本黨共同擔負建國的責任。我常想，這次國民代表選舉的結果，如果本黨同志只占半數，則可以說是我們的成功，若是超過半數甚遠，甚至占百分之八十或九十，則是本黨的失敗，而非建國的成功。〔註11〕

從四中全會開始，國民黨對國大代表選舉的部署全面展開。代表名額問題，造成了選舉中重重糾紛，其中主要是民社黨和青年黨試圖爭取更多名額，與國民黨只想點綴民主氣氛的最初設想背道而馳。國民黨要把持多數席位。經過磋商溝通，最後決定國民黨提名 1758 人，青年黨 288 人，民社黨 238 人。〔註12〕未來體現對青年黨和民社黨的包容，體現「三黨合作」的多黨民主政治姿態，國民黨中央執行委員會在 8 月專門制定了《各省、市、縣選舉指導辦法》、《指導本黨同志參加競選實施辦法》，規定：（一）在某些地區，國民黨得不提本黨候選人，而讓黨員以「社會賢達」名義參加競選。（二）國民黨之候選人「由中央統一提名」並發動黨員「全力支持當選」，如未當選，得對承辦選舉人「課以責任」。未經中央提名的候選人，不得「自由競選」，否則，「應受開除黨籍處分」。〔註13〕

〔註11〕 《四中全會之成就與本黨今後應有之努力》（1947 年 9 月 13 日），《總集》第 22 卷，第 244～245 頁。

〔註12〕 朱宗震、陶文釗著：《中華民國史》第 3 編第 6 卷，中華書局 2000 年版，第 29 頁。

〔註13〕 秦孝儀主編：《中華民國重要史料初編——對日抗戰時期》第 7 編，戰後中國（二），第 805 頁。

圖6：蔣介石在投票所書寫選票

蔣主席親至投票所投票：書寫一票

　　國大代表選舉，其實乃主要是國民黨指定。雖然大部分地區投票過程進展順利，但是其間很多地方（特別是基層）醜聞百出，聲名狼藉。如被媒體大量揭露的利用選舉制度的漏洞冒名頂替投票，「扣留選票，塗改選票違法事，不勝枚舉」，且錯寫的廢票極多。〔註14〕因競爭激烈，舞弊事件層出不窮。更有甚者，三青團代表積極參與國大代表、立法委員和監察委員的選舉，在全國各地，三青團與國民黨選舉之爭甚為激烈，湖南竟然出現了三青團團員暗殺國民黨黨員的事件。〔註15〕在湖南大庸，地方上的三青團和國民黨兩種勢力長期的紛爭竟然導致選舉過程中為爭奪代表資格而械鬥、火拼，雙方人員死傷慘重，令人觸目驚心。〔註16〕

　　選舉中，青年黨和民社黨的候選人大量落選，而一些國民黨員通過自由競選當選，分配給民社黨和青年黨的名額遠未達到。這就帶來了相當棘手的問題，即為了維護行憲國大多黨民主政治的門面，民社黨和青年黨要求的名

〔註14〕《行政院新聞局揭露關於協助南京辦理國大代表普選投票中種種弊端的簽呈》，《中國現代政治史資料彙編》第4輯第8冊。

〔註15〕蘇必榮等編：《白崇禧回憶錄》，解放軍出版社1987年版，第345頁。

〔註16〕參見《大庸文史資料》第3輯（國民黨與三青團鬥爭專輯）。

額如何落實。在這種情況下，國民黨要求一部分通過自由競選當選的代表退讓，1947 年 11 月 28 日，國民政府委員會通過《政黨提名補充規定》：1、凡中國國民黨、青年黨、民主社會黨黨員參加國大代表及立法委員競選者，均須由各所屬政黨提名；2、用選民簽署手續登記提名者，以無黨派者爲限。〔註17〕12 月 29 日，國民黨中常會例會通過《國民大會代表選舉國民黨黨員讓與友黨實施辦法》，規定國民黨黨員當選爲代表時，得與民社黨、青年黨之候補人互換。〔註18〕當日，即有一批代表到國民黨中央黨部請願，認爲當選人資格不能由任何政黨及任何行政機構非法撤銷，並要求於 12 月 31 日前發給當選證書，否則將於元旦後訴之國際公論，並依法起訴。〔註19〕

這種規定實際上是要部分自由競選當選的國民黨代表退讓，而這些代表則持續表達不滿和抗議。雖然國民黨方面一再做代表的工作，但當選代表拒絕退讓，直到 3 月 18 日國大代表開始報到，國大召開在即仍然沒有解決。此時，氣氛變得緊張起來。

當選代表不斷地採取抗議的舉動，引起輿論的廣泛報導，蔣介石被迫直接出面干預。當年當選代表趙遂初的回憶生動地再現了當時的一幕：

> 蔣介石在輿論的壓力下，不得不於 3 月 27 日上午在中央軍校官邸邀請簽署合法代表 14 人談話。官邸內外，戒備森嚴，如臨大敵。我等 14 人被全副武裝的警衛帶領進一間大客廳。客廳裏用 15 張沙發椅擺成圓形，蔣介石坐在正中一張鋪著虎皮褥子的沙發上，身後圍坐著陳立夫、吳鐵城、張厲生、谷正綱等人，代表們背後站著許多便衣侍衛。蔣介石用示威的姿態，虎視眈眈地掃視著我們 14 人，開口第一句話就說：「趙遂初，你在《大公報》的宣言，我看見了。」我說，我還有第一次宣言，同時立即打開皮包，取出那張天津《新星報》。這時有兩個侍從迅速逼近我身邊監視著我的舉動。蔣接著說：「趙遂初，你曉得我是黨的總裁嗎？」我反問說：「你知道我不是國民黨員嗎？」蔣聞言愕然，立即轉頭向陳立夫問道：「怎麼搞的，把社會賢達搞到這裏來了？」陳答說：「他不是國民黨員，是青年團

〔註17〕維基百科條目「1947 年國民大會代表選舉」。

〔註18〕《中華民國大事記》第 5 冊，第 660 頁。

〔註19〕連國民黨副總裁孫科都認爲「補充規定對當選之國代當然無約束力，因此本人認爲，現在既然事已如此，諸位恐怕除了依法律起訴外，並無他法」。參見《大公報》（上海）（1947 年 12 月 26 日）。

員。」蔣才鬆了一口氣說：「團員就是黨員。」我說：「團員就是黨員，為什麼還搞黨團統一？」蔣語塞。回顧坐在他左右的簽署代表說：「大家要知道，今天不能單純講理、也不能單純講法、為了政治上的關係，要遷就事實。」各代表聞蔣言，都感到驚訝。我接上去說：「還政於民，關係百年大計。國家元首能說不講理、不講法嗎？」蔣不理會我的話，怒氣衝衝地轉問其他代表說：「誰願退讓，我自有辦法！」那十幾個代表都一致表示堅決不退讓。有一代表說：「我寧願犧牲廳長，也要當選證書。」又有一代表說：「我現在對總裁聲明脫黨，我是人民簽署當選的代表，根本與黨無干。」蔣見談話已陷僵局，即囑侍從預備點心，希圖緩和氣氛。這時陳立夫發言說：「請各位代表，先回寓所。改日再行商談。」

各代表返回鍾南中學辦事處，立即集合全體代表，報告會談經過。全體大嘩，群情激憤，一致通過決議。於 28 日（國大開幕的前一天）由顏澤滋等 10 個代表，進入國民大會堂實行絕食，阻止大會開幕；其他大部分代表分頭包圍選舉總所和國民黨中央黨部請願，不達目的。決不撤退；我負責陳棺材大會堂事。我隨即用 380 萬元法幣購得棺材一口，由少數代表協助擡到侍南中學。我還應美聯社記者的要求，站在棺材上拍了照。

簽署代表準備進人大會堂絕食和我準備陳棺大會堂的消息傳出後，蔣介石慌忙於 29 日晨再邀簽署當選代表 40 餘人舉行會談。我首先對蔣介石說：「我今年四十有九，我的生命只有兩天了。為國家民族犧牲，在我的生命史上是光榮的。」蔣介石假惺惺地對我說：「你不能死，死有重於泰山，有輕於鴻毛。」不料正當我堅決表示說「不成功，便成仁」之際，突然有幾個代表起立，表示「服從總裁命令，願意退讓」。蔣介石自然十分高興，連聲對那些代表說：「好的，好的。」可是代表當中卻吵成一團。會談立刻陷於混亂。我和絕大多數代表立即退出。返回鍾南中學，召集緊急會議，籌謀對策。[註20]

面過這種形勢，蔣介石親自接見也無法解決代表們絕食和陳棺的激烈抗議活動。盛怒之下，蔣介石調集軍警前往鍾南中學，包圍代表，群眾紛紛圍觀，

[註20] 趙遂初：《陳棺競選國大代表》，全國政協文史資料委員會編：《文史資料選輯》第 113 輯，中國文史出版社 1987 年版，第 233～234 頁。

代表們不為威脅所動。眾目睽睽之下，蔣介石也無法使用暴力說手段，只得委託於斌、胡適等名人再去調解，勸說代表們讓步，但依舊毫無結果。於是，蔣介石轉而用利誘辦法，許諾以總統府顧問、戡亂委員等職位以及補貼競選費用，又出動特務盯梢，散佈制裁參加抗議代表的流言，代表們反而利用輿論在報紙發表聲明，揭穿蔣的意圖。至此，蔣介石只能屈從代表們的意願了。

> 我們簽署代表所採取的絕食、陳棺等等手段，並日夜包圍總選舉事務所和中央黨部實行疲勞請願，最後總算獲得結果。由職業、婦女選舉事務所發給我和少數代表當選證書，並說明委以戡亂委員名義，發給薪資，藉以彌補競選損失。可是這時大會已將閉幕，我報到後只出席兩日就結束了。當時在蔣介石淫威之下，我獨敢於同他頂撞，問所恃而不恐呢？無非為個人名利所驅使，故不惜破釜沉舟，成功是英雄，死亦不失為好漢，打的亡命之徒的主意罷了。
>
> 〔註21〕

轟動一時的陳棺抗議等舉動的確稍嫌過火，國民黨的喉舌《中央日報》以「政治垃圾」稱之，「報紙出來，一般民眾齊聲叫好，卻開罪了這些自命代表全國民意的代議士，未久他們借題發揮，大舉反撲，竟因此迫走了兩番把央報兩度辦成第一的馬星野社長」。〔註22〕許多國民黨籍代表的抗議實際上是國民黨內民主運動的一種體現。蔣介石的作為實際上是黨外開放民主，黨內壓制民主。面對代表問題的紛擾，3月25日蔣介石在日記中寫道：

> 自愧不知組織，以致今日黨務、軍事、政治、經濟、教育，皆無幹部，一經危困，所有基礎完全動搖。黨務幹部更是愚拙，國民大會代表問題之惡劣至此，而彼輩尚不知負責自恥，以致最後皆須由余一人承擔處理，痛苦極矣。〔註23〕

在經過重重紛擾後，最後選舉出的代表，國民黨人占 80%以上。〔註24〕聯繫蔣介石在四中全會說過的「這次國民代表選舉的結果，如果本黨同志只占半

〔註21〕 趙遂初：《陳棺競選國大代表》，全國政協文史資料委員會編：《文史資料選輯》第113輯，中國文史出版社1987年版，第235頁。
〔註22〕 龔選舞著：《一九四九國府垮臺前夕——前中央日報記者親歷一個政權的大敗局》，世界圖書出版公司2012年版，第230～231頁。
〔註23〕 參見張朋園著：《中國民主政治的困境（1909～1949）》，第199頁。
〔註24〕 張朋園認為 80%是保守估計，參見張朋園著：《中國民主政治的困境（1909～1949）》，第203～204頁。

數，則可以說是我們的成功，若是超過半數甚遠，甚至占百分之八十或九十，則是本黨的失敗，而非建國的成功」，真是令人啼笑皆非。

　　該選舉，且不論國民黨統治集團的背後動機以及當時的戰爭環境，單就形式上的工作而言就是一項艱巨的任務。選舉過程中發生的的紛擾是不成熟民主政治的正常狀態和正常表現，這即便在當今一些民主國家也不時出現，發生在 20 世紀 40 年代的中國應該不足為怪。客觀的說，這實際上應該算是政治的進步。畢竟有那麼多代表還是為自身合法權利而抗爭，這也表現出代表們對參與民主政治的熱情。美國駐華大使司徒雷登觀察選舉過程後評價道：「以美國人眼光看中國大選，難免有不能盡如人意之處。但此事之教育價值……對於國家之民主建設，必當發生至佳之影響。」〔註 25〕有學者舉例評價說：「西女選區投票時，選民大喊：『不選主張麵粉漲價的！』這就跟近年西方選民不選主張加稅的總統候選人的投票趨向和權利意識相近似；足以說明民主政治一旦實行，人民就會學習以選票來維護其切身利益，其公民意識也就隨之而滋長、建立起來。」〔註 26〕對於此次選舉，我們除了看到消極的一面，也應注意其積極的一面。

三、行憲國大上的國民黨內爭鬥

　　制憲的下一步乃是行憲，但行憲卻帶來了更多的矛盾和難題。選舉的紛擾不順使原定 1947 年 12 月 25 日憲法生效日期召開的行憲國大，遲至 1948 年 3 月 29 日才得以召開。〔註 27〕蔣介石參加開幕典禮，並致詞說：「我認為今天國家和人民，戡亂與行憲應該同等重視。我們不因戡亂而延緩憲政的實施；反之，我們正因為要保障憲政的成功，不能不悉力戡亂，以剷除這個建國的障礙與民主的敵人。」〔註 28〕實際上從選舉就可以看出來，憲政的推行已經明顯成為惡化時局的因素，但蔣介石仍然決定繼續走下去。

　　總統、副總統的選舉，是「行憲」國民大會最主要的議程。根據國民政府 1947 年 3 月 31 日公佈的《總統副總統選舉罷免法》規定：國民大會「行

〔註 25〕《中央日報》（1947 年 11 月 24 日）。
〔註 26〕程巢父：《國民政府行憲之初的選舉糾紛》，《南方周末》（2008 年 2 月 1 日）。
〔註 27〕「行憲國大」正式名稱為「第一屆國民大會第一次會議」。
〔註 28〕《對國民大會第一屆大會開幕致詞》（1948 年 3 月 29 日），《總集》第 22 卷，第 439～440 頁。

使選舉罷免總統、副總統之職權」,「總統、副總統之選舉,應分別舉行,先選舉總統,再選舉副總統」。

關於總統的選舉,按《總統副總統選舉罷免法》規定;總統、則總統當選資格爲「中華民國國民,年滿四十歲者,總統候選人,由國民大會代表一百人以上連署提出,再由國民大會主席團以連署提出之代表人數多寡爲先後,開列各候選人姓名,並於選舉前三日公布,然後由國民大會代表按所列之名單,以無記名投票法,圈定一名爲總統,以得代表總額過半數之系數者爲當選」。行憲國大選舉總統時,在國民黨人的心目中,總統一職非蔣莫屬,蔣介石也夢寐以求地要當總統。可是臨到國民大會選舉總統前夕,蔣介石卻於 4 月 4 日在國民黨六屆中央執行委員會臨時全體會議上,表示不競選總統,而願意擔任政府中除正副總統之外之任何職責,並主張推舉一名「卓越之黨外入士爲總統候選人」。蔣介石聲稱,第一任總統應具備以下條件:「(一)瞭解憲法,認識憲政,確保憲政制度。選擇一能守法執法之人爲實現民主之最好保證。(二)富有民主精神及民主思想,且爲一愛國之民族主義者,根據憲法,建立民有、民享、民治之中國。(三)忠於戡亂建國之基本政策。眞正之民主主義者始能充分瞭解獨裁與立憲政府間之差異。(四)深熟我國歷史、文化及民族傳統。共產黨明顯意欲破壞我國家的生存,且決心破壞我國之歷史、文化及民族傳統。(五)對當前之國際情勢與當代文化有深切之認識,借而促進天下一家理想之實現,並使中國成爲獨立自尊的國家,處於國際大家庭中之適當地位。」〔註 29〕於是有人提議胡適爲總統候選人,蔣爲行政院長。但黃埔系和 CC 系堅決反對,強調「鑒於當前國事之艱巨與黨內外期望之殷切,在事實上非總裁躬膺重任,不足以奠定憲政之基礎」,仍請蔣爲「第一屆總統候選人」〔註 30〕。其實,蔣介石並不是眞不想當總統,只是想擺擺「民主」姿態,給美國看看;更主要的是他「不願處於有職無權的地位」〔註 31〕,這

〔註 29〕 《蔣委員長在國民黨中央執行委員會上之演詞》(1948 年 4 月 4 日),《美國與中國的關係》(白皮書)下卷,第 823 頁。另據回憶,蔣介石曾提總統候選人必須具備這樣個條件:1、文人;2、學者專家;3、國際知名之士;4、不一定是國民黨黨員。參見胡次威:《蔣介石做總統的一個片段》,全國政協文史資料委員會編:《文史資料選輯》第 32 輯,中國文史出版社 1980 年版,第 142頁。

〔註 30〕 《中央日報》(1948 年 4 月 7 日)。

〔註 31〕 李勇、張仲田編:《蔣介石年譜》,第 347 頁。有學者對蔣介石一度不願任總統職務有如下解釋,認爲不是一般認爲的嫌總統權力太小,而是蔣介石諳熟

對國民黨來說是個難題。實際上，蔣在聞知國民黨內一些人，特別是對其不滿的人要提名胡適做總統候選人後，在國民黨中執委會議上「怒氣衝衝地先把提胡適做總統候選人的大罵了一頓，接著唱了一齣『醜表功』，說他自己如何追隨總理（指孫中山先生）參加革命，如何誓師北伐定都南京，如何削平內亂，又如何打敗日本。最後他咬牙切齒地說：『我是國民黨黨員，以身許國，不計生死。我要完成總理遺志，對國民革命負責到底。我不做總統，誰做總統？』」〔註32〕4月5日，國民黨中常會上，熟悉蔣介石心理的張群解釋說：「並不是總裁不願意當總統，而是根據憲法規定，總統是一位虛位元首，所以他不願處於有職無權的地位，如果常會能想出一個補救的辦法，規定在特定期內，賦予總統以緊急處置的權力，他還是要當總統的。」〔註33〕張群終於在國民黨內部說出了蔣忸怩謙讓的原因。〔註34〕其實這個憲政體制下的總統也並非全然就是個虛位，只不過權力沒有大到蔣介石嚮往的程度。此次國大為蔣介石修改憲法顯然是不合適的，即使有代表主張修改憲法，但蔣介石本人也不贊同。4月6日，國民黨六屆臨時中全會最後達成決議：「請總裁為第一屆總統候選人」；遵照總裁之指示，「本屆總統、副總統之選舉，本黨不提候選人」。〔註35〕於是，經過黨內的磋商謀劃，蔣介石在行憲國大上指使代表在1948年4月18日提出《動員戡亂時期臨時條款》，其具體內容為：

中國政治運作技巧，即實權人物不一定走上前臺，幕後操縱更有靈活性。蔣1949年3月下野後在家鄉浙江奉化溪口曾說：「去年（一九四八年）我在黨中委員會擴大會議上提出不擔任總統的職務，我是考慮到這樣做有很大的伸縮性，我可以以黨的總裁地位來擔負領導的責任，而可以避開正面負責的地位，對於黨國來說，對於個人來說，都有好處」。而後來蔣介石之所以又決定任總統，是擔心總統職位被李宗仁搶去，更擔心美國對他的領導地位提出質疑。參見鴻鳴著：《蔣家王朝》，農村讀物出版社1988年版，第311頁；郭寶平著：《從孫中山到蔣介石——民國最高權力的交替與爭奪》，上海人民出版社1995年版，第263頁，注2。

〔註32〕胡次威：《蔣介石做總統的一個片段》，全國政協文史資料委員會編：《文史資料選輯》第32輯，中國文史出版社1980年版，第142頁。

〔註33〕程思遠著：《李宗仁先生晚年》，文史資料出版社1980年版，第5頁。

〔註34〕事後有人問張群「蔣先生既然願意做總統，為什麼又要提出四個條件影射胡適呢？」他回答說：「難道你還不知道這是『民意測驗』嗎？」參見胡次威：《蔣介石做總統的一個片段》，全國政協文史資料委員會編：《文史資料選輯》第32輯，中國文史出版社1980年版，第143頁。

〔註35〕參見劉維開：《中國國民黨六屆臨時中全會之研究（1948.4.4～4.6）》，《近代史研究》2009年第1期。

　　茲依照憲法第一百七十四條第一款程序，制定動員動員戡亂時期臨時條款如左：

　　總統在動員戡亂時期，為避免國家或人民遭遇緊急危機，或應付財政經濟上重大變故，得經行政院會議之議決，為緊急處分，不受憲法第三十九條或第四十三條所規定程序之限制。

　　前項緊急處分，立法院得依憲法第五十七條第二款規定之程序，變更或撤銷之。

　　動員戡亂時期之終止，由總統宣告，或由立法院咨請總統宣告之。〔註36〕

這樣，有了這樣的條款，便可以在戰時狀態下解除憲法第 39 條、43 條對總統權力的限制。依靠「動員戡亂」這一護符，憲法對蔣介石總統權力的束縛自然解除。王寵惠曾揶揄道：「憲法如同大房子，臨時條款如同大房子旁邊的小屋子，遇有必要，小屋子隨時可住。」此後蔣也正是住在「小屋子」裏大權獨攬。〔註37〕18 日國大會上表決時，到會代表 2045 人，1624 人投贊成票，通過這一條款。蔣介石當日在日記中寫道：「情緒之緊張已達極點，幸事前布置，反對最烈者或以余在座，皆略申其意，未作激辯，卒至 12 時 1 刻，三讀會通過，國大最大功用已經完成矣！」〔註38〕好一個「國大最大功用」！

　　《動員戡亂時期臨時條款》的通過，使得蔣介石得以繼續大權在握，但事實上也標誌著蔣介石獲取政治權力制度化保障的努力失敗，蔣介石的借憲政體制獨裁的企圖落空，只能依靠不正當手段竊取國家大權。國大討論時，更遇代表「無守法精神」，「無民主精神」的非議，在蔣親自到場，「事前布置」的情況下，仍有 421 人未投贊成票。黨內王寵惠「小房子」之揶揄，可見國民黨內部有人其實對蔣的行為頗不佩服，連蔣自己也並非理直氣壯，現場「情緒之緊張已達極點」。至此，蔣介石的這個憲政棋局已經注定了歸宿，蔣只能借助戰時體制維持自己在憲政體制下失去的權力了。

　　確定蔣介石為總統候選人後，國民黨考慮到只一個候選人，有違反「民

〔註36〕《莫代表德惠等七十二人提請制定動員戡亂時期臨時條款案》，國民大會秘書處：《第一屆國民大會第一次會議關於憲法提案原文》第 1 冊，1948 年版。

〔註37〕程思遠著：《政壇回憶》，廣西人民出版社 1983 年版，第 180 頁。

〔註38〕楊天石：《蔣介石提議胡適參選總統前後——蔣介石日記解讀》，《近代史研究》2011 年第 2 期。

主競選」原則之嫌，於是又推舉居正為總統候選人，作為總統「競選」的陪伴。4月16日，國民大會公佈總統候選人，蔣介石由2489名國大代表連署提名，居正由109名國大代表連署提名。4月19日正式選舉總統，出席代表2734人，選舉結果，蔣介石得2430票，居正得269票。根據選舉法「以得代表總額過半數之票數者為當選」的規定。蔣介石以壓倒性的絕對優勢當選。

接下來副總統的選舉，則引起了廣泛的矚目〔註39〕，競選形勢遠遠比總統選舉複雜並伴隨著尖銳的國民黨內鬥爭，特別是蔣桂兩大軍事實力為後盾派系的鬥爭。開始時，副總統候選人只有國民黨員程潛、于右任，民社黨員徐傅霖和社會賢達莫德惠四人。但是，桂系李宗仁不甘寂寞，於1948年3月中旬，聲明競選副總統。李宗仁時任北平行轅主任，有桂系勢力作後盾，又因美國不滿蔣介石無能導致形勢惡化，在幕後支持李宗仁競選並策劃以李代蔣，這樣李宗仁競選成功的可能性很大。〔註40〕最初，蔣介石雖口頭答應李宗仁說「本黨同志可以自由競選」，但其真正的想法卻是不願李參與競選，便動員孫科出來競選，與李宗仁爭奪副總統。孫科本無意競選副總統，但經蔣介石勸說和動員，最終還是同意參與副總統的角逐。4月20日，副總統候選人名單公佈，各代表連署提名的副總統候選人共6人，其中孫科540連署，于右任512人連署，李宗仁479人連署，程潛228人連署，莫德惠218人連署，徐傅霖132人連署。

這次副總統競選活動，實際上在總統「競選」之前就已經展開。蔣介石對於副總統競選，仍然是很在意的，蔣介石曾勸李宗仁不要參與副總統競選，並要求副總統人選要由中央提名，聲稱已內定孫科，但蔣的意圖遭到李宗仁

〔註39〕 在選舉達到高潮時「各地人民對之均感莫大的興趣。電臺不斷廣播投票消息，報紙則發行號外，儼然是抗日勝利以後最熱鬧的一件大事」。參見李宗仁口述，唐德剛撰寫：《李宗仁回憶錄》，廣西人民出版社1988年版，第627頁。

〔註40〕 據回憶：「李宗仁這個人，有一點長處就是沒有什麼架子，對人態度頗為『誠懇』。（我們一批朋友，從認識李起，背後稱他為李連長。）國民黨的一些所謂雜牌軍隊以及南北地方人士，對李都保有好感。日本投降以後，李宗仁做北平行轅主任，在處理當時的反美愛國運動，對待青年學生的方法，同國民黨頑固派的手段有若干距離，也博得中外人士的較好評語。美國經過了第二次世界大戰，討厭蔣介石，認為蔣是法西斯獨裁者；對於李宗仁的態度，發生了好感。因此李就攀緣時會，形成好像是國民黨開明派的重要人物了。」參見周一志：《孫科、李宗仁競選副總統的形形色色》，全國政協文史資料委員會編：《文史資料選輯》第32輯，中國文史出版社1980年版，第153～154頁。

的抵制。4月初，李宗仁不但直接拒絕了蔣介石的勸說，而且通過桂系人員的牽線，與于右任、程潛結成聯合戰線，一致反對副總統人選內定。另外，對李宗仁有利的是，蔣系人馬此時並非鐵板一塊一致支持孫科，反 CC 系勢力，主要是三青團勢力支持李宗仁競選總統。其中的緣由是這樣的：自抗戰勝利後，CC 系聲勢日張，與蔣、宋、孔並列成爲四大家族之一。1947 年 9 月三青團併入國民黨，各省、市、縣的主委由 CC 系成員擔任，而副主委則由三青團成員擔任，兩派成員在地方上爭權奪利。行憲國大的召開，三青團地方幹部得以以國大代表身份來京。當他們得知蔣介石以中央組織部長陳立夫組織黨團組織，支持孫科競選，如果孫科當選副總統，則 CC 系得勢，對他們不利。於是，爲了對付 CC 系，三青團聚集起反 CC 系的一批骨幹分子，一致支持李宗仁競選。這種局面，是出乎蔣介石預料的。〔註41〕

4月23日，國民大會開始選舉副總統。結果，李宗仁得 754 票，孫科得 559 票，程潛得 522 票，于右任得 493 票，莫德惠得 218 票，徐傅霖得 214 票。按《總統副總統選舉、罷免法》規定，國民大會選舉副總統，以得代表總額過半數之票數爲當選；如無人超過半數時，就得票比較多數之首三名重新投票，圈選一名；如無人當選時，舉行第三次投票，圈選一名；如仍無人當選時，就第三次得票比較多之首二名因選一名，以得較多票數者爲當選，票數相同時重新團選一名，以得票較多票數者爲當選。

此輪選舉，無人得票過總額的半數，需再次投票。不料此時，支持李宗仁的《救國日報》頭版頭條刊登了孫科包養情婦藍妮的私生活醜聞，蔣介石大爲惱怒，指使廣東籍國大代表張發奎、薛岳等軍人搗毀了《救國日報》。同時，蔣介石還派賀衷寒、袁守謙等人干預競選，撥付大筆經費歸其使用，爲程潛拉票，以分流李宗仁的票，阻止李宗仁在第二輪選舉中當選。〔註42〕

4月24日，進行第二次選舉。結果，李宗仁得 1163 票，孫科得 945 票，程潛得 616 票，仍無任何候選人獲得超過半數的選票，需要進入第三輪選舉。

眼見李宗仁的票數比孫科領先較多，蔣介石便急忙動員一切能動用的力量，甚至包括吳鐵城、陳立夫等國民黨要員，爲孫科拉票，要求代表按蔣介石的意志投孫科的票。另外，蔣介石還動員程潛退出競選，把他的全部得票改投孫科，交換條件是補償程的全部競選費用。程潛受到蔣的愚弄，極爲不

〔註41〕 文思主編：《我所知道的蔣介石》，中國文史出版社 2003 年版，第 286 頁。
〔註42〕 程思遠著：《李宗仁先生晚年回憶錄》，華藝出版社 1996 年版，第 7 頁。

滿，拒絕了蔣的要求，並於 24 日夜聲明退出競選。〔註43〕此時，桂系連夜開會，李宗仁也效法程潛，採取以退爲進的策略，於 25 日發表聲明：「唯邇來忽發覺有人以黨之名義壓迫統制，使各代表無法行使其自由投票之職權。以此情形競選，已失去其意義。用特函達，正式聲明放棄競選。」〔註44〕李宗仁的聲明實際上是在暗示並抗議蔣介石干預競選。程潛、李宗仁退出競選副總統，蔣介石支持的孫科，處境非常尷尬，也只得聲明放棄競選。這樣，出現了副總統選舉停頓的局面，國民大會只得休會。

高調推行憲政的蔣介石，在這種局面下被指斥爲「最高當局幕後操縱」者，處境極爲孤立與難堪。蔣爲從死胡同裏走出來，一方面發表聲明，絕對沒有操縱選舉，一方面緊急召開國民黨中常會，決定派人請各副總統候選人取消放棄競選，又召見桂系要員白崇禧，要白勸李宗仁重新參加競選，表示自己一定全力支持李，以達到合做到底的目的〔註45〕。這樣李宗仁、孫科、程潛復出「競選」。

4 月 28 日，進行第三次副總統選舉。選舉結果是：李宗仁得 1156 票，孫科得 1040 票，程潛得 515 票。仍無一人過半數而當選。此時的蔣介石，異常緊張起來，據回憶，蔣介石當時使出渾身解數，試圖阻止李宗仁競選副總統：

> 蔣看到李宗仁當時的政治行情越來越高，對之越不放心，不惜用一切手段打擊李，不讓李競選成功。在孫、李投票決戰的三四天內，據說蔣本人往往通宵不睡，把能夠影響投票的文武官員一個一個預定好時間（多半是一小時見兩個人），對之面授機宜，親自替孫科拉票。有人告訴我，蔣對黃埔一期學生賀衷寒說：「你們要知道，自從李宗仁決定競選之後，這件事對校長（蔣自稱）好比一把刀指著胸膛那樣難過，你們一定要明白校長的苦心啊。」〔註46〕

4 月 29 日，以得票較多的李宗仁、孫科爲候選人，進行第四次投票。結果是：李宗仁得 1438 票，孫科得 1295 票。李宗仁以微弱的多數當選爲第一屆行憲政府副總統。蔣介石的希望落空，雖心中憤恨，但也無可奈何。總統、副總統均已選出，此次國民大會任務完成，5 月 1 日，行憲國大閉幕。

4 月底 5 月初這段日子，對於蔣介石來說，心境是極其複雜的，無奈、失

〔註43〕《中美關係資料彙編》第 1 輯，第 863 頁。

〔註44〕黃紹竑：《李宗仁代理總統的前前後後》，全國政協文史資料委員會編：《文史資料選輯》第 60 輯，中華書局 1979 年版，第 41 頁。

〔註45〕程思遠著：《李宗仁先生晚年回憶錄》，第 8 頁。

〔註46〕周一志：《孫科、李宗仁競選副總統的形形色色》，全國政協文史資料委員會編：《文史資料選輯》第 32 輯，中國文史出版社 1980 年版，第 157 頁。

敗的負面情緒籠罩了蔣。1949 年蔣早早謀劃撤退臺灣，即是在這一心境下做出的決策。

圖 7：1948 年 5 月 20 日蔣介石就職演說

此次國民大會，歷時 30 餘天，花費金圓券 99 億多元，主要是把蔣介石由訓政時期的國民政府主席推上了憲政時期總統寶座。5 月 20 日，蔣介石、李宗仁在南京國民大會堂舉行總統、副總統宣誓就職大典。5～7 月，新的五院相繼組成，實現了國民政府與行憲政府的交替。總統府取代了國民政府的地位，「國民政府」至此成為歷史名詞。

副總統的選舉，充分暴露了國民黨內的派系鬥爭，蔣桂兩派在民主的旗號下，為爭奪副總統的位置，展開了激烈角逐，各種政治鬥爭手法紛紛付諸行動，經過極為罕見的四輪投票，才選出副總統。李宗仁當選副總統後，與蔣介石的矛盾日益激化。白崇禧國防部長的職位由何應欽取而代之，隨後白被蔣調離南京，任華中剿匪總司令。這是蔣介石報復李宗仁，拆散李白二人搭檔的舉動。蔣桂兩派，是國民黨內最有軍事實力的實權派系，正值戰場上國共決戰的前夕，這樣因行憲內帶來的矛盾和分裂給國民黨統治造成的損害是致命的。戰場上桂系和蔣系軍隊互不配合，至後來桂系逼宮，李宗仁任代總統，乃至退臺前夕的總統總裁之爭，皆是由行憲過程中的政治鬥爭演化而來。

四、憲政體制下的糾葛與蔣介石架空憲政

行憲國大後，憲政開始完整地運作起來。憲政體制下，不但充斥著體制變化帶來的糾紛，而且引發國民黨內的矛盾，加劇了派系紛爭。從 1948 年 5 月至 1949 年底，一年多的時間相繼出現了蔣介石、李宗仁兩位總統和翁文灝、孫科、何應欽、閻錫山四任行政院長〔註 47〕。這種頻繁的人事更迭實際上就是國民黨內政治矛盾加劇的表現。

圖 8：1948 年中華民國總統府組織系統

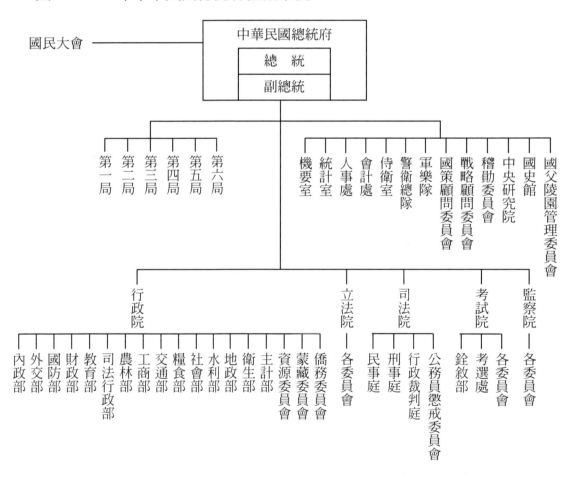

來源：陳瑞雲著：《現代中國政府》，第 360 頁表十八。

〔註 47〕行政院長一職，1948 年 5 月至 11 月為翁文灝，1948 年 11 月至 1949 年 3 月為孫科，1949 年 3 月至 5 月為何應欽，1949 年 6 月至 1950 年 3 月為閻錫山。

　　首先，蔣系各派勢力在憲政體制下圍繞總統府、立法院、行政院關係產生錯綜複雜的糾紛。從內閣組成到內閣的施政，都步履維艱。這當然和 1948 年國民黨面臨的嚴峻形勢直接相關，但更主要的是新體制的磨合以及國民黨的分化。其中尤以第一屆行憲內閣即翁文灝內閣中問題較多，接下來的孫科、何應欽、閻錫山內閣皆有戰時內閣性質，已不能完全按憲政規則運作。因此，這裏集中探討翁內閣時期的政治糾紛。

　　最初的問題是行政院長人選提名的紛爭。

　　行政院爲行憲後的內閣，行政院長自然是關鍵的職位。按蔣介石的理解，新政府應該實行的是總統制，因爲根據憲法，行政院長人選需由總統提名，行政院的重要政策的決定需經總統核可，而行政院長只能副署總統公佈的法律和發佈的命令。實際的情況則與蔣的理解不同，立法院也有相當的權力。根據憲法規定，總統雖然能提名行政院院長人選，但須經立法院同意。立法院對於行政院的政策法令有質詢權。立法院不同意行政院的政策法令時，可要求其變更；如行政院不同意，而立法院堅持變更，行政院只能接受或行政院長辭職。行政院不同意立法院的決議案，雖有權要求復議，但如立法院維持原案，行政院只能接受或行政院長辭職。其中關鍵在於，行政院無權解散立法院。從上述規定來看，這又實際上是責任內閣制，而且內閣制的味道大於總統制的味道。

　　不過，由於臨時條款賦予總統巨大的權力，實際權力運作的局面卻又是總統制的味道大於內閣制的味道。行政院夾在總統和立法院之間，行憲後政府實際上是總統和立法院的對峙。

　　行政院長的人選，蔣介石矚意張群續任，而立法院則提名何應欽。蔣介石於是召集立法院中 CC 系立委陳立夫、張道藩、谷正鼎、賴璉等人開會，以國民黨總裁身份向這些人施壓。蔣介石又使出總裁權威，喝令這些人用起立方式表決，這些人只得站起來，表示同意蔣介石的意見。〔註 48〕不過，立法院並未就此屈服，繼續就人選問題堅持立法院做主。立法院不再直接違抗蔣介石的意旨，而在行政院長人選確定時是否提出施政方針，是否提出內閣成員名單上大做文章，並在立法院進行行政院長人選預投票，結果張群僅得 94 票，而何應欽得了 259 票。〔註 49〕面對這種局面，蔣介石異常惱怒，甚至想

〔註48〕 李勇、張仲田編：《蔣介石年譜》，第349頁。
〔註49〕 《大公報》（1948 年 5 月 22 日）。

由自己直接出任行政院長。何應欽見狀，也不敢出任行政院長，攪入總統立法院之爭。在此情況下，蔣介石在 5 月 24 日採取突然襲擊的辦法，出人意料的提名翁文灝爲行政院長。翁文灝這匹政治黑馬的殺出，反映了蔣介石自己的意圖：其一、借用翁在學術上的地位以使國內外認爲其領班是學者內閣以博得好感；其二，翁在政治上根基雖較淺，派系色彩較輕，因此與各方矛盾也較少；其三，翁實際上只是爲蔣介石看守大門，這無異於蔣自己掌握行政院，翁不過是奉蔣的命令做一個秘書長角色而已。〔註 50〕

面對內閣難產，蔣介石突然提名無派別色彩的翁文灝的情況下，立法院措手不及，只能表決通過這位張群和何應欽之間折中的行政院長人選。

接下來的問題，是立法院對行政院質詢權的紛爭。

行政院長提名風波過後，立法院頗不甘心，再以質詢權爲武器，抗衡總統的權力。翁文灝內閣的使命，是解決迫在眉睫的財政經濟問題，這也是翁內閣施政的要點。6 月 11～13 日，翁文灝在立法院做施政報告，談到幣制改革的問題，遭到立法委員的批評，種種質詢近乎侮辱性，指責其施政方針「有若日草枯梗，治不了大病」，行政院人員「缺乏活力和朝氣」。指責翁文灝爲什麼不能像一般內閣制國家總理那樣過問軍令。〔註 51〕據當時的立法委員回憶，當時的一些立法委員提出了如下一些尖銳的問題：

賴璉說：「今天的局勢，軍事第一；但現在東北朝不保夕，華北也岌岌可危，長江流域至今未見有何建設，而全國民氣消沉，士無鬥志。請問新政府對於此種局勢有無對策？對於各戰場軍事有無新的部署？並將如何收復東北，保安華北。」

谷正鼎說：「對內政必先有改革的決心，然後方可以談到戡亂；對外交必先實現聯合英美的計劃，然後才可以防止赤色帝國主義的侵略。」

程天放說：「我們所要求的不是兩年結束軍事，而是一個月內或兩三個月內在軍事上進展。今後不要再一師一師地被消滅，不要再連續地喪失據點。」

金紹先說：「今天的局勢已是總崩潰前夕的景象，是否還可以拖到兩年？」

張潛華說：「新內閣的方針，並沒有把握著現實問題的實質，當前最基本

〔註50〕毛翼虎：《在國民黨立法院內外》，全國政協文史資料委員會編：《文史資料選輯》第 138 輯，中國文史出版社 2000 年版，第 70 頁。

〔註51〕張皓：《蔣介石與 CC 系在〈中華民國憲法〉下的權力之爭》，《歷史檔案》2008年第 2 期。

的問題是國共關係的問題，這一問題的發展，已經成爲兩種政治勢力和兩種思想體系的對立，決不是軍事方式所能解決的。不知新內閣爲什麼不敢從實質上正視這個問題？須知逃避這個問題，就是逃避現實。」

劉不同說：「翁內閣是責任內閣。關於物價問題當然應由內閣負責解決。可是最近滬市物價高漲，爲什麼要由總統手諭派人處理？軍事行政是否由內閣負責？可是近日報載華中綏靖主任白崇禧已向總統提出辭職，請問他爲什麼不對行政院負責？」

黃宇人說：「今後再不能以一個人或一家人來統制政治。」

簡貫三說：「新政府的方針既然著重於新經濟政策，首先就要解決生產、土地改革及反通貨膨脹等問題，而且還要解決得有效。假設在解決過程中遭到地主、豪門、官僚、買辦的阻撓，新政府是否有貫徹到底的決心？」

莊靜（女立法委員）說：「爲什麼在閣員席位上沒有我們女性？這種重男輕女的觀念必須改變。不久前我們女立監委員曾舉行聯席會議，請翁院長出席，他竟不來。所以後來總統提名翁爲行政院長時，我們女立委都沒有投他的票，這就叫做『禮尚往來』。要請翁院長注意。」〔註52〕

上述種種責難，問題涵蓋了軍事、經濟、社會、政治、婦女等諸方面，可謂林林總總，錯綜複雜，頗有圍攻的味道。對於最尖刻的關於行政院爲什麼不能行使軍令的問題，翁文灝的回答很坦率，直言軍令乃總統權力，自己無權過問。

雖遭猛烈質詢，但翁的施政報告最後還是通過了。這多少有點奇怪。實際上，立法院的質詢，並非針對翁文灝，而是直指其背後的總統蔣介石。立法委員們也都明白，翁內閣只不過是唯蔣馬首是瞻，執行蔣的意志而已。立委們自己也很清楚：「立法院在質詢時的尖銳抨擊，與其說是針對翁文灝，勿寧說是針對蔣介石」，「立法院在政治上的矛盾和對立，恰恰是國民黨內部矛盾和對立的反映」。〔註53〕對蔣介石示威完畢，鑒於時局如此，只能死馬當活馬醫，蔣介石的權力和地位是立法院無法從根本上撼動的，泄憤之後，還得通過翁的施政方針。

〔註52〕 張潛華：《國民黨行憲立法初期二三事》，全國政協文史資料委員會編：《文史資料選輯》第 138 輯，中國文史出版社 2000 年版，第 58～59 頁。
〔註53〕 張潛華：《國民黨行憲立法初期二三事》，全國政協文史資料委員會編：《文史資料選輯》第 138 輯，中國文史出版社 2000 年版，第 59 頁。

對於這一幕，蔣介石當然也明白其中的意味。他大為惱火，指使一批國大代表放出風聲，要修改憲法，取消立法院對行政院的質詢權。〔註54〕面對立法院的阻礙和責難，蔣介石接下來徑直啓用動員戡亂時期臨時條款，繞過立法院，支持翁文灝推出金圓券改革。這項改革到年底歸於失敗，立法院指責翁文灝施政不力，而蔣介石把責任推給翁文灝內閣，最終翁文灝只能引咎辭職，由孫科接任行政院長。

翁文灝內閣雖倒臺，憲政體制下的糾葛並未結束。蔣介石歷時一個月才在 1948 年 12 月組織起新內閣。更令蔣惱火的是，在新內閣組成後隨之而來的立法院改選中，蔣介石提名的正副院長人選李培基和劉健群皆未能當選，童冠賢當選為立法院院長。童為主和派，立法院為主和派所控制，而蔣此時仍在主戰。不少立法委員公開質疑軍事勝利的可能性，立法委員劉不同甚至提出蔣介石出國以創造和談條件的主張。〔註55〕

憲政體制權力規定的含糊，加上臨時條款的作用，以及國民黨內部領袖與派系勢力的矛盾，使第一屆行憲政府充滿了矛盾爭執，翁文灝內閣在總統和立法院的夾縫中勉強維持約半年的時間，最後成為權力鬥爭的替罪羊和憲政糾葛的犧牲品。總統與立法院對峙只是憲政體制下政府運作不力的第一階段。蔣桂矛盾的激化和代總統李宗仁的上臺，則給憲政前途增加了新的變數。

國民黨內矛盾，除上述 CC 系圍繞憲法與蔣的糾葛外，更嚴重的是桂系勢力試圖推翻蔣介石的舉動。就在政治體制完成更替的同時，國民黨的處境卻急轉直下。在桂系將領的「逼宮」下，1949 年 1 月 21 日，蔣介石在內外交困的形勢下辭去總統一職，由李宗仁代行總統職權。24 日，國民黨中央發出通報：「總裁雖暫不行使總統職權，但仍以總裁地位領導本黨。」國民黨中執委要求全黨：「無論總裁之行止何在，全黨同志均應竭誠盡力，接受領導，繼續奮鬥。」〔註56〕4 月 22 日召開的杭州會議上，蔣介石與李宗仁、何應欽、張群、吳忠信、王世杰等會談，決定在國民黨中常會下設非常委員會，「俾本黨經由此一決策機構協助李宗仁；凡政府重大政策，先在黨中獲致協議，再由

〔註54〕 張皓：《蔣介石與 CC 系在〈中華民國憲法〉下的權力之爭》，《歷史檔案》2008年第 2 期。

〔註55〕 參見汪朝光著：《中國近代通史——中國命運的決戰（1945～1949）》，江蘇人民出版社 2007 年版，第 444～445 頁。

〔註56〕 李勇、張仲田編：《蔣介石年譜》，第 376 頁。

政府依法定程序實施」。〔註57〕7 月 16 日，在失敗的陰影中，非常委員會在廣州成立，由國民黨總裁蔣介石任主席，代總統李宗仁任副主席。非常委員會代行中政會的職權，此後凡重大決策先由非常委員會決定，然後交政府執行，名曰「以黨馭政」。這樣，蔣介石以非常委員會主席的身份，操控政權。非常委員會的出臺的，是國民黨總裁蔣介石試圖架空中華民國代總統李宗仁之舉，架空李宗仁，便意味著架空憲政。

事實表明，國民黨已經實際上廢棄了憲政體制，退臺前夕幾個月國民黨政權的體制甚至連訓政都算不上，乾脆就是以黨代政。民末喧囂一時的憲政被終結，國民黨政權倒退回黨國體制。蔣介石為抗衡桂系，只能靠權術代替制度，變相恢復訓政體制。

非常委員會設立、架空憲政，並未能有效應對國民黨統治的嚴峻形勢，1949 年底蔣介石還是退據臺灣。黨務的徹底革新，加之美國宣佈保護臺灣，才給國民黨帶來一線生機。退臺後，為重整國民黨混亂不堪的統治秩序，1950 年 7 月，國民黨發表《中國國民黨改造案》，8 月成立中國國民黨中央改造委員會（簡稱「中改委」），蔣介石任該委員會主席，全權接替「中常委」工作。兩年多以後的 1952 年 10 月，國民黨召開七大，宣佈改造工作完成。這是國民黨歷史上的一次重大改組，對國民黨的意義不亞於 1924 年的改組。直到 1975 年病逝，蔣介石以國民黨總裁身份大權獨攬，借戡亂體制擔任總統至死，控黨國於臺灣一隅。

〔註57〕 曾景忠、蔣玉璞等選編：《蔣經國自述》，湖南人民出版社 1988 年版，第 247 頁；李勇、張仲田編：《蔣介石年譜》，第 381 頁。

第四章　民末憲政受挫的原因

　　憲政運行到 1949 年，憲法、國民大會以及五院制政府雖皆予保留，但國民黨行憲的實際結果仍然是挫敗遠大於成功。憲政未能按蔣介石的權謀意圖運行，仍以恢復事實上的國民黨訓政結束這一場政治大戲。甚至後來在臺灣，這一空殼憲政又事實上退化成蔣介石個人獨裁。綜合史實分析，民末憲政受挫的原因主要有如下四方面。

一、人治、黨治和法治的矛盾

　　民末憲政處於中國政治由人治、黨治向法治的轉變過程中，由權力集中於單一領袖（蔣介石）或一小撮精英（主要是國民黨）的威權政體（Authoritarian regime）逐步走向被選舉者代表公民行使權力的代議民主制（Representative democracy）〔註1〕。不過，民末時期中國的法治卻充斥了黨治乃至人治色彩，名爲法治，但國民黨統治集團不願放棄其精英特權，而蔣介石也依然希望成爲大權獨攬的政治領袖。

　　國民黨宣稱憲政是民國政治演進的終極目標，但實施憲政後國民黨的定位卻並無穩妥考量。在 1947 年憲法公佈後籌備行憲的過程中，這個問題才成爲需要妥善處理的燙手山芋。

　　國民黨的意識形態實際上存在著自身的矛盾和悖論。1947 年國民黨六屆

〔註1〕又稱間接民主制，指由公民以選舉形式選出立法機關的成員，並代表其在議會中行使權力（此即所謂「代議」）的制度。代議民主制是現代國家普遍實行的制度，與直接民主制（每一個公民直接參與所有政策的制訂，而方法是全體投票來決定）相反，除了在選舉中外，選民和被選者並無約束關係，即被選者在議會中的行爲未必眞正反映選民的意願，但其表現卻能直接影響下次選舉中選民的投票取向。

三中全會的黨務報告中稱：「現在的結束訓政，不是訓政成功自然結束，乃訓政失敗而不得不結束。」但隨後又說：「正因爲訓政結束，才應迅速補救。黨對於主義，是負有責任的，尤應負責任到底。同時訓政結束，非黨對國家對人民所應盡之義務從此結束之謂。這是不能結束的。因此黨對於訓政時期未完成的工作，必須繼續努力，對於應盡之義務，必須繼續完盡。」〔註2〕這段話實際上前後矛盾，訓政固然失敗，但憲政時期仍要國民黨繼續統治，這哪裏是要還政於民呢，實際意圖還是要繼續以黨治國，只不過加了個憲政名號而已。憲政要求法治、體現民主，但國民黨依舊抱著黨治、專制的思路，這是國民黨推行憲政的內在矛盾。

　　1947 年憲法頒佈後，蕭公權當時認爲這部憲法「雖未必爲最前進之民主憲法，而已含有充足之民主精神與實質。吾人果能充分實施，則中國必可預於世界民主國家之林而無遜色」。〔註3〕陳茹玄也評論道：

> 吾國之憲法運動，自清季迄今四十餘年。民黨執政之後，致力於憲政工作者，亦已十五六年，雖中經八載之抗戰，而朝野傾向民主之精神，迄未少衰。至三十六年一月，此舉國矚望之百年大法，始獲完成公佈。爲時之久，用力之多，可謂破世界制憲之記錄。得之甚艱，其護之也必周，其行之也必力。此吾對於吾國憲政之前途，所以於漫漫長夜之餘，而喜其曙光一線之將臨也。然吾聞「徒法不能自行」，於民主國家尤然。憲法之能否實行，及其實行之程度如何，固有賴於國民之愛護與遵從。而尤須朝野賢能之領袖，爲之竭力倡導，身體力行。必使憲法之尊嚴得以維持，然後憲法之效用乃能彰著。否則告朔餼羊，以憲法爲政治工具。得魚忘筌，視同糞壤。循環迭更，亂無止期。欲納斯民於法治之正軌，是走向反民主之絕路。其結果非吾敢所知矣。吾曩論憲法，嘗引黃梨洲先生之言曰：「夫非法之法，前人不勝其利欲之私以創之。後人或不勝其利欲之私以壞之。壞之者固足以亂天下。其創之者亦未始非害天下者也。」每讀斯言，感喟無極。今之視昔，史實如斯。後之視今，成敗功罪，則有待吾人之自造。爰重錄黃氏之言，以警惕國人。〔註4〕

〔註2〕榮孟源主編：《中國國民黨歷次全國代表大會及中央全會資料》下冊，第 1105 頁。

〔註3〕蕭公權：《中華民國憲法述評》，《中美周報》第 244 期（1947 年）。

〔註4〕陳茹玄著：《增訂中國憲法史》，世界書局 1947 年版，第 300～301 頁。

身歷民末憲政的學者陳茹玄在歷史現場雖然正面肯定了國民黨推行憲政的積極意義，但還是隱晦地批評了憲政過程中的人治思想，特別是領袖的的作爲和思想事關憲政大局，陳對憲政的結果還是抱著憂心態度的。

國民黨政權是革命的產物，但是它卻沒有能夠完成革命後的制度建設和制度變革。美國學者亨廷頓注意比較了蔣介石與其他國家的政治首腦在革命後的作爲。

> 在歷史上，革命造成過以下幾種結局：（1）傳統權威結構的復辟，或（2）軍事獨裁和武力統治，或（3）創立新的權威結構，以便反映革命造就的政治體制中權力在分佈和總量方面的基本變化。查理二世和路易十八代表了傳統統治者和傳統權威結構的復辟。克倫威爾是軍事獨裁者，他試圖找到新的合法基礎，但卻未能成功。拿破侖亦是軍事獨裁者，他試圖建立新的帝國王朝，從軍事勝利、民眾擁護和君主制的神秘中獲得合法地位，但也未能成功。這是一種把傳統的合法來源與軍事的合法來源聯結在一起的做法。而蔣介石和國民黨剛試圖把軍事的合法來源與現代的正統來源聯結起來。國民政府部分是黨治政府，部分是軍事獨裁。但是它卻沒有能在國民黨內部創立一種有效的制度來使自己適應變化中的參與方式。
>
> 〔註5〕

蔣介石是一個軍人，他口口聲聲談「革命」，實際上就是認爲國民黨的合法來源之一是軍事勝利，即打江山者坐江山。蔣介石另一個掛在嘴邊的口頭禪就是「國父」云云、「總理」云云，孫中山的言論實際上就是蔣介石試圖樹立的「現代的正統來源」。從憲政的實際運作來看，蔣介石試圖在黨外分權，在黨內集權。這是蔣介石對憲政權力佈局的根本著眼點。

1946 年的國民黨六屆二中全會上，國民黨內一部分要員不滿蔣介石大權獨攬，出現了「向總裁要民主」的革新運動，革新派的主要要求是：（一）一切黨政大計應先經中央執行委員會討論和決議；總裁的最後決定權只能在中央執行委員會（在閉會期間爲常務委員會）的會議席上行使，不能在中央執行委員會以外以手令或面諭方式變更中央執行委員會的決議。（二）總裁出席中央執行委員會應俟議案經過充分討論並付表決後如認爲必要才能行使最後

〔註 5〕 塞繆爾・P・亨廷頓著，王冠華等譯：《變化社會中的政治秩序》，生活・讀書・新知三聯書店 1989 年版，第 286～287 頁。

決定權；不能在議案尚未表決前，先作決定，妨礙自由討論。（三）中央常務委員會應由中央執行委員會以無記名投票選舉；中央各部會正副首長，由總裁提名經常委會通過後任命。〔註6〕1947年，國民黨六屆三中全會的黨務報告中提出：「黨的工作方式……從來重集權而輕民主，重人治而輕法治，重黨部而輕黨員之畸形風氣，應徹底改正。……黨部不應徒靠命令、決議、權威及用上而下的方式，應注意將黨的政策透過群眾，展開運動之由下而上的方式，造成自發運動的蓬勃氣象。」〔註7〕國民黨內部提出要實行黨內民主化，但蔣介石卻有另外的想法。1949年6月12日，蔣介石在日記中寫道：

> 以往領導幹部之無方，不僅使革命重受挫折，而且使革命幹部對余之觀念與認識有此錯誤，僅視為法定總統之職位，而不以革命領袖之身份待之，殊為慚怍。但余在臺決不放棄革命領袖之職責與權力，無論軍政必盡我監督與指導之職責，任何人亦不能加以違抗也。〔註8〕

顯然，蔣介石在瀕臨全面失敗的前夕仍將個人踞於黨之上，這一段發自內心的話清楚表明他相信人治而拒斥法治。法治雖未能實現，但黨治受到挑戰，蔣介石的人治也處於非常狼狽、尷尬、進退失據的狀態，從上引日記中可以略見一斑。另據時人回憶：

> 一些競選國大代表或立法委員的分子，事先都想插入國民黨的統制名單之內，這些人都設法祈求「蔣總裁」圈定他們的名字，因為誰得到一圈，誰就奠定了當選的基礎。這些分子後來當成了國大代表或立法委員之後，也有人批評蔣介石如何如何獨裁而不民主。聽說蔣曾經罵這些人說：「當初你們惟恐我不獨裁，不圈定你們的名字。現在你們自以為是民意代表了，說我獨裁了，不民主了。老實告訴你們，你們不配對我談民主。」〔註9〕

〔註6〕 公安部檔案館編注：《在蔣介石身邊八年——侍從室高級幕僚唐縱日記》，群眾出版社1991年版，第595、599頁；程思遠著：《政壇回憶》，廣西人民出版社1983年版，第173～174頁。

〔註7〕 榮孟源主編：《中國國民黨歷次全國代表大會及中央全會資料》下冊，第1110頁。

〔註8〕 李黎：《最是倉皇辭廟日——蔣介石1949年日記》，參見：http://www.chinanews.com.cn/hb/news/2008/09-23/1391626.shtml

〔註9〕 周一志：《孫科、李宗仁競選副總統的形形色色》，全國政協文史資料委員會編：《文史資料選輯》第32輯，中國文史出版社1980年版，第152～153頁。

我們把蔣的日記再輔之以這段回憶，更能加深對蔣介石在憲政時期處境的進一步瞭解。

在憲政進程中，法治的思想潮流衝擊著國民黨的黨治，制憲國大最終通過的憲法背離了國民黨的政治設計，由權能分治而趨向三權分立。在這個過程中，蔣介石撕毀政協決議，最後卻又只好重新將其黏貼好，被迫地，甚至對於習慣一黨獨大的國民黨來說有點委曲求全地，去迎合民主潮流，這讓蔣介石感受到了從未有過的政治壓力和不適感。另外，在真正開始行憲的時候，黨內也開始出現不同的聲音和政治舉動，革新運動主張黨內民主，衝擊了蔣介石在國民黨的權威地位，蔣介石多次在重要場合強調自己的國民黨總裁身份以立威，雖暫時壓制住黨內的異議和對抗，但背後這些勢力仍在採取動作，抵制蔣介石的個人獨裁。三青團成員積極參與國大代表自由競選，違背了蔣介石的意圖，反 CC 勢力支持李宗仁競選副總統，再次違背了蔣介石的意圖，最後在行憲後的政府中，CC 系勢力竟然以立法院為基地也要與蔣介石爭權，這更是違背了蔣介石的意圖。可以看到，不用說桂系等非蔣嫡系勢力，國民黨內部最核心的蔣系勢力，如三青團、CC 系等也逐漸加深對蔣介石的個人權力的抗拒。這表明，民主的潮流已經使國民黨統治的基本框架趨於崩潰。蔣介石的權威有成為表面文章之虞，國民黨的統治能量也在此過程中面臨銷蝕淨盡。

總體上看，在民末憲政的過程中，不但國民黨外勢力要求民主政治，國民黨內的一些勢力也在追求分權，中國政治中的民主氛圍空前高漲，國民黨的政治權力由集中趨向分散。這表明，中國政治的大勢已經由人治、黨治向法治積極地前進，蔣介石在民主政治大潮中的尷尬、狼狽、失意甚至失敗都是民主政治趨勢上陞的一個跡象。即使無中共的政治、軍事挑戰，單就這種新的政治勢頭也會猛烈衝擊甚至有可能摧垮國民黨威權主義的根基。

二、憲政設計與執行的扞格

憲法問題是貫穿近代中國憲政始終的一個中心問題，它是憲政的基本框架。從國民黨推出的憲法可以看出，其憲政框架的最初設計即有缺陷，在憲政推行中以及憲法的執行中都引發種種問題。

國民黨整個政治體系的運行程序和框架來源於孫中山在革命時期形成的政治設計。早在 1902 年，孫中山對革命後的政治體制即開始構思，在與革命

黨人談及革命後可能面臨的政治紛爭時說：「細思數年，厥有一法，即由軍政府與地方共同約定彼此的權利和義務，通過約法使軍民兩權互相制約，防止革命軍的領袖爭做皇帝。」〔註 10〕這是孫中山構思革命後政治的開始，其中的思路便有設政治過渡階段的意味了。1905 年，孫中山進一步進行了思考，他認爲「革命之志在獲民權，而革命之際必重兵權，二者常相牴觸也。使其抑兵權歟，則脆弱而不足以集事；位其抑民權歟，則正軍政府所優爲者，宰制一切，無所掣肘，於軍事甚便，而民權爲所掩抑，不可復伸，天下大定，欲軍政府解兵權以讓民權，不可能之事矣」。鑒於此種憂慮，孫中山提出用「約法」在革命時「先定軍權與民權之關係」的新思路。〔註 11〕中國同盟會成立後制定的《革命方略‧軍政府宣言》中提出革命的目標爲「驅除韃虜，恢復中華，建立民國，平均地權」，實現以上目標分三期進行：第一時期爲軍法之治，軍政府總攝地方行政，以三年爲期限，第二期爲約法之治，以六年爲期，軍政府授地方自治權於人民，而自攬國事之時代；第三期爲憲法之治，軍政府解除權柄，制定憲法，選舉總統，召集國會。〔註 12〕孫中山革命分期進行的三序方略開始形成。

不過，辛亥革命成功後，政權落入袁世凱手中，孫中山的三序方略並未落實，革命黨人按西方憲政模式制定《臨時約法》來制約袁世凱的權力。隨著袁世凱破壞憲政，恢復獨裁統治，甚至復辟帝制，國民黨被迫重新進行革命鬥爭。中華革命黨時期，1914 年 7 月孫中山在《中華革命黨總章》中，提出新的三時期設計：軍政時期，以武力掃除一切建立民國的障礙，奠定民國基礎；訓政時期，督率國民建立地方自治；憲政時期，國民選舉代表、建立憲法委員會，創制憲法。〔註 13〕這樣，同盟會時代的三序方略被重新提出並加以完善。〔註 14〕1918 年，孫中山又詳細說明了三序方略中各個時期的特點

〔註 10〕 孫中山：《與秦力山談話》，《孫中山集外集補編》，上海人民出版社 1994 年版，第 18 頁。

〔註 11〕 孫中山：《與汪精衛談話》，《孫中山全集》第 1 卷，中華書局 1985 年版，第 289 頁。

〔註 12〕 鄒魯：《中國同盟會》，中國史學會主編：《中國近代史資料叢刊‧辛亥革命》（二），上海人民出版社 1957 年版，第 15～16 頁。

〔註 13〕 孫中山：《中華革命黨總章》，《孫中山全集》第 3 卷，中華書局 1984 年版，第 97 頁。

〔註 14〕 有學者注意到「訓政」和此前提出的「約法之治」是不同的，「約法之治」非民元頒佈的約法，乃源自「約法三章」典故，爲反清革命時期「打天下」過

和政治任務，如軍政時期重在破壞，故可稱作「破壞時期」，這一時期的主要工作是施行軍法，也就是「以革命軍擔任打破滿洲之專制，掃除官僚之腐敗，改革風俗之惡習」等任務。訓政時期則是「過渡時期」，過渡期間要以約法為根據，「建設地方自治，促成民權發達」，為實行憲政準備條件。地方自治完成後，召開大國民大會，制定憲法。總統選出後，訓政時期即結束，進入憲政時期。憲政時期為「建設完成時期」。這一時期的主要工作是開始實施憲政。「此時一縣之自治團體，當實行直接民權。人民對於本縣之政治，當有普通選舉之僅、創制之權、復決之權、罷官之權。而對於一國政治，除選舉權之外，其餘之同等權則付託於國民大會之代表以行之。」憲政時期標誌革命完成，政治建設成功。〔註15〕民國後的二序方略除了各階段名稱的變化外，與此前構思最重要的不同還在於增加了「以黨建國」和「以黨治國」的新主張，軍政、訓政時期「一切軍國庶政，悉歸本黨負責」，「非黨員在革命時期之內，不得有公民資格。必待憲法頒佈之後，始能從憲法而獲得之；憲法頒佈以後，國民一律平等。」〔註16〕

　　1919 年中華革命黨改組為中國國民黨後，孫中山的三序設想發生變化，他把革命程序由三期改為兩期：第一時期為軍政時期。「此期以積極武力，掃除一切障礙，奠定民國基礎；同時由政府訓政、以文明治理督率國民建設地方自治。」第二時期為憲政時期，「地方自治完成，乃由國民選舉代表，組織憲法委員會，創制五權憲法。」〔註17〕這時的孫中山把軍政、訓政合併為一個時期，訓政的任務包含在軍政時期內。這應算是一個重大的變化。不過，孫中山在 1923 年又恢復了以往的設想，「余之革命方略，規定革命進行時期

程中，以建立「政治認同」為目標，而「訓政」則是為「治天下」，建立新的「政治結構」而進行政治過渡的進程。雖然孫中山自己將「約法之治」等同於「訓政」，但觀歷史之實際，二者並不相同。一般人，同時包括很多歷史研究者乃至一些國民黨人在內，對此二者的區別大多不察。（參見桂宏誠著：《中華民國立憲理論與 1947 年的憲政選擇》，秀威信息科技股份有限公司 2008 年版，第 186～196 頁。）

〔註15〕孫中山：《中國革命史》，《孫中山全集》第 7 卷，中華書局 1985 年版，第 62～63 頁。

〔註16〕孫中山：《中華革命黨總章》，《孫中山全集》第 3 卷，中華書局 1984 年版，第 97～98 頁。

〔註17〕孫中山：《中國國民黨總章》，《孫中山全集》第 5 卷，中華書局 1985 年版，第 401～402 頁。

為三：第一為軍政時期，第二為訓政時期，第三為憲政時期。」〔註 18〕事實上，三序變兩序只孫中山革命程序構思中的一段插曲，孫中山在一度動搖後，仍堅持其三序方略，並成為其最終的政治思想成果。

聯俄後，1924 年 4 月，孫中山親自手擬《建國大綱》（全稱《國民政府建國大綱》），共二十五條：《建國大綱》第 1～4 條，規定了政治建設的指導原則，明確指出三民主義、五權憲法的根本性地位，同時根據形勢的變化重新規定了三民主義的內容及民生、民權、民族三者在三民主義中的相對對位。第 5～21 條，較為詳細地規定了政治建設的方法和程序，對於軍政、訓政和憲政各個時期的劃分及每個時期的任務做出明確規定。〔註 19〕

孫中山的設想，考慮到了革命與建設的不同，並且考慮到民主意識在中國根基並不深厚，因此提出了逐步實現民主政治的設想，並且重視革命黨在民主政治實現過程中的地位的作用，這是比較現實的考慮。其中，訓政階段的規定以及以黨治國的思想是其精髓。不過，我們要看到，現實政治其實比孫中山設想的還要複雜。梁啓超曾注意到這個問題：「彼首難革命者，其果能有如此高尚優美之人格，汲汲於民事乎？若非其人，則一切成反對之結果矣。」〔註 20〕梁啓超的質疑的確切中要點，在孫中山所設想的「約法之治」、「過渡時期」或者是「訓政」，都是把革命者具有自覺性作為前提，但現實政治中革命者在革命後未必能有這樣的自覺性，政治權力的角逐極有可能把「約法之治」、「過渡時期」或者「訓政」變成破壞民主政治的藉口，革命者也會變成獨裁者。另外，關於「以黨治國」，訓政時期，固然可以如此，但訓政憲政轉換之際，執政黨將政權放開，權力向其他政治勢力讓出，是一件很艱難的事情。嘗到權力味道的政黨和領袖未必肯輕易的放棄，這需要執政黨和執政者高度的自覺性。現實政治中，具有如華盛頓般聖人品格的政治人物是非常罕見的。顯然，在孫中山的政治設想考慮得並不周全。孫中山去世後，國民黨、蔣介石在訓政過程中的所作所為是孫中山沒有預料到的，正是利用三序方略的設計缺陷，孫中山的政治繼承者們長期把持政權，一黨專制，甚至個人獨裁。

〔註 18〕 孫中山：《中國革命史》，《孫中山全集》第 7 卷，中華書局 1985 年版，第 62 頁。
〔註 19〕 參見附錄 2。
〔註 20〕 梁啓超：《開明專制論》，《飲冰室合集》（文集之 17），第 53～59 頁。

另外，五權憲法雖有新意，但本身是一個不成熟的政治設計，執行起來難度很大。這恐怕是孫中山當年沒有預料到的。現實政治中運行的五權分立，實際上是變相的三權分立。

五權憲法是建立在「權能分治」理論基礎之上的，孫中山把政治權力分爲政權（權）與治權（能）兩種，政權可以說是民權，治權可以說是政府權。「權」是指人民掌握政權，是管理政府的力量。「能」是指政府實施治權，是政府自身的力量。

政權包括選舉、罷免、創制、復決四種權力，屬於人民，通過國民大會來實現。在訓政時期，由政黨代替人民行使政權。

治權包括立法、行政、司法、考試、監察五種權力，這五種權力是都在政權之下平行分佈。即權下設能，「權」才是國家的根本大權，而按西方民主政治的理念，孫中山所說的「能」才是國家的根本大權，只不過西方把「能」分爲三權，而孫中山則將其分爲五權。西方是三權分立，彼此制約，而孫中山的設想則是五權平行，均受制於國民大會。實際上五權分立的色彩並不濃厚，孫中山對於五權之間如何互相制約似乎並無太多論述。孫中山曾經說：五權分立「不但是各國制度上所未有，便是學說上也不多見，可謂破天荒的政體」。〔註 21〕他認爲將中外政治制度融合起來，方較爲完善。「中國古時舉行考試和監察的獨立制度，也有很好的成績，像滿清的御史，唐朝的諫議大夫，都是很好的監察制度。舉行這種制度的大權，就是監察權。監察權就是彈劾權。」孫中山認爲中國古代的考試制度「拔取眞才，更是中國幾千年的特色。外國學者近來考察中國的制度，便極讚美中國的考試獨立制度，也有傚仿中國考試制度來拔取眞才。像英國近來舉行文官考試，便是從中國傚仿過去的。」「我們現在要集合中外的精華，防止一切流弊，便要採用外國的行政權、立法權、司法權，加入中國的考試權和監察權，連成一個很好的合璧，造成一個五權分立的政府。像這樣的政府，才是世界上最完全，最良善的政府。」〔註 22〕孫中山將中外政治的精髓融合到一起的這種思路固然可貴，但最關鍵的是不能很好的體現西方民主政治中的權力制衡原則。五權之中，實

〔註21〕 孫中山：《在東京〈民報〉創刊週年慶祝大會的演說》，《孫中山全集》第 1 卷，中華書局 1981 年版，第 331 頁。

〔註22〕 孫中山：《三民主義·民權主義》，《孫中山全集》第 9 卷，中華書局 1986 年版，第 353～354 頁。

際真正發揮作用的乃是立法權和行政權，司法權作用較弱，而監察權和考試權實際上長期處於無關緊要地位。這些問題在後來五權憲法的實際運行中逐漸暴露出問題，並不得不不進行修正。

有學者這樣評價孫中山的政治設計：

> 這與其說是在西方的材料上添加一些中國傳統的成分，倒不如說是在已碎散的中國傳統的君主官僚制的碎片上撒上西方憲政的黏合劑，把它們重新凝結起來。事實上，孫中山添加的東西不但不可能達到糾正西方憲政弊病的崇高目標，而且會使憲政更糟。因為，「五權憲法」與三權分立制度看起來沒有多大的不同，最多也是三權與兩權的簡單相加。然而，由於孫中山還有一個與「五權憲法」密切相關的「權能區分」理論，這就使得「五權制」與三權分立制有了目標上的不同。西方的三權分立制誠如孫中山自己所言，它著眼於國家權力的分立與彼此的相互牽制，以防止權力的腐敗。然而，在「五權憲法」中，「權」已歸於眾，政府的「五權」實際上是政府權能的分工與合作。而一個「萬能政府」必然要求它的權能的集中統一，彼此間任何掣肘，都是「能」的分散。也即是說，「五權憲法」在「權能區分」的體系裏，主要的一面已不是權力的制約，而是分工下的集權。〔註23〕

國民黨在大陸末年短暫時期內行憲，已經使五權憲法的弊病初露端倪，我們可以從臺灣後來的政治運行中更清楚地看清楚五權憲法在現實政治中的窒礙難行。按1946年憲法，「國民大會代表全國國民行使政權」，是在臺灣的「中華民國」的最高權力機構，具有選舉和罷免總統及副總統、修改憲法、復決立法院所提之憲法修正案的權利。臺灣方面很長時間一般將國民大會與立法院、監察院共同視作國會。

〔註23〕 王人博著：《憲政的中國之道》，山東人民出版社2003年版，第226～227頁。

圖9：憲政體制下的國民黨政權中央權力結構

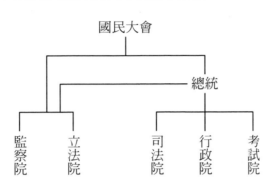

來源．徐矛．《中華民國政治制度史》，第 374 頁。

　　按憲法規定，每屆國民大會的任期為 6 年，退臺後，無法按期舉行國民大會的改選。於是，蔣介石便修憲，無限制地延長第一屆國民大會的任期。李登輝當政後，迫於形勢的變化和政治鬥爭的需要，推行憲政體制改革，於1991 年底迫使第一屆國大代表自動退職，並於同年底選出第二屆國人代表。

　　二屆國大後，在李登輝的主導下，經多次修憲，國民大會的權力、職能都發生了根本性的變化。二屆國大第四次會議於 1994 年完成第三次修憲，決定總統不再由國大選舉，而改為直選。1997 年三屆國大第二次會議，進行了第四次修憲，通過了憲法增修條文十一條，其核心內容：一是調整中央政府體制。規定行政院長由總統任命，不須經立法院同意；立法院可以對行政院長有條件進行不信任投票；行政院對立法院通過的法案不滿，可以要求限期復議。其它條文還有：取消行政院長的副署權；司法院設大法官，由總統提名，經國民大會同意任命；司法院正、副院長由大法官兼任等。2000 年三屆國大第五次會議決定「國大虛級化」，國大成為任務型國大〔註24〕，僅擁有復決立法院修憲案、彈劾正副總統及議決領土變更案等三項權力，國大代表總額為 300 名，依政黨比例產生；而立法院則享有司法、考試、監察三院人事同意權及聽取總統國情報告等權力。從此，立法院變成了「準單一國會」。2005年 6 月，任務型國民大會召開，復決通過立法院所提的「修憲案」，其中包括

〔註24〕　所謂「任務型國大」，是指只有在憲法增修條文所明定的任務需要時，例如復決憲法修正案、領土變更案以及議決總統副總統之彈劾案時，才由人民選舉產生之，集會以一個月為限，完成任務後隨即解散，不再有任期制。這樣，國民大會不再具有任何主動行使職權的可能性。

廢除國民大會。自此，從 1916 年由孫中山提出國民大會的政治構想，到 1946 年和 1948 年制憲國大和行憲國大先後召開，並經歷了在臺「萬年國代」後數次修憲，國民大會的職能被大幅削弱，正式在中國的政治活動中消失，所謂「國民大會」成為了一個歷史名詞。

事實表明，由於實踐中的扞格，孫中山當年設想的五權體制最終還是朝著三權分立的方向演化了。臺灣地區的憲政經歷最終檢驗了孫中山憲政設計，並用最終的事實給出了答案。

三、行憲時機選擇的失誤

憲政的實施，或者民主政治的推行，除了前面所述人的因素、制度的設計因素外，時機的選擇也是十分重要的，正確的人、正確的地點和正確的時間才能順利地催生憲政成功實施的果實。對於國民黨和蔣介石來說，推行憲政也存在著一個時機選擇的問題。

應該承認，抗戰期間的戰爭環境，對於憲政的實施是不利的，起碼按照孫中山《建國大綱》的要求來說，條件不具備。但國民黨在一定程度上改變了一再拖延的態度，進行憲政的探討和磋商，並且最終在抗戰前後由蔣介石拍板定議，決定推行憲政。這是國民黨，甚至蔣介石走向政治進步之途的跡象。

從當時的時機選擇來看，抗戰的勝利氛圍，憲政運動的高漲，的確是順水推舟，實現國民黨自身政治承諾的時機。而且可以利用憲政來對抗中共的聯合政府主張。推行憲政看上去是一個正確的政治決策。

不過，國民黨內一些要員此時已經感覺到了推行憲政潛在的麻煩，孫科、吳鐵城等人認為：「此次國民大會原為制憲，而憲法為百年根本大法，自不宜在戰爭尚未停止之局勢下開會議制。為此，擬建議將大會日期再行延緩，一俟大局好轉，再行召集。」他們的建議是有著對現實的顧慮和長遠考慮的。不過，蔣介石否定了這個建議。蔣在制憲國大召開之前宣佈國共暫時停戰，同時由國民政府聲明：「現國民大會依法選舉出之代表，均已如期報到，國民大會實不能再予延期，以增加政治、軍事之不安，而加深人民之痛苦，且召開國民大會，為政府還政於民惟一合法的步驟，亦不能再有稽延，因此政府已決定國民大會於十一月十二日如期召開。」〔註 25〕最終，蔣介石只是為吸

〔註25〕 參見汪朝光著：《中國近代通史——中國命運的決戰（1945～1949）》，江蘇人民出版社 2007 年版，第 195～196 頁。

引中間勢力與會，將制憲國大開幕日期延遲三天，11 月 15 日，制憲國大在蔣的力主下終於開幕。

一直到制定憲法之時，雖然中共和民盟拒絕參與制憲國大，但國民黨畢竟還是拉攏住了民社黨和青年黨兩大黨以及一些無黨派人士，通過了一部大體接近政協決議的憲法。到此時為止，國民黨在憲政的推行上雖面臨著必要的讓步，以及諸多棘手的難題，但政治上國民黨的威望和地位尚未削弱。即使在戰場上到 1947 年初，國民黨軍隊仍然佔據著優勢地位，中共方面處於且戰且退的局面。

不過，就在 1947 年，軍事形勢發生了變化，中共開始反擊，國民黨軍隊由進攻變為逐漸敗退。另外，貿然在長期抗戰破壞之後繼續發動戰爭，經濟的承受能力開始出現嚴重問題。戰場上，國民黨開始守勢作戰；經濟上，被迫恢復戰時經濟。無奈之下，整個國家恢復了抗戰時期的戰時體制，名之曰「戡亂總動員」。

1947 年中的形勢，國民黨軍在戰場上軍事形勢日益嚴重、財政經濟狀況惡化，應付戰事和經濟社會的問題尚且力不從心，遑論複雜的憲政了。對於此等內室起火而前堂粉飾的舉動，對時局洞若觀火的有識之士紛紛剴切痛陳，力主應停止國大代表選舉。〔註26〕1947 年制憲國大聯誼會上書：「北方各省遍地烽火，人民在流離死亡中」，選舉為「粉飾太平」，主張停辦。〔註27〕浙江、廣東、河南、臺灣、熱河等地的參議會亦致電蔣介石，主張不必「在內亂未息之際，粉飾太平」，建議暫不召開行憲國大。〔註28〕這時候，美國方面態度也發生轉變，美國大使司徒雷登建議停辦國大。〔註29〕當然，美國基於一向的意識形態考慮，雖明知開國大和行憲乃不智之舉，但不便改變先前力主中國民主化的表態，未對蔣介石施加更多壓力。

國民黨高層對行憲也有人持異議，如白崇禧認為：行憲國大應予展期，俟軍事勝利後再開。戴季陶認為：「在全國動員之時期，是否宜於舉行大選，是宜詳加考慮，不可視為手段，更不可視為兒戲。」〔註30〕11 月間，國民黨

〔註26〕 孔慶泰等著：《國民黨政府政治制度史》，安徽人民出版社 1998 年版，第 746 頁。

〔註27〕 《國大聯誼會上書》，《申報》（1947 年 10 月 28 日）。

〔註28〕 汪朝光著：《中國近代通史——中國命運的決戰（1945～1949）》，第 290 頁。

〔註29〕 觀察特約記者：《國大畢竟召開了》，《觀察》第 4 卷第 7 期，第 10 頁。

〔註30〕 汪朝光著：《中國近代通史——中國命運的決戰（1945～1949）》，第 290 頁。

中常會推定孫科等 10 名國民黨要員密商。商議的結果是傾向停辦，原因有四。
1、此時召集國大，分散戰爭精力；2、選舉紛爭會造成黨內矛盾；3、美國認
爲戰事乃當務之急，行憲應暫緩；4、延期屬於違憲，但可以向人民解釋。蔣
介石接到 10 人的意見呈報後，也頗爲猶豫，一方面，「本來就現在的情形來
說，共產黨如此囂張，社會民生如此不安，我們惟有集中力量，消滅共匪，
根本就不應舉辦選舉，以分散剿匪的注意力」，但另一方面，社會輿論和美國
的壓力要求國民黨「爲要適應環境，不得已而舉辦選舉」。考量之後，蔣最終
批示：「選舉不能停辦，應如期舉行爲宜。」〔註31〕蔣介石固執己見，不肯納
諫，堅持其一黨憲政。1948 年 4 月，制憲國大上，王世杰在說明《提請制定
動員戡亂時期條款案》要旨時說：「這個議案，其根本目的，在求行憲戡亂並
行不背。我們知道，現在政府有兩大任務，一爲開始憲政，一爲動員戡亂。
但在憲法裏，對於政府在變亂時期的權力，限制甚嚴，如果沒有一個適當辦
法補救，則此國民大會閉會以後，政府實行憲法，必會有兩種結果：一爲政
府守憲守法，但不能應付時局，平定叛亂，挽救危機；一爲政府應付戡亂需
要，蔑視憲法或曲解憲法條文，使我們數十年來流血革命，付出了很大犧牲
而制定的憲法，變爲具文。我們提這個案，以沉重的情緒，要使國民大會休
會以後，眞正能行憲而且能戡亂，故有此提案。」〔註32〕當然《戡亂時期臨
時條款》體現了蔣介石的意圖，但王世杰的這番說辭也體現出國民黨當局因
行憲時機選擇不當而陷入的尷尬境地，無奈之情溢於言表。

　　另外，民眾普遍漠不關心，繼續實施憲政非但不能給國民黨在政治上加
分，反而因政治醜聞和民主政治中的糾紛使國民黨的威信每況愈下。有學者
這樣評價：

　　　　1947 年，國民黨行憲國大的選舉，跟此前的選舉有所不同。由
　　於國民黨政權有點全能主義的味道，因此動員能力和社會整合能力
　　都比北洋政權要強很多。其黨、政、軍、警、特在地方上還是很有
　　力量的，政權對社會的滲透也遠非北洋政府所能比。但是另一方面，
　　畢竟經過了現代政治幾十年的洗禮，二戰勝利，民主國家的聲望空
　　前提高，某些城市居民，尤其是知識水準比較高的居民，民主意識

〔註31〕　張朋園著：《中國民主政治的困境（1909～1949）》，第 205～206 頁；汪朝光
　　　　著：《中國近代通史——中國命運的決戰（1945～1949）》，第 291 頁。
〔註32〕　《國民大會實錄》，第 219 頁。

有所萌芽，人們初步意識到了選舉與自己生活的關係，只是這類人實在太少，對選舉大局構不成很大的影響。同時，我們看到，由於戰爭的破壞，原有的鄉村精英控制能力有所減弱，從前選舉的買票方式，有的時候，往往會出現問題。因此，此次國大代表的直接選舉，更多地表現爲國民黨國家機器在地方高度動員的局面。儘管在選舉之初，國民黨爲了防止代表變成國民黨員的清一色，曾經力圖通過地方協商，儘量保證某些無黨派人士，尤其是青年黨和民社黨等附和他們的「民主黨派」成員佔有一定的比例，事先就把這個比例通告給這些小黨。然而政權機器一開動，地方上擔心的卻往往是自己人的比例不夠，難免動員過度，最後使得小黨和無黨派人士紛紛落馬，國民黨中央又不得不出來糾正，結果原來當選的人又不幹，演成很多選舉糾紛。

這種政權體系動員下的選舉，選舉已經演變成完全意義上的政權工具，參與選舉的底層民眾，既不可能得到選舉自己的代表的好處，也得不到賣票的利益。選舉，只是上層政治的工具，民主跟老百姓，依然距離很遠。〔註33〕

事實也是如此，我們可以看到，在當時的歷史條件下，推行憲政作爲政治工具實際上已經失去政治效用。一位《中央日報》前記者這樣回顧歷史：

也許有人說當年如不遵從孫中山行憲還政於民遺教，國府恐亦不免貽人以不民主之譏。但是，當時猶是全國限於戰亂分裂之局，連反對黨的中共以及各民主黨派都不主張召開國大，又有誰譏笑國府保守落伍呢？〔註34〕

1947 年，蔣介石本可以暫時擱置憲政，全力去應付戰場上和經濟上的危機，但他沒有在這個關鍵的時刻將憲政這個危險的工具喊停，反而繼續固執地進行下去，視各方意見於不顧，實是決策的重大失誤。當時政治舞臺上的人們都清楚，擺在前面的首要問題是國共戰爭的勝負問題，而憲政進展如何已經不是人們特別關心的了。實際上，1947 年，憲政的政治工具作用已經逐漸淡

〔註33〕 張鳴：《選舉在近代中國底層社會的工具性悖論》，《東南學術》2008 年第 3 期。

〔註34〕 龔選舞著：《一九四九國府垮臺前夕──前中央日報記者親歷一個政權的大敗局》，世界圖書出版公司 2012 年版，第 30 頁。

化。憲政成了一個麻煩的累贅。廢除憲政當然不可，但暫時擱置還是可行的。奇怪的是，國民黨並未如此選擇，個中情由實則來自蔣介石其人固執、自負的性格缺陷，使他在如此緊要的政權生死關頭繼續走憲政之路。試看蔣介石1948 年 11 月的話即可明白蔣的行事風格，他公開聲稱：「我個人平生做事的態度是一件事不開始則已，一開始就一定要求其成功；任何職責不輕易擔任，一經擔任就決定負責到底。」〔註35〕

在國民黨政權危機四伏的情況下，顯然推行憲政並非一個明智的選擇，不但無助於挽回頹勢，反而激化了國民黨內部的矛盾和派系紛爭，會場代表名額的紛爭，蔣桂之間的權力角逐，都使國民黨內部的弊病、矛盾和紛爭這些不好輕易示人的污點大白於天下，嚴重損害了國民黨的形象。更致命的是，實權人物之間的較量分散了國民黨的力量，國民黨不能發揮出整體的力量去進行國共戰爭，關鍵時刻反而內部互相拆臺，這和中共的意志統一形成了鮮明的對照。

綜上所述，蔣介石在錯誤的時間固執、甚至有些偏執地推行憲政，嚴重分化、削弱了國民黨自身的力量，加速了國民黨統治的崩潰。後來，蔣介石自己也承認，搞憲政、當總統「實在是一切失敗的根源」。〔註36〕

時機問題與民末憲政成敗及國民黨成敗的關係，不禁讓我們想起托克維爾那句名言：「對於一個壞政府來說，最危險的時刻通常就是它開始改革的時刻。」〔註 37〕亨廷頓更加詳細地論到：改革者的道路是艱難的，他們所面臨的問題比革命者更為困難，原因之一是「他們必須兩線作戰，同時面對來自保守和革命兩方面的反對。要想取勝，他的確要進行一場具有多條戰線的戰爭，這場戰爭的參加者五花八門，一條戰線上的敵人可能是另一條戰線上的盟友」；原因之二是「改革者不但要比革命者更善於操縱各種社會力量，而且在對社會變革的控制上也必須更加老練。他著眼於變革，但又不能變得太徹底，他要求逐步變革，而不是劇烈地變革」；原因之三是「如何處理各種形式改革的輕重緩急的問題，對改革者來說比對革命者要尖銳得多」。〔註38〕不難

〔註35〕 參見汪朝光著：《中國近代通史──中國命運的決戰（1945～1949）》，第 445 頁。
〔註36〕 《張治中回憶錄》下冊，文史資料出版社 1985 年版，第 788 頁。
〔註37〕 〔法〕托克維爾著，馮棠譯：《舊制度與大革命》，商務印書館 1996 年版，第 210 頁。
〔註38〕 塞繆爾‧P‧亨廷頓著，王冠華等譯：《變化社會中的政治秩序》，生活‧讀書‧新知三聯書店 1989 年版，第 316～318 頁。

看出，民末憲政實際上就是在錯誤的時機下推行的一場政治改革，它本身就是違反權力運行規律的。民末憲政從政治策略角度講，是對憲政的工具性的理解和操作的失誤。

四、政爭與民末憲政

政爭與憲政糾結在一起，不同政治勢力之間的矛盾不是納入憲政的軌道，而是訴諸武力，最終成為憲政失敗的間接因素。

首先，國共之間深刻的政治矛盾和激烈的政治爭端沒有被納入到憲政的和平競爭軌道上來，雙方最終都選擇訴諸武力，這種選擇間接葬送了憲政。

這不是哪個政黨、哪個人物對錯的問題，而是民國時期政治發展的宿命。這種場面，乃是政治競爭格局的合理結果，不是這樣反而意外。

民末歷史的實際是：中國人選擇自己的政治道路，外來因素已經不再像條約體制束縛的年代那樣起作用。我們可以看到，其實美蘇兩大強權都是支持中國國內政治和解的，但他們的態度並不能起決定作用，起決定作用的是國共兩黨，尤其是國民黨。

另外，國共兩黨在抗戰的題目下能合作，在憲政的題目下卻不能合作。何以如此？國民黨，特別是蔣介石對共產黨一貫抱以敵意，抗戰期間暫時冷卻的敵意在戰後重新升溫。中共提出的聯合政府主張，更增加了蔣的惡感。蔣剿共，其實也是剿中共之「憲」，阻止中共當時所主張的西式憲政行之於中國，而按國民黨設計的憲政框架實現個人的權力意圖。蔣介石並非反對憲政，只是反對去除國民黨屬性的憲政。何種憲政符合蔣介石個人的權力意圖，蔣介石就支持何種憲政。說到底，蔣介石只在乎個人權力，根本不在乎憲政，在憲政運動的大趨勢下，拒斥憲政顯然不妥，符合蔣介石政治利益的憲政模式即是他的選擇。因此就有一邊剿共、一邊行國民黨之「憲」的局面，這是合乎蔣介石政治邏輯的政治行為。

可以看到，是國共矛盾的無法彌合性，間接導致了蔣一意孤行，試圖以一黨憲政在政治上打擊中共，最終導致了憲政的失敗。

中共的聯合政府主張，與行西式憲政是有較大差異的。雖有違自身意識形態，但中共還是表示讓步，接受西式憲政。國民黨方面力主的憲政，為五權憲法體制，有「民權主義」之思路，有權能區分之獨特性，有三序之漸進

方略，後來在實際運行過程中才逐漸向西式憲政靠攏。從這一點來看，雙方實際還是存在著合作契機的。

不過，這種合作在民末政治的現實中是行不通的。

第一，國共兩黨互相排斥。這種排斥表現在雙方的基本政治理念上，中共方面以實現無產階級專政和共產主義為最高目標，而國民黨的最高目標為實現三民主義。這是共產主義革命和改良的資本主義兩個不同的範疇，而且在當時的世界上這是敵對的兩種意識形態。這種敵對性，是兩黨合作的根本障礙。

第二，由於抗日戰爭建立起來的國共合作是有限的合作，是基於共同的民族主義立場下的合作，國民黨始終也沒有承認中共的合法地位，中共也始終沒有放棄奪取政權的意圖，沒有了日本侵略這個因素，國共之間就喪失了合作的基礎。國共合作轉為國共鬥爭是自然的趨向。

第三，國民黨即使要實施憲政，也要堅持國民黨一黨獨大，其他政黨只能在國民黨的麾下參與憲政，但憲政的本義就是權力的制約，中共即使妥協後能達到的最大限度也是國共在憲政下互相制約。這種政治利益的差異是很難彌合的。

第四，憲政對於國共雙方而言，策略的意味大於政策的意味，國民黨試圖通過憲政獲得統治的合法性，中共試圖通過憲政獲得在政權中的地位，甚至是和平奪取政權。長期的國共鬥爭仇恨助長了互相的提防和顧慮。

第五，國共雙方都是擁有強大武力的政治勢力，雖然抗戰後民心所向是再無戰爭，但國共上述的種種差異令雙方都把武力作為自己最可靠的權力基礎。事實上國共圍繞著憲政展開會場鬥爭的時候，戰場上的廝殺幾乎從為停止過。最後戰爭決定了一切，從長期的歷史發展過程來看，這是民國時期「以力制勝」政治邏輯的結果。

另外有一點需要指出的是：控制中央政權對於國民黨是一大優勢，但相應的也有在朝的負擔，而中共是在野的地方政權，當然在鬥爭中處於非正統地位，這是劣勢，但沒有在朝的負擔事實上也是一種優勢。中共的在野優勢，在於可以去破壞既定秩序，爭取以前未有的利益；國民黨的在朝劣勢，在於需要儘量去維護既定秩序，既得利益。蔣介石的策略再高明，對於這方面的優勢劣勢之別是無法改變的。

國共鬥爭是民國末年中國政治的主題，國共不可彌合的矛盾在憲政問題

上表現出來，這是雙方最終不能在憲政題目下合作的關鍵。另外，國民黨抓住憲政問題不放，假戲真做，最後給自己套上了一副政治枷鎖，加劇了在朝劣勢，這無異於增加了中共的在野優勢。蔣介石踢開中共搞憲政，中共則另起爐竈打天下進而新建法統。隨著國共鬥爭的轉化，國民黨的憲政逐漸由國共黨際鬥爭演化成國民黨黨內鬥爭。

其次，再看國民黨內部鬥爭這一層面。

蔣介石在民末憲政的最初階段以憲政對付中共及中間勢力，最後憲政逐漸受黨內矛盾的左右，加劇了黨內矛盾和派系紛爭，成為國民黨力量內耗的首要動因。

國民黨推行的憲政，實際上是「一黨憲政」，民社黨和青年黨只不過是點綴而已，既不是在野黨，也不是參政黨，對於國民黨政權的大政方針實際參與有限。在這種情況下，國民黨內部的派系勢力就有了政黨化的傾向。

國民黨的派系鬥爭由來已久，派系紛爭是國民黨的一大痼疾，說「中國國民黨史簡直是一部派系鬥爭史」〔註39〕是不無道理的。國民黨取得全國政權以後，黨內的派系矛盾依然存在。蔣介石派、胡漢民派、汪精衛派、西山會議派等是國民黨的幾個主要派系。對於蔣介石的領袖地位，胡派、汪派和西山會議派並不是心服口服，特別是胡漢民和汪精衛，始終覬覦蔣介石的權位，力圖取而代之。南京十年期間，蔣、胡、汪爭鬥頻仍，先是蔣胡合作建立南京國民政府，後又蔣汪靠攏，隨後蔣胡再度合作，蔣汪反目，最後蔣胡鬧翻，蔣汪又攜手。其間，蔣介石雖表現出高超的政治手腕，但不停的政治紛爭也牽制了蔣的集權步伐，而且最後妥協的結果還是分出一部分權力給汪派。

論資歷，直到南京政府成立初期，蔣介石只能算一個異軍突起的「少壯派」，董顯光所言可謂客觀：「公初屆中年，世尚鮮知其人，及為黃埔軍官學校校長，再進而任北伐軍總司令，於是其個人之事蹟，即成為中國之國史，家喻戶曉，婦孺皆知。」〔註40〕比之胡漢民和汪精衛兩位國民黨元老，蔣介石相去甚遠。南京十年期間，兩人對蔣介石的挑戰最力。

胡漢民很早就參加共和革命，是革命黨的一員健將。胡服膺孫中山的三民主義，力主在中國建立西方的民主政治制度，倡導法治，而蔣介石則

〔註39〕郭緒印著：《國民黨派系鬥爭史‧緒》，上海人民出版社 1992 年版。
〔註40〕董顯光著：《蔣總統傳‧初版弁言》，臺北中華文化出版事業社 1960 年版。

受日本的軍國主義思想和中國傳統思想影響很深。這是雙方矛盾和鬥爭的根源所在。九一八事變之前，蔣胡雖有政見分歧，但並沒有公開化；此後，因對外政策和約法之爭，雙方矛盾激化，胡一度成爲階下囚，獲釋後赴香港，以兩廣地方軍事實力派爲後盾，公開反蔣。1936 年胡漢民去世，蔣胡鬥爭結束。

汪精衛是國民黨內的重要人物，在黨內一向以左派的面目出現。北伐統一後，由於與蔣介石反目，被改組派奉爲首領，積極反蔣。1932 年，蔣汪再度合作，共同執政，蔣掌握軍事，汪主管行政。這一年國民政府改制，國民政府主席改爲不負實際責任的國家元首，中央大權蔣汪一同分掌，這在一定程度上抑制了蔣介石的個人獨裁傾向。在此後七年的合作中，雙方圍繞著黨權、對日政策、對共政策等方面，多有分歧，終至 1938 年徹底決裂。強烈的領袖欲驅使汪精衛在競爭不過蔣介石的情況下，不顧民族大義，走上了投敵道路。國民黨內對蔣介石最高領袖地位最後的挑戰者不復存在。不過，這已經是全面抗戰爆發後的事了。

在抗戰中國，蔣介石終於成爲國民黨內當仁不讓的一號人物，不但成爲國民黨的領袖，而且成爲全國的最高政治領袖，加之後來抗戰的勝利，使蔣介石的地位空前提高。另外，抗戰以來，國民黨各派系中，蔣系一枝獨大，各政治、軍事派系式微，蔣介石在訓政體制下和戰時體制下，大權獨攬，權力空前。

不過，抗戰勝利前後，由於憲政運動的發展，不但有國民黨外勢力對蔣介石施加壓力，國民黨內部，特別是蔣系勢力內部，對蔣個人專斷的作風也頗爲不滿，加上國民黨本身的腐化和有失人心，這種不滿暗潮洶湧。國民黨內革新運動的興起實際上就是這種趨勢的一個表現。〔註 41〕蔣介石推行「還政於民」的憲政加劇了這種趨勢。

其實，從抗戰後期開始，就屢次有國民黨內改革勢力公開提出改革意見，要國民黨進行改革，不過這些意見屢次遭到蔣介石的壓制，置之不理。蔣介石在國民黨內的威望開始下降。黨內的黃埔系、CC 系、政學系、三青團等勢力都提出革新的主張，互相競爭，在黨政軍各個系統爭奪勢力，形成了「黨內有黨」的局面。

〔註41〕 參見〔美〕易勞逸著，王建朗等譯：《毀滅的種子：戰爭與革命中的國民黨中國（1937～1949）》，江蘇人民出版社 2009 年版，第 93～113 頁。

在制憲階段，這些勢力仍在蔣介石的控制之下，當時國共鬥爭形勢不明，蔣介石的權威尚可壓制各派勢力，統一於蔣介石的意志之下。

不過，到了行憲階段，具體說 1947 年之後，形勢大變，國民黨在戰場上且戰且退，經濟出現混亂，被迫進行總動員挽救時局。國民黨內對蔣介石的信心嚴重不足。在國大代表的選舉中，國民黨地方勢力，比如三青團系統的勢力開始違背蔣的旨意，進行自由競選，並最終在國大會場上鬧出代表糾紛，令蔣異常難堪和尷尬。勉強過了行憲國大這一關後，更棘手的問題接踵而來，這就是憲政體制下權力分配的問題。

本來，CC 系是秉承蔣介石旨意，推行憲政的得力助手，但行憲後控制立法院的 CC 系也開始不滿蔣介石大權獨攬。畢竟蔣介石口口聲聲要推行憲政，態度異常堅決，CC 系雖非真正的民主勢力，但認為憲政應是國民黨的憲政，而不僅為蔣介石操弄的憲政。因此，圍繞著行政院的組成及施政，總統和立法院展開了對峙和鬥爭。這時的立法院內部，形成了派系組織，最重要的有三個：CC 系的革新俱樂部，三青團、黃埔系和朱家驊系的新政俱樂部，還有以吳鐵城為核心的政學系組織的民主自由社，其他的桂系、閻錫山、孫科等都在立法院有自己的派系小組織。〔註 42〕至此，國民黨派系政黨化的傾向已經非常明顯了。這和民國初年國會內政黨勢力的分化組合非常相似。如果憲政繼續推行下去的話，國民黨分裂為幾個政黨幾勢所難免。

對於憲政來說，派系分化乃至到政黨競爭，是很常見的現象，但對於危急存亡之秋的國民黨來說，這種政治分裂卻是致命的。民末憲政的史實表明，蔣系勢力在國民黨內處於一盤散沙的狀態，蔣介石的權力面臨失去嫡系支撐的危險，而這是蔣介石長期控制國民黨的關鍵。

接下來，在第一屆行憲政府因無力扭轉局勢垮臺後，非蔣系的桂系勢力乘機而起，迫使蔣介石辭職下野。蔣介石的權力遭遇空前的挑戰，如果繼續維持行憲，蔣介石恐怕再無重新做領袖的機會了。在這種情況下，蔣介石重新拾起自己訓政時期的一貫做法，以黨代政，架空桂系的勢力。另外，對於蔣系勢力，除了已經排斥孔祥熙、宋子文外，又驅逐了陳氏兄弟，非常委員會的設立實際就是重整蔣系勢力、改造國民黨的先聲。後來到臺灣，終於完成了對國民黨內部的大換血，所謂「四大家族」的統治，變成了蔣家的天下。

〔註42〕 毛翼虎：《在國民黨立法院內外》，全國政協文史資料委員會編：《文史資料選輯》第 138 輯，中國文史出版社 2000 年版，第 65～66 頁。

此後幾十年內，國民黨內部維繫了統一的局面，而與此同期憲政亦被理念和行動高度一致的國民黨人束之高閣，以戡亂體制為藉口變相實行著國民黨的訓政體制。

這裏值得補充議論一下的是民末之蔣桂關係。桂系於 1949 年國民黨最後的軍事殘局，關係甚大。國共決戰至最後階段，桂系拒出手援蔣，導致戰事終不可收拾。本來，三大戰役後，尚有江南半壁江山和數百萬大軍，國民黨軍事上未必不存一線生機。解放軍渡江後，國民黨軍守華東不成，守華中不成，守華南不成，守西南依然不成。兵敗如山倒之際，蔣桂之鬥正酣，總裁總統互相拆臺。追根溯源，蔣介石對桂系的排斥態度，造成雙方絕難在軍事上抱團為國民黨之生存而鼎力一戰。

1948 年，在軍事形勢急轉直下之際，蔣介石不顧大局，在副總統候選人問題上排斥李宗仁。危急關頭，戮力同心，應對危局，乃題中應有之義；最應爭取、團結的對象當然是非手握重兵的李宗仁、白崇禧莫屬。然而，蔣卻不可理喻地打壓李宗仁，為阻止其當選副總統，手段無所不用其極。政治棋局本已接連走錯，急切之下胡亂投子以逞意氣，最後結果是李宗仁逆蔣之意強行當選，蔣李嫌隙遂無法彌合。1949 年 4 月，在蔣的爭取下，白崇禧開始在政治、軍事上與下野後的蔣合作，與李宗仁分道揚鑣。然而，蔣白攜手為時已晚，蔣系軍隊在華東一觸即潰，京滬轉瞬失守，東南沿海也次第淪陷；白崇禧在華中、華南苦戰數月，終不敵解放軍的大舉進攻，50 萬桂系精銳重兵戰敗；最後謀西南固守亦不成，國民黨軍終全部撤出大陸。當 1948 年之時，蔣若能及早爭取桂系合作，1949 年戰局可能未必如此。

上述這一切的內在理路，與蔣介石 1928 年統一後借編遣之名削藩如出一轍。蔣一貫作風，時刻不忘大權獨攬，不顧大局，不能容人。生死攸關時刻，仍抱派系偏見，且有惡性發作之勢，可謂頑劣至極。事實表明，蔣介石名為黨國領袖，實為派系首腦；表面上是政治領袖，內裏卻充滿軍閥思維。從這個角度看，1949 年國民黨之敗根源上與蔣拙劣的政治手段和偏狹的政治胸懷有莫大關聯，我們在分析民末國民黨敗因時，此點不可不察。

第五章　蔣介石、國民黨與近代中國民主政治演變

民末憲政畢竟是發生在短期內的歷史事件，1945～1949 年僅僅是五年的時間，即使從 1943 年國民黨五屆十一中中全會重提憲政、第二次憲政運動開始算起，也不過 7 年時間，而且其中真正嚴格意義上屬於憲政的時段也就是從 1947 年 12 月憲法生效到 1949 年 7 月國民黨非常委員會成立。要充分認識民末憲政，還必須放寬視野，有必要將民末憲政這一歷史「事件」放在 20 世紀中國憲政運動（或者說民主政治運動）這一歷史「運動」背景中加以審視。當年喧鬧的國民大會已經過去 60 多年，礙人耳目的歷史雲煙也漸行消散，今天的我們應該能夠排除各種偏見，完全可以看清更多的歷史事實。

從蔣介石個人的角度看，民末憲政的主導權被蔣操縱，而蔣的政治選擇和政治能力直接決定了憲政的成敗及個人的成敗；從國民黨角度看，從孫中山到蔣介石，從訓政到憲政，中國民主政治的發展受威權主義的阻撓，孫中山的政治理想最終並未能在國民黨大陸統治時期實現；從整個近代中國歷史的角度看，從清末預備立憲到民初憲政，再到民末憲政，中國的民主政治的發展歷程經歷了曲折和反覆，統治者試圖將憲政為己所用，憲政文化很難取得深入發展。不過也應該看到，在近代中國，民主政治的內核正逐漸被填充到憲政的外殼中去，近代中國政治所走的乃是一條曲折進展的道路且其內在理路延續至今日。

一、蔣介石政治素質與民主政治建設需求的反差

關於對蔣介石在憲政籌備和實施過程中政治行為及政治意圖的認識，是

一個頗有難度的問題。而與此密切相關的蔣的政治理念、政治能力更是一個複雜難解的謎團，學術界多年研究而無法明確看法。〔註1〕著名學者、曾任蔣介石顧問的拉鐵摩爾曾這樣評價蔣介石：

> 他是個了不起的人。當然他決非聖人，但也不是十足的無賴。
>
> 他不僅是個愛國者，而且在他自己看來，還是個革命者。他想改變
> 中國社會。他的經歷中既有巨大的成功也有嚴重的失誤。〔註2〕

拉鐵摩爾的評價對於抗戰勝利前的蔣來說是比較客觀的，但這個評價對抗戰後這一段時間的蔣來說是有點過譽了。拉鐵摩爾高估了蔣介石的政治追求。實際上，如果拉鐵摩爾抗戰後仍然在蔣身邊工作的話，恐怕會有更多負面的評價。

本來，孫中山的三序方略、五權體制，無論對國民黨、共產黨還是中間勢力來說，都是權威性的，而對國民黨和蔣介石來說，更是一種可以優先利用的政治稀缺資源。我們看到，蔣介石經常掛在嘴邊上的話就是「國父」、「總理」，也有人曾說他「拿死人壓活人」，這的確是蔣的優勢，更是蔣的策略。

憲政實行與否，如何實行，完全取決於蔣介石個人。中共、中間勢力以及美國的影響，對蔣介石來說均不具有決定意義。起決定作用的乃是蔣介石對個人權力的追求。雖然蔣打起了憲政的旗號，但他的政治選擇仍是一如既往：追求個人政治獨裁。

就政治能力而言，蔣介石並沒有什麼高超的手段，而憲政卻能被其玩弄於股掌之上，這是值得深思之處。事實上，憲政這個工具在蔣手裡弄巧成拙——蔣可能並不明白，工具不是玩具，玩弄憲政弄不好會出大問題。政治是一種技藝，在複雜條件下，政治就是一種特技了。我們看到，就個人而言，在抗戰勝利前後複雜的政治局面中，蔣介石的特技表演的並不甚高明。正如魏德邁惡狠狠的批評：「委員長遠不能算是一個獨裁者，事實上僅僅是一幫烏合之眾的首領而已。他常常難以保證推行自己的命令。」〔註3〕布賴恩·克羅

〔註1〕 關於蔣介石的問題，多年從事蔣介石資料發掘工作的楊天石先生曾應記者之請，簡明扼要地給蔣介石做出三點「定性」：1、在近代中國歷史上，蔣介石是個很重要的人物；2、在近代中國歷史上，蔣介石是個很複雜的人物。3、有功有過。既有大功，又有大過。參見楊天石：《蔣介石日記的現狀及其真實性問題》，《中國圖書評論》2008年第1期。

〔註2〕 〔日〕富野磯士子整理，吳心伯譯：《蔣介石的美國顧問——歐文·拉鐵摩爾回憶錄》，復旦大學出版社1996年版，第129頁。

〔註3〕 參見〔美〕易勞逸著，王建朗等譯：《毀滅的種子：戰爭與革命中的國民黨中國（1937～1949）》，江蘇人民出版社2009年版，第1頁。

澤曾說蔣介石「運氣糟糕透頂、同樣他的錯誤也的確是不可估量的」〔註4〕，
當然裏面有歷史的偶然性，但蔣介石的運氣不佳因素遠抵不過技藝欠佳的因
素。

　　曾歷當年歷史而對蔣多有積極評價的黃仁宇，這樣分析蔣介石在大陸時
期的政治抉擇：

　　　　蔣介石作為中國領導人數十年，最初並無預感。而只是隨著情
　　勢之展開，發現自己突居高位，成功固然出於意外之迅速，失敗也
　　來得離奇。舉凡「中山艦事件」之發生；北伐期間在武昌城下頓挫，
　　卻又能在江西打開局面；中原大戰；對紅軍之圍剿與反圍剿；九一
　　八事變及西安蒙難都是事前無從逆睹之場合。即是主持對日作戰，
　　也不過胸中稍存概念，談不上籌謀計劃，所以日後被逼入內地之困
　　窘情形，因著美國之參戰而絕處逢生，借著羅斯福之提倡而中國成
　　為四強之一，又因中國社會不能對預期的理想對數，而須他蔣介石
　　人身上負責，以後「黑金剛鑽」之計劃尚未實施勝利突然來臨，和
　　談與內戰接踵而至，也很難在事前見其端倪。〔註5〕

黃仁宇對蔣介石政治行為的體察還是相當深切的，頗有「瞭解之同情」的味
道。

　　與黃仁宇不同的是，張朋園通過對國民大會選舉的研究，對蔣進行了負
面的評價。他論及選舉連續使用「烏煙瘴氣」一詞，並描述國民黨「灰頭土
臉」，更暗諷蔣介石實際是欲行「法西斯主義者」之志而無「法西斯主義者」
之能。張朋園嘗試剖析蔣介石心態，認為：

　　　　蔣介石堅持要在1947～1948年召開國會還政於民，難以令人相
　　信。回憶1936年訓政期限結束，雖一無成績，但那時中國有比較性
　　的安定環境，正是所謂國民黨執政「黃金十年」，如果那時召開國會，
　　必然可以獲得更多支持。然而大好時機稍縱即逝。而 1947～1948
　　年半壁山河已為中共佔據，倉猝為之，其意圖當然令人懷疑。試為
　　瞭解蔣介石的心態，在徐蚌會戰之前，他對於剿共是絕對有信心的，

〔註4〕　〔美〕布賴恩‧克羅澤著，封長虹譯：《蔣介石傳》，內蒙古人民出版社 1995
　　　　年版，第 379 頁。
〔註5〕　〔美〕黃仁宇著：《從大歷史角度讀蔣介石日記》，九州出版社 2007 年版，第
　　　　333～334 頁。

> 他認為一面開國會，一面剿共，雙管齊下，並無困難，可以同時達
> 成目的。開國會是要以民主的外觀實現他的全國最高領袖之夢，同
> 時可以獲得美國的援助，「早日消滅共匪」；前者是他的生平大願，
> 後者是他的心頭大患。〔註6〕

張朋園所言，顯然乃是「瞭解之憎惡」。不過，最後張稱蔣為威權主義
（Authoritarianism）政治領袖，實乃恢復平心客觀之見。

蔣介石在決定實行憲政之前，自度是「事前見其端倪」，以為自己一手操
辦國民大會，搞一黨憲政，會給自己帶來政治的收穫，孰料這乃是政治誤判。
面對局勢的迅猛變化，又不去及時改變策略，無奈最後在政治上用小手腕
（1949～1950 年宣佈下野、恢復黨治、架空代總統、推卸失敗責任等一系列
舉措）代替大伎倆（1945～1948 年意欲推行憲政，蒙蔽中外，藉以實現政治
獨裁），丟掉了大陸的江山，只剩在臺灣一隅稱王。無論是「瞭解之同情」，
還是「瞭解之憎惡」，對蔣介石這個時期的政治行為的評價還是負面成分更
多。如何評價一個在中國近代史上有重要影響的關鍵政治人物蔣介石，是如
何看待一個失敗者的問題，「功」與「過」的爭議恐怕還是邏輯性不夠，也缺
乏足夠的歷史感，短時段就事論事長時段放開眼界才是正確的認識途徑。

從更長的時段來看，蔣介石在國民黨 20 多年統治中國的時期內，在重大
的歷史關頭屢次犯下致命錯誤。筆者認為最關鍵的是兩次。

第一次，是在 1928 年北伐統一前後。蔣介石在北伐成功後，抱定大權獨
攬的想法，以統一為名大肆削奪曾經並肩作戰的各地方實力派的權力和勢
力，並排斥黨內的非蔣派系。這違背了一個政權初建的政治現實，忽視了政
治利益的分配。釀成了國民黨長期的派系紛爭，導致國民黨內部鬥爭長期綿
延。〔註7〕甚至退據臺灣後，仍殘留著過去派系鬥爭的痕跡。這種忽視權力分
配的做法是戰略性的失誤。

第二次，是在 1945 年抗戰勝利前後。抗戰勝利的政治氛圍，本是國內政
治實現和平、民主、團結的大好機會。但蔣介石卻頑固堅持反共的思想，不
肯放棄前嫌去謀求國共合作，而是結束國共合作，國共對抗加劇，最終演化
成國共全面戰爭。與此同時，先是以憲政為手腕，企圖招降中共，意圖不成

〔註6〕 張朋園著：《中國民主政治的困境（1900～1949）》，第 208～209 頁。
〔註7〕 參見鄭率：《蔣介石 1928 年統一前後政治運籌評議》，《史學集刊》2003 年第
　　　 4 期。

又踢開中共搞一黨憲政，在時局惡化的情況下玩弄政治改革的危險遊戲，最後不但軍事戰線上失敗，政治戰線上也收拾不住局面。1948 年時局阽危之際，蔣介石自評「因循寡斷，取巧自敗」。〔註 8〕國民黨的統治危機全面爆發，最終蔣介石及其國民黨的統治覆滅。

這兩次歷史關頭的重大決策失誤，清楚地表明蔣介石作爲一個政治領袖，缺乏寬廣的政治胸懷，缺乏高瞻遠矚的眼光，缺乏現代的政治觀念。蔣介石當然不是泛泛之輩，但就其政治領袖的角色來說，只能稱其爲「志大才疏」了〔註 9〕。筆者曾暗忖蔣介石的政治能力「治一省有餘而治一國不足」，但又覺這般看法似有不妥。不過，後看過一則軼事後便覺此種看法大致尚能成立。抗戰期間，蔣介石見馬一浮請益，馬建言：「國事萬機，要在寬簡。寬則民附，簡則易行。法峻則民散，政煩則民惑。」「唯誠可以感人，唯虛可以接物，此是治國的根本法。」但蔣「聞之愕然」。〔註 10〕馬事後評曰：「此人英武過人，而器宇褊狹，乏博大氣象；舉止莊重，雜有矯揉，乃偏霸之才；方之古人，屬劉裕、陳霸先之流人物。」「余以先儒所言……勉之，正爲其病痛所發；若是王者，必下拜昌言，然他全不理會。」〔註 11〕

學術界多年探索國民黨統治失敗的原因，從各個角度論者觀念叢雜，筆者認爲，國民黨統治失敗的最大的原因源自蔣介石個人，國民黨在從革命黨到執政黨，從黨治到法治的轉變過程中，種種舉措失宜皆出自蔣介石的手筆，蔣介石的性格缺陷、才能局限和決策失誤，最終導致了國民黨這個擁有巨大實力的統治集團統治最終在中國大陸覆滅。〔註 12〕

〔註 8〕 黃道炫、陳鐵健著：《蔣介石：一個力行者的思想資源》，山西人民出版社 2012 年版，第 185 頁。

〔註 9〕 張學良曾稱蔣介石「有大略沒雄才」（張閭蘅口述，周海濱撰文：《我陪伴伯父的最後歲月》，《中國報導》2010 年第 5 期），近有人評蔣之才幹不過爲「中級管理人員」水平，是「最佳的守成之主和中級管理人員」（劉仲敬：《成也介石敗也介石》http://www.21ccom.net/plus/wapview.php 抬 aid=119173）。

〔註 10〕 馬鏡泉、趙士華著：《馬一浮評傳》，百花洲文藝出版社 2010 年版，第 77～78 頁。

〔註 11〕 任繼愈：《馬一浮論蔣介石》，畢養賽主編：《中國當代理學大師馬一浮》，上海人民出版社 1992 年版，第 67～68 頁；另參見自汪榮祖：《「爲蔣介石翻案」的失敗之作（五）》，《東方早報》2010 年 3 月 21 日第 B05 版。

〔註 12〕 其實有人早就提出這方面的類似看法，鴻鳴在《蔣家王朝》一書中提到 1949 年失敗前夕，蔣介石曾經總結了失敗的原因有四：1、士無鬥志；2、民心思治；3、內部派系衝突；4 美援不夠。對於蔣這種自我總結，作者提出自己的

二、國民黨憲政實踐對孫中山憲政設計的繼承與背離

民末國民黨的憲政體現了國民黨政治統治中的人與法的複雜關係。民末憲政的合法性來源於孫中山個人的遺教，同時國民黨一黨專制的企圖又受制於孫中山的遺教，這是民末憲政詭異之處。

孫中山著眼於中國長遠的政治發展，在生前為他之後的憲政做了制度安排，給獨裁者加上了一道緊箍咒——即經過訓政階段最後實行憲政。國民黨的政治傳承是饒有趣味的一個問題。實際上，孫中山富有想像力的政治設計在其去世後即成為「遺訓」，其原則成為「祖制」，令國民黨各派系，甚至國民黨外勢力都不得不遵循。這反映了民國時代革命思想的深入和政治觀念的激進，孫中山作為革命的化身，造成了其政治設計的權威性。「國父」和「革命先行者」的雙重角色使孫中山的政治理想成為民國政治，特別是國民黨統治下的中國政治最大的合法性來源。這清楚地表明了民主政治在中國進入人心的程度。就國民黨而言，人治的因素還遠大於法治，憲政只不過是國民黨運用的一個政治工具而已。

蔣介石在政治變革的路徑上沿用了孫中山的政治設計，但是將其過程，特別是訓政過程，大加延長。孫中山本來的設計是訓政 6 年後即進入憲政階段，但國民黨 1928 年宣佈訓政開始，20 年後的 1947 年底才正式進入憲政階段，而實際的憲政運行也只是在 1948～1949 年期間，1949 年非常委員會之設實際又恢復了訓政。敗退到臺灣後的戡亂體制實際上戰時訓政體制，直到 20 世紀末期，國民黨才結束長期的「訓政」。從這個角度看，國民黨的訓政時間實際上被延長了 10 餘倍，由 6 年被人為延長到 60 多年。

蔣介石雖然遵循了孫中山的設計，並且最終走到了三序方略中的最後一步——憲政階段，但最終的結果確實實際上放棄了憲政。將憲法架空，行一黨專制、個人獨裁之實。動員戡亂時期臨時條款本是《中華民國憲法》的附

看法：「因共內戰是蔣獨行獨斷的結果，是他妄〔枉〕顧一切客觀困難而實行的大冒險活動。他沒有總結到這點：他其實要對蔣家王朝的失敗負主要責任。」「回想蔣一生作為，他從軍旅中崛起，藉軍權而得到黨權，進而成為黨魁，成為中國的領袖，誰也不能否認，他的膽大妄為，獨作專行的流氓作風對此幫助很大。但一向眷顧他的命運之神，卻從他獲得最高權力開始，將他的成功基石變作他的死亡絞索。」參見鴻鳴著：《蔣家王朝》，農村讀物出版社 1988 年版，第 311～312 頁。作者的看法實際上就是，國民黨在大陸失敗的直接原因就出在蔣介石個人身上。

屬條款，在戰時體制下高於憲法而存在。1948 年 4 月 18 日，國民大會正式通過該條款，並於 5 月 10 日實行，規定該條款有效期爲兩年半。1949 年 10 月 1 日，中華人民共和國成立，蔣介石的「中華民國」政府遷至臺灣。1954 年 2 月 16 日，在臺北召開的第一屆國民大會第二次會議上，決議《動員戡亂時期臨時條款》繼續有效，並於 1960 年、1966 年和 1972 年先後四次對《臨時條款》作了修訂，將條款內容增加到 11 項。

1960 年《臨時條款》第一次修訂，凍結《憲法》對於總統連任的限制。

1966 年 2 月第二次修訂，解除國民大會行使創制、復決權的限制，並同意其設置憲政研究機構，使國大權力得以擴張。

1966 年 3 月，國民大會第三次修訂《臨時條款》，授權總統設立動員戡亂機構、調整中央政府組織，頒訂增補選國大代表、立法委員、監察委員辦法。

1972 年 3 月第四次修訂，由谷正綱提出的《臨時條款修訂提案第二八五號》因爲提議「第一屆國大代表將於於其任期屆滿且凡能辦理選舉地區，均予改選」使得提案遭到反對。於是將內容改爲以定期改選之增額國大代表、立法委員、監察委員充實各第一屆國民大會、立法院和監察院。

從這方面來看，蔣介石最終是背棄了孫中山的理想。蔣介石在臺灣借戡亂維持訓政，終其一生，也未再推行實際意義的憲政。直到蔣介石去世 13 年後，《臨時條款》的廢除問題才提上日程。1989 年 7 月，國民大會決定第五次修訂《臨時條款》，但由於很多第一屆國大代表抗議退會，並且又提案擴大國民大會的職權。1990 年 3 月，臺北爆發學生運動，提出廢除《臨時條款》和召開國是會議等訴求。1990 年 5 月 22 日，李登輝在「總統」就職記者會上，表示計劃在一年內終止動員戡亂時期；12 月 25 日，在行憲紀念日上，李登輝再度明確宣告將在 1991 年 5 月前宣告終止動員戡亂時期，並在 1992 年完成憲政改革。爲配合終止動員戡亂時期的政策，1991 年 4 月第一屆國民大會第二次臨時會上，有 245 名代表提出廢止《臨時條款》的提案，該提案經主席團決定依照修憲之三讀及審查會程序進行處理，於 4 月 22 日，進行三讀，在朗讀全部條文後，主席裁定以起立方式進行表決，在場人數 445 人，經表決結果，起立贊成者 438 人，超過修憲四分之三的法定人數，大會於是決議：廢止《動員戡亂時期臨時條款》三讀通過，咨請「總統」明令廢止，並附帶決議，第八次會議修訂《臨時條款》及其審查修正案，本次臨時會毋庸再議。1991 年 4 月 30 日，李登輝依照國民大會的咨請，明令宣告動員戡亂時期於

1991 年 5 月 1 日零時終止。至此，本來有效期爲兩年半的《動員戡亂時期臨時條款》實行了 43 年後才正式廢除，而此時距蔣介石去世已有 16 年之久，距蔣介石的繼承者其子蔣經國去世也已 3 年有餘！

孫中山當年以人治促成法治，而蔣介石後來是以法治掩護人治。孫中山生前在國民黨內有獨裁權，但爲今後的政治設計了一條民主化的道路，而蔣介石卻利用孫中山這種設計，在民主化的過程中試圖強化和穩固個人的權力。這種鮮明的區別對於國民黨來說，使得民末憲政偏離了孫中山設計的政治運行路線，從蔣總裁到蔣總統，從國民政府到總統府，最後竟然完全變成了「訓政——憲政——再訓政」的政治反覆。由於孫中山五權憲法設計本就有內在的矛盾，民末憲政在實際運作的過程中並非五權並立，而是三權分立，憲政體制實際上向西式憲政靠攏，這一點也脫離了孫中山當年的設想。而蔣介石「再訓政」的權力遊戲則更是徹底脫離了孫中山當年的思路。1949 年，國民黨非常委員會與行憲政府的關係儼然如訓政時期中央政治委員會與國民政府的關係，國民黨雖聲稱「非常委員會在法律上與政府無直接聯繫」，其決議「須透過從政黨員依法定程序饋政府採擇實施」，但實際上重大議案的通過或決定，特別是當時最緊要的軍事決策和軍事指揮都決自這個非常委員會。〔註13〕顯然，至此孫中山的軍政、訓政、憲政三序方略被完全破壞。

蔣介石最大的政治資本之一就是孫中山繼承者的角色，蔣介石個人並非民主派而卻要打起民主的旗號，但由於孫中山的政治理想和民末政治實際之間的差距，理論上的政治設計和現實中政治操作之間的扞格，孫中山的憲政設計在憲政實踐中一波三折，與其生前期望大相徑庭。

三、從清末預備立憲到民末憲政中國民主政治的波折

審視民末憲政，要有一個視域的問題，即中國憲政的短期趨勢與長期趨勢。從短期看，民末的憲政是失敗的，但從長期看，民末的憲政體現了中國政治的進步趨向。民末憲政是近代中國民主政治發展的又一次高漲。

民末的憲政，雖爲一黨憲政，名多實少，但這多多少少的名義也算是一種進步。選舉法規的進步，婦女的選舉權，選民資格不受財產限制等方面，均體現進步的一面。〔註14〕遺憾的是，這樣的政治進步只維持了兩年多的時

〔註13〕參見王永祥著：《中國現代憲政運動史》，人民出版社 1996 年版，第 184 頁。
〔註14〕張朋園著：《中國民主政治的困境（1909～1949）》，第 204～205 頁。

間。另外，民末憲政的實際運行是名實難符，憲政期間仍是國民黨控制國家大權，而且當蔣介石最後罷廢憲政，只保留憲政空殼之時，憲政之實最後歸零，則標誌著民末憲政的失敗。

不過耐人尋味的是，幾十年過後，蔣介石遺留下的憲政空殼在臺灣竟然又被填充起來。這提示我們這樣的問題：憲政的空殼是否也有價值？形式化的憲政到底意義何在？有學者以譏誚口吻暢論：

> 孫文行憲三階段論、五權憲政皆十九世紀自由主義立憲政體與二十世紀全能國家之中間過渡狀態，於真正全能國家社會革命缺乏預見，以至行憲始於兵火倉皇之際。法統徒具形式，強人玩弄神器。雖如是，法統形式之有無，仍然關係甚大。何也？所謂立憲政體，不外乎觀念形式高於事實權力之婉語。大凡有形態政治，無論如何虛偽，改組為立憲政體，無非在既有框架內調整比例，其道甚易；赤裸暴力，事實政權鄙視虛偽形式，因而自身無所依傍，無中生有、火中取栗，其道甚難。

> 正統君主制或其他法統政權可以立憲成功，而僭主縱然渴望立憲，其存在仍然僅僅依賴勝利而非法統。路易・波拿巴雖有一八六〇年自由帝國、反對黨奧利維埃組閣、一八七五年退位路線圖，仍然不能合法化。無他，有赤裸暴力，以上虛文可有可無；無勝利，則自由帝國終須赤裸暴力仲裁，可見僭主只能成功，不能有任何失敗。美女何患無夫，成功者何患無民。婚姻定義即為色衰而有夫如故，法統定義即為身敗而有民如故。故而愛情證明婚姻，政績證明法統，即小三、僭主自我安慰倫理。拿破侖政權必須永遠勝利始能固位，然此事等於要求婦女永遠美麗。而奧地利皇帝、吉米・卡特之流無論如何弱智，無須擔憂其黃臉婆地位。托克維爾所謂「為自由保存植物性生命」者，其唯法統乎？〔註15〕

上述所論，生動地說明了憲政的內在奧秘：即權力要有所依傍，憲政是取得權力合法性的絕佳途徑。從長期看，憲政一般都會削弱專制權力。因此，即使「法統徒具形式」，仍然是有其功用和價值的。

值得我們深刻注意的是：憲政是以憲法為中心的政治制度，它可能成是

〔註15〕劉仲敬著：《民國紀事本末：1911～1949》，廣西師範大學出版社 2013 年版，第 258～259 頁。

民主制度，也可能是集權制度。那種把憲政等同於民主政治的認識是錯誤的，有民主的憲政，有集權的憲政，甚至會有專制的憲政。「憲政＝民主」是對基本概念和現實政治理解有問題，是無視歷史事實的觀點。基於此，可以重新評估民末憲政乃至民國憲政的歷史價值。

從長期看，一百多年中國的憲政還是曲折地向著民主政治的方向前進的。這是現代政治在中國發展的要求，也是政治民主派長期努力、抗爭、甚至流血犧牲的結果。放眼長時段的歷史，人們盡可以堅定對民主憲政的信心，畢竟在政治領域，民主已經成為憲政的普世價值，憲政的軀殼終將一步步填充進民主的血肉和靈魂。

1、統治者的政治意圖與憲政的演變

清末預備立憲時期，立憲是籌備憲政的核心內容。最重要的成果是制定和頒佈了兩個憲法性文件即《欽定憲法大綱》和《憲法重大信條十九條》。這兩個文件雖不是正式的憲法，但從其內容來看，對於君權民權作出了明確的法律規定，正式宣告了君權受命於天時代的終結。不過，《欽定憲法大綱》規定的君權強大，議院立法權和監督權非常有限，臣民的自由權利微不足道並缺乏有效保障，實際仍是「大權統於朝廷」。《大綱》出臺後，遭到了國內改革勢力的普遍反對，發動了數次國會請願運動，加之革命爆發，清廷被迫對君權作出限制，於是有《憲法重大信條十九條》出臺，到了清朝統治的最後時刻，清廷面對滅亡的危機，在朝野壓力下，被迫採用了英國式的「虛君共和」的責任內閣制。就《憲法重大信條十九條》的具體規定來看，對未來憲政的設計已經脫離了維護皇權的初衷，符合現代民主政治的立憲原則。由於清朝迅速滅亡，這樣的設計並未能落實。

清末預備立憲過程中，內閣和資政院先後開始運作，各地的諮議局也先後建立起來，憲政的雛形已經開始出現。而且我們看到，1910～1911 年，資政院在北京召開了 100 天的第一次常年會，中國歷史上第一次出現了法定的民意機構。資政院裏，議員可以自由批評政府，討論國事，甚至迫使朝廷宣佈縮短預備立憲年限，這在中國歷史上是空前的新政治現象。政體上看，清末中國憲政的發展實際仍只是中國憲政的萌芽，憲政仍處「立憲」的預備階段。

進入民國時期，中國的憲政開始有了實質性的進展。民國建立後，《中華民國臨時約法》確立了三權分立的體制，責任內閣組成，國會選舉完成並開

幕，議會政治一度有聲有色。立法機關對行政機關形成實際的制約關係。到
1923 年，制定了中國歷史上第一部正式的有「憲法」字樣的法律——《中華
民國憲法》，就其內容來看，這實際上是近代中國最符合民主精神的憲法，不
過因其「賄選憲法」的醜名而被人們長期唾棄。從其源流來看，1923 年憲法
源自 1913 年第一屆國會憲法起草委員會制定的中國第一個憲法草案《天壇憲
草》。《天壇憲草》因袁世凱解散國會和制定《中華民國約法》取代《中華民
國臨時約法》而被擱置。1923 年，曹錕驅逐大總統黎元洪後召開國會，由國
會將《天壇憲草》進行修改、整理而成。1923 年憲法繼承和完善了《天壇憲
草》的基本精神，採用了《臨時約法》的政體設計思路，規定了比較具體、
完備的議會民主制。憲法中規定了主權、公民權利與國家的關係、國家機關
的設置及各國家機關之間的相互關係、地方制度、憲法的修改及憲法效力等
內容。在民國時期各版本的憲法或憲法性文件中，這一部內容完備，結構清
晰，表現出較為成熟的立法技術。不過，這部憲法在頒佈後一年即因北京政
變而被廢棄。隨後，北洋政權先後出現段祺瑞的執政府和張作霖的安國軍政
府，憲政體制被徹底破壞。

　　民末憲政與清末預備立憲相比較而言，兩者都是在政權出現危機的情況
下而推出的政治改革措施，只不過民末憲政比清末「憲政」走的更遠。清末
並沒有憲法出臺，未及制憲、行憲而滿清政權業已滅亡；民末憲政制定了憲
法，並已經進入了行憲階段，後因國民黨敗退和蔣介石的權謀而陷於停頓。
清末和民末的兩個歷史時期，君主專制和一黨專制分別成為政治改革所要取
消的舊制度，舊制度的載體滿清朝廷和國民黨集團在改革的過程中，都存在
不情願放權的意圖，如對議會權力的牴觸，對政治參與的戒心，在組織政府
過程中堅持既得權力，民末 1947 年改組的政府和 1948 年的第一屆行憲政府
和清末的「滿族內閣」和「皇族內閣」何其神似！不同之處在於清末的「憲
政」和民末的憲政的起點有差別，清末預備立憲是中國憲政進程的開端，是
中國憲政的雛形，而民末的憲政舉措則是民國時期憲政在民初實踐失敗後另
起爐竈，試圖遵循孫中山的憲政思路而進行的改革。清末的君主立憲半途戛
然而止代之以民國的共和憲政，民末國民黨的行憲因蔣介石頑固試圖推行一
黨憲政和個人獨裁而將憲政架空並擱置。清末預備立憲無數種可能的結局留
給了歷史的假設，而民末憲政的過程充斥著統治者開民主政治倒車的歷史事
實。

民末憲政和民初憲政比較而言，差異更大。雖然都有國民黨的因素在其中，這表現在民初憲政——即共和體制下的憲政，發端於國民黨在革命黨時代的政治設計和政治實踐，但其實際的操作者和掌控者主要還是北洋集團。民末的憲政幾乎完全把握於國民黨之手，是國民黨以執政黨身份進行的政治操作。雖然兩者都是在民國的旗號下，都是以共和憲政的面目出現，但前者是以西方憲政思想爲藍本，而後者確是以中國的本土化憲政思想——孫中山的憲政思想爲藍本。相同之處是，北洋集團和國民黨都在爲自己的統治尋求合法性依據，而憲政則是實現合法性的一個在共和時代除此之外別無選擇的渠道。

無論是滿清朝廷、北洋集團，還是國民黨，對於憲政的態度在現實政治中都是將其工具化。正如有學者在論及民國政治制度時所指出的：

> 我們常說中華民國是一個半封建半殖民地國家，這是對的；然而從政治制度上看，則是半封建半資本主義的，它兼有封建專制與資產階級民主制的某些內容，是封建政治制度依然存在，但正在逐步消亡；資產階級民主脈息微弱，但正在緩慢增強的過渡時期。中華民國的統治者，從北洋軍閥到蔣介石，對封建專制制度作了極爲精細、巧妙的解剖，保留了它的專制性，剝離了它從中世紀帶來的殘暴性而換成資產階級政治制度的欺騙性。於是，「民主」這個反封建的武器在民國時代變成了封建的武器。〔註16〕

這段評論的含義是深刻的，從民國時期向前推延，20世紀上半期中國的皇室權貴、軍閥和黨首們，其實都試圖在現實政治中抽離憲政的民主內核，在他們的操作下，憲政軀體似乎逐漸失去了民主的靈魂。憲政變得越來越像任由統治者者擺佈的行尸走肉。不過，從民末憲政來看，情況卻另有一番風景。在國民黨民末行憲的過程中，蔣介石試圖以憲政爲政爭的工具和權術的玩具，但事實卻充滿了對蔣介石的嘲弄。決策行憲過程中蔣信心十足，籌備行憲過程中蔣屢屢失算，而行憲開始後蔣則進退失據。憲政給蔣介石帶來了一系列的失意、憤怒、沮喪，這在本書前文中已經述及，顯然在民末憲政過程中，蔣的政治生活中稱心如意日漸減少。從這個角度看，一個獨裁者對於憲政的不適感受實際上體現了民主政治給他帶來的政治折磨，這曲折地反映出民主政治因素還在起作用。儘管統治者對民主政治越來越熟悉，越來越會玩

〔註16〕徐矛著：《中華民國政治制度史》，第3頁。

弄憲政遊戲，但民主力量也相應地逐漸諳於遊戲規則。民末的憲政實踐表明，此時中國的民主政治已經發展到技術含量較高的政治磨合階段。

2、憲政實踐與憲政文化的演進

在近代中國，雖然統治者一直在打憲政的旗號，但對憲政的理解實際上還是不深刻的，民眾的參與意識也很有限。這實際上是憲政文化在近代中國還沒有充分發育的問題。清末的「憲政」，只不過是「仿行憲政」，實際上並不是眞正進入了憲政實踐階段，而是對西方憲政的最初學習。而且其學習的成功對象還是日本，並非現代憲政發源地歐美諸國。其動力正如出國考察憲政的載澤在密摺中所提的立憲三大好處：「皇位永固」、「外患漸輕」、「內亂可弭」。後面兩點被認爲在應對時局之危時很關鍵，即依靠憲政擺脫內憂外患。前一點，即「皇位永固」則接近憲政的要義，即法治的思想，也就是說君權要靠法律的規定來行使。這種尋求君權現代合法性的努力，滿清統治者在實際運作的過程中又滿懷種種的不情願和不甘心。在國內主張改革勢力參與政治熱情陡然高漲的情況下，清廷卻更加猶豫，刻意拖延憲政的實施，頑固地試圖保持住既有權力。直到滅亡前夕清廷才無奈表示讓權，但爲時已晚。清末的「憲政」只能停留在「預備」這樣的層次上了。〔註17〕

有學者這樣直率地評價歷屆統治者在 20 世紀的中國推行憲政的實質：

> 憲法——是由最高統治者強加給平民百姓的，是用以確認某個集團或某個階層特權的最高但並不意味具有最高效力的文件。在這個文本中，關於「人民」的規定同樣加入了西方的詞彙，如「權利」、「義務」等，然而，這些僅僅是新詞彙，而不是新語言，因爲整個統治階層的權力結構仍然是舊的，這些帶有「權利」字樣的東西，只是統治者一個並不負責任的許諾，它在許諾時已經作好了並不兌現的準備。

> 議會——是由最高統治者恩准的一個御用機構，由一些社會賢達和名流組成，他們通過集會或開會的形式發表可以發表的意見來

〔註17〕 事實上，有人稱清末的預備立憲爲「憲政」是不嚴謹的。實際上，近代中國「憲政」的也只是極少數時間內在特定的條件下得以推行，如民初內閣風潮、府院之爭及民末國民黨行憲。關於對「憲政」概念和近代中國憲政一些誤解的澄清參見郭世祐：《是清末「憲政」，還是清末預備立憲？》，《光明日報》2008 年 10 月 12 日。

「協贊」統治，履行參政議事的職能，在政治上起點綴作用。

法院——是由最高統治備或其代理人指定某些人專門負責處理案件或訴訟，並在統治者的領導和直接干預下進行工作，最高統治者是事實上的最高法官和最高司法審級。

人民——是由統治者常常假借的一個名詞。事實上，它是由那些被推出權力之門的普通百姓所組成的。除了可以非常便利地為統治者的專橫提供接口外，在政治上再也不具備任何價值的一個最虛弱的群體。

憲政——是傳統君主官僚制的一個現代名詞。〔註18〕

上面多少有些魔鬼辭典味道的對一些政治名詞的界定，雖略顯偏頗，但對於近代中國憲政外表下的政治本質卻有淋漓盡致的揭露。一輪又一輪憲政活動的內在實質，揭示出這些實際上只是統治集團和社會精英內部一場又一場的政治遊戲。在近代中國，直到到國民黨失敗為止，中國的民主政治仍然是處於名實不符的狀態。晚清學者馮桂芬曾言：「人無棄才不如夷，地無遺利不如夷，君民不隔不如夷，名實必符不如夷。」〔註19〕作為自西方引入中國的憲政，名實相符的程度如何，憲政民主內核的充實與否，乃是衡量中國民主政治進展程度的一個重要標準。通過研究我們可以看到，直到民國時期之末，中國的憲政仍缺乏民主的內核，空殼化的、被架空的憲政表明中國的民主政治仍是「名實必符不如夷」。

對歷史進行批判性的論述有助於人們發現歷史的真相，拒斥盲從，深入思考，但在這個問題上，正如有學者所說：「憲政，作為一種政治形態，是一個追求的目標，它由理想變為現實，不僅需要經過長期的艱苦的奮鬥，而且還往往要伴隨著流血的革命。縱觀世界範圍內的憲政史，這是一目了然的。與此同時，還應看到任何憲政都要經歷一個發展過程，經歷從無到有，從不完善到逐漸完善的發展過程。從這個意義上可以說，否定過程就等於否定歷史，不是科學的研究態度。」〔註20〕放開視野，從歷史的眼光來審視近代中國的憲政，自會別有一番景致。

〔註18〕王人博著：《憲政的中國之道》，山東人民出版社 2003 年版，第 229 頁。
〔註19〕中國史學會主編：《中國近代史資料叢刊‧戊戌變法》第 1 冊，上海人民出版社 1957 年版，第 30 頁。
〔註20〕王永祥著：《中國現代憲政運動史》，人民出版社 1996 年版，第 2 頁。

　　進入民國，在共和的旗號下，憲政的推行進入了一個新的階段，民初的議會選舉、政黨競爭風雲一時。清末民初憲政的最重大意義不是民主政治的發展與完善，而是徹底終結了君主專制。共和的旗號至此在中國確立起來，無論什麼樣的政治勢力，再也無法恢復君主專制時代的政治制度。

　　那麼到了 20 世紀中葉，國民黨行憲使中國民主政治有了多少具體的積極性的或者說正面的變化呢？

　　國民黨統治時期，長期訓政，形成了一種取代君主專制的新傳統，即「以黨治國」。在歷史發展迅速的民國時代，黨治很快就淪為清末君主專制一般的處境，屢遭非議和質疑，結束訓政，實行憲政，形成了民主勢力長期的政治訴求。從國民黨統治地位確立起，憲政運動就一輪又一輪，聲勢逐漸壯大，終於迫使國民黨最後決定宣佈要還政於民。「民意」的伸張，政治參與訴求的擴大，民主運動頻率的增加，都標誌著民主政治的深層進展。

　　國民黨在行憲的過程中，不但有黨外勢力的民主訴求，更有黨內勢力的民主訴求，對國民黨的「以黨治國」理念形成了巨大的衝擊。國民黨，包括蔣介石在內，面對這種民主化的浪潮，都不得不做出回應。1946 年推出的《中華民國憲法》實際上是國民黨對自身政治理念的否定，隨後行憲過程中民初憲政的一幕幕又在上演。正如有學者分析的，民國政治由最初的「移植代議制」，到「改造代議制」，最後到民末又開始「重返代議制」。〔註21〕這其中的演變路徑是在君主專制徹底崩潰的情況下，民主政治的發展在經歷的名為「以黨治國」威權體制時期的變異後，又開始由黨治向法治回歸。這說明，民國時期憲政文化已經在中國生根，一俟時機來臨，民主政治的訴求必然體現在政治的運行中。國民黨內民主勢力的成長，國民黨內派系的政黨化和互相制衡，表明專制統治的堡壘中也已經出現了民主政治的萌芽，這不但證明了政治民主化的歷史趨向和民主思想的力量，也是民主政治有所發展的表現。

　　民末國民黨主導的憲政固然是在短暫的時期內實際推行的，但憲政的軀體和框架已經基本由憲法樹立起來，且不說君主專制和個人獨裁，即使是寡頭掌握大權的黨治也已經顯得不合時宜，不具備政治的合法性，在時機來臨之際，民主政治勢必要實際的運作起來。這一點，從兩蔣之後臺灣的政治事實可以得到印證。專制政治在人類歷史上已經有數千年的歷史了，而民主政

〔註21〕鄧麗蘭：《權力制度化的追求與挫折——民國政制史論綱》，《社會科學輯刊》2006 年第 4 期。

治在世界上迄今為止只有數百年歷史，對於近代中國來說，民主政治經歷了區區數十年的發展，出現反覆和曲折乃情理之中，世界各國，除美國在歷史上一舉建立民主政治外，其他國家均經歷了長期的磨合和波折，就連現代民主政治發源地的英國也不外乎此，其他歐洲國家更是多有反覆者，遑論其他後進國家。近代中國民主政治的經歷只是世界歷史上很普遍而普通的一幕，而對於民末憲政這一段中國民主政治經歷中的形形色色，我們應該能夠用歷史的邏輯去理解。

結　論

　　從 1943 年開始，國民黨面臨各界呼籲行憲的巨大壓力，在這種情況下，回應憲政運動、與中共進行政治競爭、維護個人權力及敷衍美國方面的改革呼籲，構成蔣介石行憲的基本動機。蔣介石一改以往對憲政的消極態度，推行拖延已久的憲政。在 1945 年抗戰結束前後，結束訓政，實行憲政，正式成為國民黨的政治決策。在蔣介石的一手操控下，從制憲國大到行憲國大，企圖使憲政按國民黨的政治邏輯進行。然而，在 1947 年底行憲正式開始之際，國民黨的軍事形勢轉向惡化，蔣介石被迫宣佈動員戡亂。此時，行憲與戡亂並行而相悖，於是有憲法臨時條款的推出。與此相伴，憲政誘發了國民黨內的派系紛爭，造成黨內政治分裂，極大地削弱了蔣介石的權威和地位。最後蔣介石被迫下野，國民黨亦全面敗退，在大陸失去政權。1949 年退臺之際，蔣變相恢復訓政乃至獨裁，憲政也最終被擱置、架空。實踐表明，蔣介石憲政策略的結果與初衷大相徑庭，政治工具失效，非但未有助其掌握權力，亦未能配合其剿共謀劃。

　　民末憲政從醞釀、籌備到實施，實為蔣介石一手策劃、導演並直接參與演出的一黨制憲、行憲政治大戲。事實表明，國民黨在民末行憲的最終果實只是一個憲政空殼而已。民末憲政最終的結果是失敗的。之所以如此，原因有四：其一，國民黨政治改革過程中人治、黨治、法治三者之間的矛盾，政治理念和政治現實中矛盾之處太多，民主邏輯和專政邏輯互不兼容；其二，就政治技術的角度而言，憲政設計的技術含量不高，國民黨缺乏高超的政治技巧，憲政的設計和執行中各個環節都存在著重大的缺陷；其三，戰時的政治環境是憲政推行的不利因素，國民黨面臨生死存亡的致命挑戰關口，行憲

絕對不是一個好的時機，從最終的結局看，蔣介石把憲政作爲政治武器和政治工具（甚至政治玩具）是錯誤的選擇；其四，政治鬥爭使憲政嚴重偏離了政治改革的軌道，政治鬥爭的色彩嚴重超過了政治改革的色彩，政治改革被政治鬥爭扭曲直至歸於失敗。作爲政治核心人物和威權領袖，國民黨 1949 年之敗，蔣介石難辭其咎。

就蔣介石個人而言，在民末激烈的政治角逐中，蔣介石在軍事戰線和政治戰線雙管齊下，軍事戰線以慘敗爲結局，退據臺灣；政治戰線雖然憲政這張牌並沒有發揮預想的作用，但是最終蔣介石還是通過煞費苦心的運作，保住了自己的權位，得以做臺灣一隅的獨裁者，實現了蔣介石畢生的權力追求。就國民黨而言，從孫中山到蔣介石，從訓政到憲政，中國民主政治的發展日益艱難，孫中山的政治理想最終並未能在國民黨大陸統治時期實現。縱覽民末憲政，通過歷史的比較，可以看到，雖然直到 20 世紀中葉中國民主政治仍無法得以建立，只有空殼化的憲政得以維持，但是它仍然具有些許進步意義，顯示出民國時期民主政治氛圍的改觀，昭示了未來中國政治民主化道路的前景。

民末憲政大事記

【大事記編寫參考了韓信夫、姜克夫主編：《中華民國史大事記》第10、11、12卷（中華書局2011年版），李勇、張仲田編著：《蔣介石年譜》（中共黨史出版社1995年版）等。】

1943年

3月　蔣介石發表《中國之命運》一書，認爲：在抗日戰爭中，國家取得了獨立自主，實現了孫中山三民主義中的「民族主義」，革命建國工作接下來的任務是建設新的民主中國，就是實現三民主義的後兩條「民生主義」和「民權主義」。書中說：「抗戰的最高指揮原則，惟有三民主義。抗戰的最高指導組織，惟有中國國民黨。我們可以說：沒有三民主義就沒有抗戰；沒有中國國民黨就沒有革命。即任何黨派，任何力量，離開了三民主義與中國國民黨，決不能有助於抗戰，有利於民族的復興事業。這一點顯明的事實，是應該爲全國國民尤其是知識分子所徹底認識的。」針對國民黨方面「沒有國民黨，沒有中國」的口號，中國共產黨針鋒相對提出了「沒有共產黨，就沒有新中國」的說法，並推出歌曲《沒有共產黨就沒有新中國》。

3月29日至4月12日　蔣介石以三民主義青年團團長身份，主持召開三民主義青年團第一次全國代表大會。

8月1日　國民政府主席林森逝世。國民黨中央常務委員會臨時會議決議推蔣介石代理國民政府主席職務。

9月6日至13日　蔣介石主持召開國民黨五屆十一中全會，蔣在開幕會上指出：「現在最後勝利已在望」，強調「在這次全會期中，特別要集中心力

於建國的問題，以期得到一個圓滿的方案，將來抗戰結束之後，立刻可以付諸實施」，「如果我們在這抗戰時期不將建國的方案預先決定，一旦戰事結束，諸事均無準備，不僅工作無法推進，而且因爲建國的失敗，連我們抗戰的收穫都要隨之喪失無餘。」會議通過了《關於實施憲政總報告之決議案》，宣佈國民政府「應於戰爭結束一年內，召集國民大會，頒佈憲法，實施憲政」。會議推選蔣介石爲國民政府主席兼行政院長。蔣介石在會上指出：共產黨問題是一個政治問題，應用政治方法解決。但決議《關於中國共產黨破壞抗戰危害國家案件總報告》附件提出對共產黨「暫時拖，將來打」的方針。

9 月 15 日　國民政府公佈修改後的《國民政府組織法》，規定：國民政府主席即爲國家元首，對外代表中華民國，爲陸海空軍大元帥。國民政府主席對國民黨中央執行委員會負責，五院院長對國民政府主席負責。

9 月 18 日　國民參政會第三屆第二次大會召開，蔣介石在會上表示「抗戰勝利之日，即是開始憲治之時，這是國家百年大計之所賴」。

10 月 10 日　蔣介石宣誓就任國民政府主席。宣佈國民政府今後方針爲：對內要促進全國的地方自治，鞏固國家的統一，確立法治規範，完成民主政治；對外則敦睦同盟友盟，爭取反侵略戰爭光榮的勝利，共策戰後世界永久的和平。

10 月 20 日　蔣介石出任憲政實施協進會會長，由蔣介石制定 53 人爲會員。憲政實施協進會隸屬於國防最高委員會。

1944 年

1 月 30 日　《中央日報》全文發表 1936 年 5 月 5 日通過的《中華民國憲法草案》（即「五五憲草」）。

2 月 24 日　陝甘寧邊區政府主席林伯渠發表談話，認爲實施憲政必須具備三個前提：（一）給全國人民民主權利；（二）開放黨禁；（三）眞正實行人民自治。同日，吳玉章也指出：眞正實行民主政治，是抗戰建國實行憲政的基本條件和必要前提。

3 月 1 日　中共中央發出《關於憲政問題的指示》，針對國民黨決定在抗戰結束一年後實行憲政，指出其欺騙性，其目的在於穩固國民黨的統治。因國民黨允許討論憲政問題，中共決定參加憲政運動，以吸引一切民主分子到黨周圍。

3 月 5 日　中共中央開會討論憲政運動問題，提出在大後方要利用舊民主，強調國會制度，主張民權自由，開放黨禁和人民自治。針對國民黨五屆十一中全會聲明共產黨問題要政治解決，毛澤東在會上指出：我們還是處於困難地位，要避免內戰，強調戰後和平。

3 月 12 日　周恩來在延安各界紀念孫中山逝世 19 週年大會上發表題為《關於憲政和團結問題》的演說，敦促國民黨切實推進憲政的實施，真正用政治方式合理解決國共關係。

4 月 16 日　國民黨擬定《中共政治問題解決辦法草案》。

5 月 20 日至 26 日　國民黨舉行五屆十二中全會。

5 月 31 日　中國民主政團同盟發表《對目前時局的看法與主張》，提出中國成為真正民主國家的起碼條件是國民黨「放棄十餘年來的特殊地位」，「無保留無猶豫給予人民以各項基本自由。」

6 月 12 日　毛澤東、周恩來在延安會見中外記者，指出：中國需要民主，需要統一，但統一應建築在民主基礎上。

7 月 4 日　延安各界舉行慶祝美國獨立 168 週年紀念大會。

7 月 6 日　中共中央發佈《關於抗戰七週年紀念口號》24 條，其中包括：要求國民政府改革內政，立即實行民主，保護大後方正在興起的人民民主運動；停止對八路軍、新四軍的進攻。

9 月 5 日　國民參政會三屆三次大會召開，憲政為大會中心議題之一。

9 月 15 日　在國民參政會三屆三次大會第十三次上，中共參政員林伯渠作《關於國共談判的報告》，提出：召開各黨各派、各抗日部隊、各地方政府、各人民團體的代表參加的緊急國事會議，廢除國民黨一黨專政，組織各抗日黨派聯合政府，以求國內政治問題根本解決。

9 月 16 日　蔣介石在國民參政會上提出：「正在考慮提議在明年召開中國國民黨第六次全國代表大會，如果到那個時候，抗戰形勢好轉，憲政或有提前實行的必要。」蔣還表示：林伯渠 15 日發言「態度很好」，繼續以政治辦法解決中共問題。

9 月 19 日　中國民主政團同盟全國代表會議舉行，更名為中國民主同盟。

9 月 24 日　《解放日報》發表社論《評此次國民參政會》，嚴厲斥責國民黨的「誤國政策」，稱「國民黨寡頭專制統治」面臨深刻危機，國民黨「玩弄『民主』的卑鄙伎倆」。「現在需要徹底的一變，即將寡頭專制變為真正的民主政治」。

10月4日　陝甘寧邊區政府爲紀念雙十節發表紀念口號，主要有：「立即結束國民黨一黨專政！」「成立聯合政府和聯合統帥部！」「收復一切失地，打倒帝國主義！」等。

10月10日　延安各界舉行紀念雙十節大會，周恩來作題爲《如何解決》的講話，指出：正面戰場失敗的原因，「是由於國民黨政府歷來片面抗戰、消極抗戰、依賴外援、製造內戰的失敗主義政策所造成」，「是由於國民黨在其統治區域實施一黨專政、排除異己、壓迫人民、橫征暴斂的法西斯主義的政策所造成」。周強調：挽救目前危機的唯一正確方案是國民政府立即召集全國各方代表開緊急國事會議。

當日　中國民主同盟發表《對抗戰最後階段的政治主張》，要求國民黨立即結束一黨專政，建立各黨各派的聯合政權，實行民主。

11月10日　美國總統羅斯福私人代表赫爾利與毛澤東在延安簽署《中國國民政府、中國國民黨與中國共產黨協議》（即《五條協定草案》）主要內容是：改組國民黨、成立聯合政府和聯合軍事委員會，承認所有抗日黨派的合法地位等。

11月18日、19日　蔣介石在重慶與赫爾利進行長時間會談，拒絕了《五條協定草案》，並提出另外協定草案3條，內容爲：承認中共合法，中共將一切軍隊移交國民政府軍事委員會管轄，中共派將領參加軍事委員會，整編中共軍隊。

11月22日　蔣介石接見周恩來、董必武，就《五條協定草案》向中共提出三點反建議，要求中共交出軍隊，由國共及美方組成三人委員會負責整編，並委任美國人指揮，然後國民政府才能承認中共的合法地位，中共可派代表參加國民政府行政院政務會議，並謂「政府的尊嚴不能損害」。周恩來堅持聯合政府的主張，反駁蔣：政府是內閣，並非國家，不稱職，就應該改組。當日晚，蔣介石宴請一部分國民參政員時表示：中共要求聯合政府，是不能接受的。

12月4日　蔣介石因「事務繁冗，不能兼理院務」，國防最高會議決議由宋子文代理行政院長，仍兼外交部部長。

12月15日　毛澤東在陝甘寧邊區二屆二次參議會上發表題爲《1945年的任務》的演說，重申中共主張，指出必須「用人民力量，促成由國民黨、共產黨、其他抗日黨派及無黨無派人士，在民主基礎上召集國事會議，組織

聯合政府」。19日，會議閉幕，通過要求改組國民政府及統帥部、迅速成立聯合政府，要求國民政府釋放葉挺、楊虎城、張學良等抗日將領及一切愛國政治犯等提案。

12月25日　中共中央發出《關於目前形勢與任務的指示》，認爲：國共幾乎平衡，並正在走向共強國弱的狀況，中共現已成爲抗日救國的決定因素。數年後如能達到 100 萬至 150 萬有紀律有訓練的軍隊，中國的命運就可由我們掌握了。

12 月　中國青年黨發表對時局的宣言，要求國民黨改正種種錯誤，立即宣佈結束黨治，以民主的政制代替現存的官僚政制。

1945 年

1月1日　蔣介石發表元旦廣播講話，稱「我覺得我們國民大會的召集，不必再待至戰爭結束以後，我在去年參政會開會時，已說明此意。我現在準備建議中央，一俟我們軍事形勢穩定，反攻基礎確立，最後勝利更有把握的時候，就要及時召開國民大會，頒佈憲法，使我們中國國民黨在民國二十年受國民會議委託行使之政權，得以歸政於全國的國民」，「將抗戰勝利與憲政實施畢其全功於一役」。

同日　《解放日報》發表題爲《爭取勝利早日實現》的新年獻詞，指出：「只有民主的聯合政府，才能爭取抗戰的早日勝利。」

1月3日　中共方面對蔣介石元旦講話發表評論：「還政」之說是蔣介石早已發出不能兌現的空文，召開國民大會是蔣用以抵制建立建立聯合政府的擋箭牌，不消滅寡頭專政，徹底改組國民政府，消滅特務機關，有什麼民選的國民大會可言。

1月14日　蔣介石接見接替高斯出任美國駐華大使的赫爾利，告之：不管中國共產黨是否參加，已決定改組行政院，邀請非國民黨人士包括中共代表參加，並於本年 11 月 12 日召開國民大會。

2月2日　周恩來與王世杰談判，向國民黨提出的《關於黨派會議的協議草案》，國民黨未接受此案，遂由王世杰草擬一建議案，提出由國民政府召集一次有各黨各派及無黨派人士代表參加的政治協商會議。當晚，周恩來、王世杰分別將此建議案報告兩黨中央並通知赫爾利。

2月3日　中共擴大的六屆七中全會討論周恩來報告同國民黨談判情況的

來電，認為：去年 9 月提出成立聯合政府，是原則的轉變。當前主要反對右傾危險，要注意到前途是流血鬥爭。

同日　毛澤東連致兩電給周恩來，一電要周明白告訴國民黨及其他黨派：除非命令禁止一黨專政，明令承認一切抗日黨派合法，明令取消特務機關及特務活動，准許人民有真正自由，釋放政治犯，撤銷封鎖，承認解放區，並組織真正民主的聯合政府，否則是礙難參加政府的。至於會議名稱、成分及方式，可從長考慮。另一電要周除堅持廢除一黨統治外，請著重特務、自由、放人、撤兵四條，這四條不先辦到，不能證明廢除一黨統治，實行民主不是騙局，我們萬難加入政府。

2 月 5 日　周恩來致電毛澤東，稱已準備兩個方案，擬擇一方案向蔣介石提出。第一案：堅持我方協定內容，另以口頭要求放人、撤兵、給自由、廢特務等四條；第二案：將四條加進協定中，再加黨派合作一項。蔣絕對不會承認結束一黨統治、國是會議和聯合政府，因此，堅持第一案，以口頭提出四項更有利，並使赫爾利、小黨派、孫科派及各省人士都能承認我們所取的態度。何案為好，請即電示。毛覆電周：同意你的做法，但請注意：（一）對王世杰提案不完全拒絕；（二）不要強調國是會議；（三）強調如無真民主，我們是萬難加入政府的。

2 月 8 日　周恩來、王若飛在國民參政會商討國內團結問題，會後周恩來與王世杰再次舉行商談。

2 月 9 日　周恩來會見赫爾利。赫爾利將王世杰關於政治協商會議的意見相告，周恩來將黨派會議協定草案文稿交赫爾利，表示不能同意王世杰意見。

2 月 10 日　周恩來和赫爾利及國民黨代表談判，周提議在召集黨派會議前，改善環境，先實現放人等四項主張。赫爾利提議發表共同聲明。周恩來拒之。

2 月 12 日　毛澤東致電周恩來：你斷然拒絕赫爾利企圖控制我軍的打算完全正確。我們必須堅持先決條件，否則將長獨裁之志氣，滅民主之威風。我們必須改掉美國政府的扶蔣主張，不要怕他們生氣和大罵。

2 月 13 日　蔣介石在重慶會見周恩來，表示：不能接受中共提出的組織聯合政府的主張，黨派會議等於分贓會議，組織聯合政府無異於推翻政府。蔣的表態使談判無法繼續進行。15 日，周恩來自重慶返回延安。

3 月 1 日　蔣介石出席在重慶舉行的憲政實施促進會第五次全體會議，並

發表演說，謂「吾人只能還政於全國民眾代表的國民大會，不能還政於各黨各派的黨派會議或聯合政府」。

3月10日　中國民主同盟發言人發表談話，反對國民黨一黨包辦國民大會，主張召開各黨派及無黨派之領袖會議。

3月12日　民盟發言人發表談話，反對武力統一，主張軍隊國家化，召集各黨派及無黨派之領袖會議。

3月18日　民盟代理主席左舜生發表聲明：民盟不參加不民主的國民大會，民盟毫無保留反對任何形式的獨裁。民盟站在右邊國民黨和左邊共產黨的中間，亟盼溝通國共鴻溝，衷心希望兩黨恢復談判。

4月2日　赫爾利在華盛頓記者招待會上發表談話，表達美國政府不同中國共產黨合作之意。

4月12日　美國總統羅斯福逝世，副總統杜魯門繼任總統，國民黨隆重舉行各種哀悼活動。中共方面亦表弔唁。

4月15日　蔣介石電賀杜魯門就任美國總統。

4月19日　行政院長宋子文晉見杜魯門，報告中國最近情勢。杜魯門允對華一切可能之援助。

4月23日　中國共產黨第七次全國代表大會在延安舉行，毛澤東致開幕詞，指出：中國面臨著兩個前途和兩種命運的鬥爭，黨的任務是要用全力去爭取光明的前途和光明的命運。

4月24日　毛澤東在中共七大二次會議上作題為《論聯合政府》的政治報告，報告中闡明中共的綱領和路線，總結革命鬥爭經驗。

4月30日　周恩來在中共七大四次會議上作題為《論統一戰線》的發言。

5月5日　中國國民黨第六次全國代表大會在重慶召開，蔣介石主持開幕式並致訓詞。訓詞提三項任務：（一）加強戰鬥力量，爭取抗戰最後勝利；（二）確定實施憲政，完成革命建國大業；（三）增進人民生活，貫徹革命終極目標，強調堅定三民主義戰勝一切的信心。

5月8日　德國無條件投降，歐洲戰事結束。

5月14日　國民黨六大議決，本年11月12日召開國民大會。

5月14日至15日　劉少奇在中共七大第十一、十二次會議上作《關於修改黨的章程的報告》，指出中共「已經是一個全國範圍的，廣大群眾性的，在思想上、政治上、組織上鞏固的，有了自己領袖的馬克思列寧主義政黨」。中共「在今天，就已經成為中國政治生活中的決定因素了」。

5月17日　國民黨六大推選蔣介石爲總裁。

5月18日　蔣介石在大會上發表講話，強調「今天的中心工作，在於消滅共產黨。日本是我們國外的敵人，中共是我們國內的敵人。只有消滅中共，才能達成我們的任務。」會議通過了《本黨同志對中共問題之工作方針》的內部文件。

5月21日　國民黨六大閉幕，蔣介石宣讀《第六次全國代表大會宣言》，表示：排除萬難實現憲政，如期召開國民大會。

5月22日　蔣介石宴請國民黨六大代表，謂中共意在消滅國民黨，非使中共服從軍令政令，決難與謀。

5月28日至31日　蔣介石主持召開國民黨六屆一中全會，會議著重討論了國民黨六大移交的關於國民黨政綱、政策案等議案。決定行政院進行人事調整，行政院院長蔣介石、副院長孔祥熙辭職，選任翁文灝爲國民政府委員，選任宋子文爲行政院院長，翁文灝爲行政院副院長。

6月11日　中共七大閉幕，毛澤東致閉幕詞，要求代表們向全黨與全國人民宣傳大會的路線，團結全國人民堅持抗戰，堅持民族的獨立自由，堅持聯合政府，堅持制止內戰。

6月16日　中共聲明不參加第四屆國民參政會。

6月19日　中共召開七屆一中全會，選舉毛澤東爲中央委員會主席，中央政治局主席和中央書記處主席。

6月23日　《解放日報》發表題爲《迅速召開解放區人民代表會議》的社論。

7月1日　國民參政會參政員褚輔成、黃炎培、冷遹、傅斯年、左舜生、章伯鈞等赴延安商談國事，以促成國共恢復和談。

7月7日　第四屆國民參政會開幕。蔣介石在會上致訓詞，闡述政府實施憲政之決心，並希望各參政員對於有關國民大會各問題，站在國家利益的立場，提供合理主張。

7月8日　民盟主席張瀾表示只要國民黨有誠意實行民主團結，黨竭力促成。希望國民黨照顧到國內外局面，不要在11月召開國民大會，要在黨派會議上解決一切問題。

7月10日　褚輔成對記者談話：只要政府電約中共商談，延安代表即可來渝，相信最短期間可望恢復商談。

7月11日 《解放日報》發表毛澤東題爲《赫爾利和蔣介石的雙簧已經破產》一文。

7月13日 《解放日報》發表毛澤東題爲《評赫爾利政策的危險性》一文。

7月22日 新華社發表評論《內戰危險非常嚴重》。

7月28日 民盟發表《對時局宣言》，向國民黨提出：（一）確保人民身體、言論、出版、集會、結社、遷徙、居住之充分自由；（二）釋放一切愛國政治犯；（三）徹底取消一切特務及類似特務之法令與機構；（四）承認各黨派公開活動之權利。

8月3日 民盟主席張瀾在招待外國記者會上發表談話，表示反對國共內戰，堅決反對11月12日召集國民大會，提五項主張：（一）允許人民有一切自由權利；（二）允許各黨派合法存在，釋放一切政治犯；（三）召開各黨派政治會議制定臨時施政綱領；（四）改組政府爲臨時民主聯合政府；（五）積極對敵反攻迫使敵人無條件投降。

8月10日 日本政府向中、美、英、蘇等國發出乞降照會。當晚，蔣介石命令日軍不能向中共領導的八路軍、新四軍投降。

8月11日至13日 蔣介石命令中共軍隊「就原地駐防待命」，命令國民黨軍「加緊進軍」、「勿稍鬆懈」，命令僞軍「維持治安」、「趁機贖罪」，毛澤東起草電文，由第十八集團軍總司令朱德致電蔣，對其命令表示堅決拒絕。

8月14日 蔣介石致電延安，邀請毛澤東赴重慶商談國是。謂「倭寇投降，世界永久和平局面，可期實現，舉凡國際國內各種重要問題，亟待解決，特請先生剋日惠臨陪都，共同商討，事關國家大計，幸勿吝駕，臨電不勝迫切懸盼之至。」

8月15日 日本天皇裕仁廣播《停戰詔書》，正式宣佈無條件投降。蔣介石在中央廣播電臺發表廣播演說《對日抗戰勝利告全國軍民及全世界人士書》。

同日 蔣介石發言人在記者招待會上稱：共產黨必須服從蔣給朱德「就地駐防待命」的命令，「違反者即人民之公敵」。

8月16日 朱德再電蔣介石，要蔣收回11日命令，並提出六項主張。

同日 毛澤東覆電蔣介石：「朱德總司令本日曾有一電給你，陳述敝方意見，待你表示意見後，我將考慮和你會見的問題。」

8月20日 蔣介石再電毛澤東，解釋「此次受降辦法，係由盟軍總部所

規定，分行各戰區，均予依照辦理，中國戰區亦然」，並謂「內爭不容再有」，「如何以建國之功收抗戰之果，甚有賴於先生之惠然一行，共定大計，則受益拜惠，豈僅個人而已哉！特再馳電奉邀，務懇惠諾爲感。」

8月22日　毛澤東覆電蔣介石：「從中央社20日新聞電中，得讀先生覆電。茲爲團結大計，特先派周恩來同志前來進謁，到後希予接洽爲懇。」

8月22日前後　中共中央收到斯大林來電：中國不能打內戰，否則中華民族有被毀滅的危險，毛澤東應赴重慶和談。

8月23日　蔣介石第三次電促毛澤東赴會，謂「承派周恩來先生來渝洽商，至爲頎慰。惟目前各種重要問題，均待與先生面商，時機迫切，仍盼先生能與恩來先生惠然偕臨，則重要問題方得迅速解決，國家前途實利賴之。茲已準備飛機迎迓，特再馳電速駕。」當日，中共中央政治局擴大會議認爲毛澤東應去重慶談判。

8月24日　毛澤東覆電蔣介石：「鄙人亟願與先生會見，商討和平建國大計，俟飛機到，恩來同志立即赴渝進謁，弟亦準備隨即赴渝。晤教有期，特此奉覆。」

8月25日　中蘇兩國政府分別批准《中蘇友好同盟條約》及有關協定。

8月28日　國民政府各院院長應蔣介石召集，研究與中共談判腹案，確定在政治上可以寬容而在軍事上不稍遷就的原則。

當日　毛澤東由張治中、赫爾利伴同乘飛機抵渝，隨毛同來者，有周恩來、王若飛及參謀團共九人。

8月29日　蔣介石拜會毛澤東、周恩來等，告以委派王世杰、張群、張治中、邵力子爲政府代表，毛澤東則委派周恩來、王若飛爲代表進行談判。

當日　國民黨確定與中共談判的三項方針：（一）不得於現在政府法統之外來談改組政府問題；（二）不得分期或局部解決，必須現時整個解決一切問題；（三）歸結於政令、軍令之統一，一切問題，必須以此爲中心。

9月2日　蔣介石設宴招待毛澤東、周恩來、王若飛後與毛單獨會談，就軍隊組編數目、軍隊駐地和解放區、政治會議、國民大會等問題闡明各自意見。

9月4日　蔣介石接見張群、張治中、邵力子，他們送來中共所提出的《談話要點》文件並將所擬《對中共談判要點》交給張群等人，該《要點》中只允許中共軍隊整編爲12個師，此「乃中央所能允許之最高限度」，關於「中

共方面所提解放區，爲事實所絕對行不通者」，已經當選之國民大會代表仍應有效」，「可酌量增加名額」。當日，蔣介石與毛澤東再度單獨會談。

9月5日　蔣介石在中央幹部學校舉行茶會招待蘇聯大使彼得羅夫，毛澤東、周恩來、王若飛應邀出席。

9月12日　蔣介石與毛澤東、周恩來就軍隊縮編問題繼續進行商談。

9月17日　蔣介石與毛澤東商談軍事問題。

9月20日　陳立夫會見毛澤東時認爲中共應「放棄外國思想觀念」，放棄武裝和政權，毛作駁斥。

當日　針對大公報負責人認爲中共「不要另起爐竈」觀點，毛澤東稱：「不是我們要另起爐竈，而是國民黨竈裏不許我們造飯。」

9月22日　國家社會黨負責人蔣勻田訪毛澤東，表示希望中共交出軍隊和政權，毛對此嚴肅作答：「貴黨張君勱先生給我的公開信，主張我方把軍隊交給蔣先生。老實說，沒有我們這幾十萬條槍，我們固然不能生存，你們黨派也無人理睬。」

9月27日　毛澤東答路透社記者提問，指出：目前中國只需要和平建國一項方針。在實現全國和平民主團結的條件下，中共願作重大讓步，包括縮減解放區的軍隊在內；並要求國民政府承認解放區民選政府與人民軍隊，嚴懲漢奸僞軍，保障人民自由權利及成立民主聯合政府。

10月1日　民盟召開臨時全國代表大會，大會宣言提出召集各黨派無黨派代表會議、建立聯合政府等10項主張。

10月4日　《解放日報》發表社論《要求國民黨當局履行「還政於民」的諾言》。

10月5日　中國青年黨發表對目前時局的主張10條，主要內容爲：從速召集建國會議；保障人民之基本自由；用人行政一本惟才惟賢之旨；嚴懲漢奸、肅清貪污；解散僞軍、裁汰冗兵；挽救工商業危機，穩定金融，平抑物價；改進教育，教師講學自由；加強對美、蘇、英、法之平等合作。

10月10日　國共雙方簽署《政府與中共代表會談紀要》，由於簽署日期爲10月10日，該《紀要》又稱爲《雙十協定》。《紀要》規定「和平建國的基本方針」，「在蔣主席領導之下，長期合作，堅決避免內戰」，「政治民主化、軍隊國家化及黨派平等合法，爲達到和平建國必由之途徑」；「由國民政府召開政治協商會議」，「討論和平建國方案及召開國民大會各項問題」；關於軍隊

整編問題雙方未達成協議，但「中共願將其所領導的抗日軍隊由現有數目縮編至 24 個師至少 20 個師」；關於解放區地方政府問題，可「提交政治協商會議解決」。

10 月 11 日　毛澤東在張治中陪同下，離開重慶飛返延安。周恩來、王若飛留在重慶繼續與國民政府方面磋商。

10 月 13 日　蔣介石密令各戰區國民黨將領：「遵照中正所訂剿匪手本，督勵所屬，努力進剿，迅速完成任務」。「其遲滯貽誤者當必執法以罪」。

10 月 17 日　毛澤東在延安幹部會議上作題為《關於重慶談判》的報告，指出：「已經達成了協議，還只是紙上的東西，紙上的東西並不等於現實的東西。」《雙十協定》成立以後，「我們的任務就是堅持這個協定，要國民黨兌現，繼續爭取和平。如果他們要打，就把他們徹底消滅」。「前途是光明的，道路是曲折的。我們面前困難還多，不可忽視。我們和全體人民團結起來，共同努力，一定能夠排除萬難，達到勝利的目的。」

10 月 19 日　《解放日報》發表社論《必須實行雙十協定》。

10 月 20 日　《雙十協定》簽訂後，國共重開團結商談。

同日　中共中央發出《關於和平建設過渡新階段的形勢和任務的指示》，指出：目前開始的 6 個月左右期間為抗日階段變至和平建設階段的過渡時期。這個階段的鬥爭，將是決定我們今後的政治地位的關鍵。我黨在國民黨統治區域內的任務是擴大民族民主統一戰線，擴大友好，爭取同中外人士合作，組織發動民眾要求民主，懲辦漢奸，救濟經濟恐慌和失業。

11 月 5 日　毛澤東以中共發言人的名義，發表題為《國民黨進攻的真相》談話，指出「政府在此次戰爭中均居守勢」係謊言，所謂恢復交通的辦法不過是緩兵之計。號召全國人民動員起來，用一切方法制止內戰。

11 月 9 日至 16 日　蔣介石主持召開軍事會議，稱中共為「反動派」，提出在半年內擊潰八路軍、新四軍主力，然後分區「圍剿」，首先控制皖北、蘇北、山東，打通津浦線；然後再集結重兵於平津，「掃蕩」華北；最後打通平綏線，佔領察綏。

11 月 7 日　美國國務院通知美國駐華使館，要求將建立民主的聯合政府作為援華條件。赫爾利回覆美國政府：「目前關於中國之內情，有種種授意之錯誤情報在美國發表」，表達了不滿，並公開稱「武裝的共產黨企圖使一部分日軍向共黨而不向蔣委員長或中國國民政府投降，其目的在取得日方武器，使武裝之共產黨，能藉在中國另行樹立一政府，推翻中華民國國民政府」。

11 月 12 日　國民政府宣佈國民大會定於 1946 年 5 月 5 日召開。

11 月 16 日　蔣介石作題爲《剿匪戰術之研究與高級將領應有之認識》的報告，稱要「建立必勝信心」。

11 月 26 日　美國總統杜魯門批准駐華大使赫爾利辭職，任命剛卸任的美國陸軍參謀長馬歇爾爲總統駐華特使。

12 月 2 日　中國青年黨召開第十屆全國代表大會，發表宣言，反對以武力作政爭工具。

12 月 12 日　中共中央軍委發出《關於粉碎國民黨大舉進攻的指示》。

12 月 15 日　美國總統杜魯門根據馬歇爾的意見發表對華政策聲明。與赫爾利把國民政府當作中國唯一合法的中央政府，竭力維持其存在不同，馬歇爾把中共與國民政府當作競爭對手，平等看待，目標是建立聯合政府。馬歇爾認爲：只要聯合政府建立，中國就能統一，一切問題就會解決。

12 月 16 日　中共政協代表團抵達重慶。

12 月 17 日　蔣介石在北平接見馬歇爾，作首次晤談。

同日　中共發言人在延安發表談話，歡迎杜魯門總統對華政策聲明。

12 月 18 日　蔣介石對記者表示：杜魯門總統所聲明之意見，正與我之意見相合。

12 月 21 日　蔣介石在南京設宴歡迎馬歇爾，蔣表示：杜魯門總統聲明中最重要內容是中國的統一，而取消中共自治性軍隊是中國統一的根本途徑。

12 月 23 日　周恩來等在重慶訪晤馬歇爾，表示：我們的政策是用民主的方法解決國內的一切問題。中國不能內戰。我們主張由政治協商會議草擬憲法，然後由改組了的政府籌備國民大會，通過憲法使中國走入憲政的國家。

12 月 25 日　蔣介石在重慶宴請馬歇爾，並作長談；馬歇爾隨後又先後接見民盟、青年黨領導人及無黨無派人士。次日，民盟沈鈞儒等往訪馬歇爾，說明民盟對停止內戰、聯合政府、國民大會等問題的意見。

12 月 31 日　蔣介石宣佈定於 1946 年 1 月 10 日在重慶召集政治協商會議。

1946 年

1 月 1 日　蔣介石發表《告全國軍民書》，強調「解決目前紛爭不安的惟一先決條件」是「軍令政令必須統一」，首先恢復交通，「根本大法不容變更，政府基礎不容動搖」。

1月5日　國共達成的《關於停止國內軍事衝突的協議》。

1月6日　國民政府公佈召開政治協商會議辦法七條並全體會員名單。原定國共各 9 人，但是因青年黨脫離民盟後堅持要求和民盟平起平坐，代表人數相等，故國共兩黨經商議將各自名額送給民盟，使得民盟人數高達 9 人，而國共人數降為 8 人和 7 人。

1月10日　政治協商會議舉行開幕式，蔣介石主持開幕式並發表講話，說明「本會議召集的目的，是邀集各黨派代表和社會賢達，來共商國事。我們所要商討的，是國家由戰時過渡到平時，由抗戰進到建國的基本方案，也就是怎麼樣集中一切力量，增強一切力量，以開始建國工作的問題。」

當日　張群和周恩來在重慶分別代表國民政府和中共簽署了《關於停止國內軍事衝突恢復交通的命令和聲明》。雙方商定：停戰令於本月 13 日 24 時生效。次日，蔣介石下達電令停戰，至遲不得超過 13 日 12 時，務必在各地完全實施。毛澤東電令解放區遵照停戰令，立即停止一切軍事衝突。

1月12日至27日　政治協商會議陪都各界協進會組織接連召開了八次各界民眾大會，大會從第四次起改在重慶滄白堂舉行。1 月 16～19 日，國民黨當局連續派遣特務跟蹤威脅到會的政協代表，並且擾亂會場，謾罵、毆打會議主持人、政協代表和到會群眾，打傷政協代表郭沫若、張東蓀等人。此即「滄白堂事件」。

1月13日　軍事調處執行部在北平宣告成立，軍調部由國民政府委員張群（後改為張治中）、中共委員周恩來和美國委員馬歇爾組成的軍事三人委員會領導，軍調處三代表為國民黨首席代表鄭介民、中共首席代表葉劍英和美國首席代表羅伯遜，三人各有表決、互讓權，一切事宜須經三人一致通過，三人不能協議之問題，應提交軍事三人委員會決定。軍調部下設若干執行小組，分赴各衝突地點進行調處。國共雙方各 130 人，美方 150 人，加入軍調部工作。

1月16日　國民政府宣佈國民參政會四屆二次大會 3 月 30 日在重慶召集。

1月22日　因諸問題尚未達成協議，政協會議決定延期 3 天。

1月25日　政協會議軍事、憲草兩組達成協議，其他各組仍僵持，蔣介石會晤周恩來，試圖打破僵局。

1月30日　國民政府宣佈政協會議 31 日閉幕，國大代表問題擱置，由各黨會外接洽。

1月31日　政治協商會議閉幕式，蔣介石親臨主持，討論各分組委員會報告，全部獲得一致通過。蔣介石在會議通過憲法草案、軍事問題、施政綱領、政府組織和國民大會五項決議案後致閉幕詞，謂「關於和平建國和促進憲政的各種方案，我敢代表政府先行聲明，當分別遵照實行。今後中正無論在朝在野，均必本著公民應盡的責任，忠實地堅決遵守本會一切決議。」

2月1日　中共中央內部發出《關於目前形勢與任務的指示》，認為政協會議已獲「重大成果」，「從此中國即走上了和平民主建設的新階段」的論斷，提出「中國革命的主要鬥爭形式，目前已由武裝鬥爭轉變到非武裝的群眾的與議會的鬥爭」，「黨將停止對於軍隊的直接領導，準備整編軍隊，學習合法鬥爭」。

同日　周恩來會晤蔣介石，轉達毛澤東關於軍黨分立、國共長期合作的意見，並說毛澤東將參加聯合政府，

2月5日　蔣介石接見外國新聞記者，表示希望各黨派永久合作，建設國家。政府決定於國民黨六屆二中全會後即行改組。「國民黨現在將其一部分責任分與各黨派，實為還政於民願望之開始，還政於民後，國民黨仍當與全國人民共負建國責任。」

2月7日　中共中央發出《關於爭取蔣介石向民主方向轉變，暫時停止宣傳攻勢》的指示。

2月10日　重慶各界慶祝政協成功大會在較場口廣場舉行，一夥暴徒毆傷李公樸、郭沫若等人，到會記者和群眾也遭毆打。此即「較場口血案」。

3月1日至17日　國民黨六屆二中全會在重慶舉行，會上蔣介石強調「軍令與政令的統一」。會議通過了《對政協報告之決議案》，提出 5 條憲法草案修改原則：制憲應以《建國大綱》為最根本依據；國民大會為有形之組織，以集中開會之形式行使《建國大綱》規定的職權；立法院對行政院無牽制權力，行政院也無提請解散立法院之權；監察院無同意權；省無須制定省憲。這些都推翻了政協決議的有關原則。

3月14日　政治協商會議綜合小組會議，敦促共產黨、民盟、青年黨及國社黨於3月25日前提交國民大會代表及政府委員名單。

3月18日　周恩來舉行中外記者招待會，發表重要談話，指出：國民黨六屆二中全會決議嚴重違反政協若干原則決定，政協一切決議不容篡改，憲法原則原則決議尤須百分之百實現。次日，國共雙方代表舉行會議，商談六屆二中全會違背政協決議一事，無果。

4月1日　在第四屆國民參政會第二次會議上，蔣介石作報告，聲稱「東北九省在主權的接收沒有完成以前，沒有什麼內政可言」，「軍事調處，只在不影響政府接收主權、行使國家行政權力的前提下進行。」政協會議決議關於政府組織的協議，在本質上更不能代替約法，「訓政時期約法是根本有效的」，公開撕毀政協決議和東北停戰協定。

4月6日　《解放日報》就4月1日蔣介石在國民參政會上的演說發表社論《駁蔣介石》。

4月15日　周恩來在招待政治協商會議綜合小組成員的茶會上指出：兩個月來國民黨不同意給中共和民盟有支配否決權之政府委員名額，發生修改憲法草案原則的爭論，整軍方案和停戰停定在執行中也發生不少問題，希望政府在20日各方提出國大代表和參加政府委員名單之前解決上述問題。對此，蔣介石指定邵力子、張群、張厲生、雷震為政府代表，負責與各方協商解決。

4月24日　國民政府宣佈原定5月5日召開的國民大會延期召開，待各項政治問題獲得解決後，另定召開日期。

5月1日　中共戰區美軍司令部宣佈撤銷，另組駐華美軍司令部。

5月5日　國民政府還都南京。

5月7日　蔣介石在南京招待200餘名國大代表，蔣表示國大延期而不定期。

5月25日　政治和談會議在南京重開，國共雙方代表均表示願努力促進和平早日實現。

5月29日　民主同盟代表張君勱、梁漱溟、黃炎培、沈鈞儒及章伯鈞致電蔣介石，敦促蔣進行和平商談。

6月1日　國民政府正式設立國防部。

6月6日　國民政府發表停戰令，從6月7日正午開始停戰15天。

6月23日　上海人民和平請願團在南京下關車站被200餘名國民黨特務圍困毆打，請願代表馬敘倫等多人被打傷。此即「下關慘案」。

6月25日　蔣介石命令國民黨軍隊向中原解放區大舉進攻，全面內戰爆發。

7月4日　國民政府決定本年11月12日召開國民大會。

7月11日　民盟中央執行委員李公樸在昆明遇刺，次日不治去世。

7月15日　民盟中央執行委員聞一多在昆明遭國民黨特務刺殺,當場身亡。

7月17日　周恩來嚴正聲明:目前最嚴重最急迫的兩個問題,一是內戰,二是政治暗殺。

7月19日　美國新任駐華大使司徒雷登向蔣介石呈遞國書。

8月6日　經由美國駐華大使司徒雷登蔣介石向周恩來提出:同意成立一個由國共雙方及馬歇爾參加的非正式小組,商談改組政府問題,但在舉行商談前,中共必須先接受五項條件:(一)讓出蘇皖邊區;(二)讓出膠濟線;(三)讓出承德和承德以南地區;(四)10月5日以前在東北讓出除黑龍江、興安省和嫩江、延吉以外的地區;(五)在山東、山西退出6月7日後佔領的地區。周恩來表示拒絕,並指出蔣介石如此無理,應負內戰責任。

8月10日　美國總統杜魯門致函蔣介石:近來中國局勢惡化,引起美國政府深切關注,如不停止內戰,美國政府將重新解釋對華政策之立場。

8月14日　蔣介石發表文告,宣佈11月12日召開國民大會,堅持政協決議,擴大政府基礎。要求中共軍隊「撤出若干已經構成和平威脅和阻礙交通之地區」,「遵行調處,實施統編,使軍隊國家化」。

8月19日　民盟主席張瀾在成都遭暴徒毆辱。

9月6日　民社黨在上海發表對國是主張:一、立即停止內戰,實現和平;二、擁護統一,反對國內有兩個政府,兩種軍隊,政黨不應有軍隊;三、要求實現民主;四、實行社會主義。同時民社黨申明對時局態度:一、改組政府;二、召開國民大會;三、實現整軍方案;四、和平統一。

同日　蔣介石出席三民主義青年團在廬山舉行的第二次全國代表大會,針對三青團組成新黨,另選領袖,國民黨總裁不能兼新黨領袖的主張,答覆說:我從無把青年團組成政黨的打算,今後黨團應截然分開。

9月23日　蔣介石在南昌10萬人集會發表演說,重提「剿匪」口號。

9月27日　蔣介石分別會見馬歇爾和司徒雷登,表示希望三人、五人兩個小組會議同時召開。

9月30日　周恩來等為國民黨軍隊進攻張家口一事的致函蔣介石,申明「受命聲明如果政府不立即停止對張家口及其周圍的一切軍事行動,中共不能不認為政府業已公然宣告全面破裂,並已最後放棄政治解決的方針,其因此而造成的一切嚴重後果,當然全部責任均應由政府方面負之。」

10 月 2 日　蔣介石約見司徒雷登，告之「決意要攻取張家口，並決心保持這一點」。當日蔣介石向馬歇爾備表示：（一）國民政府委員名額爲中共 8 名，民主同盟 4 名，中共可推薦一名無黨派人士，共 13 名，中共應即提出國民政府委員和國民大會代表名單；（二）迅速規定中共 18 個師的駐地，限期進入。

10 月 5 日　蔣介石接受馬歇爾建議，同意停戰 10 日，以舉行三人和五人小組會議，商談軍事及政治問題。

10 月 9 日　青年黨主席曾琦對記者談國家撥亂返治十點期望：一、以憲政代訓政；二、以議場代戰場；三、以建設代破壞；四、以合作代鬥爭；五、以法治代人治；六、以廉潔代貪污；七、以進步代保守；八、以誠意代詐術；九、以和諧代暴戾；十、以互助代互毀。

10 月 10 日　國民政府在全國各省恢復徵兵制度，以擴充兵源。

10 月 11 日　國民政府宣佈國民大會於 11 月 12 日如期召開，凡當選之代表於 11 月 2 日報到。

10 月 13 日　蔣介石與馬歇爾、司徒雷登會談，蔣認爲決定召開國大是正確的，重申政府停戰令下達之前，必須取得某種有利條件。

10 月 16 日　蔣介石提出停止國共軍事衝突的八項條件：（一）依照今年 6 月間三人小組所擬定的恢復交通辦法，立即恢復交通；（二）在軍事調處執行部內，雙方不能同意之爭執，依照今年 6 月間三人小組所擬定之辦法處理之；（三）今年 6 月所擬定之東北軍隊駐地，應即實施；（四）華北、華中之國軍與共軍暫駐現地，經三人小組協議，而達成全國軍隊統一之目的；（五）五人小組所成立之協議，應即交政協綜合小組，獲得其協議；（六）關內之地方政權問題，由改組後之國府委員會解決之；（七）憲草審議委員會應即召開，商定憲草草案，由政府提國民大會討論；（八）在共產黨同意以上各點後，即下令停止軍事衝突，在下令之同時，共產黨應宣佈參加國民大會，並提出其代表之名單。

10 月 17 日　中共中央發表時局聲明：今日一切會談如欲有眞實結果，必須承認停戰、政協兩協定的神聖效力，即承認實行政協 1 月 13 日國共雙方軍事位置爲一切商談的準則，承認實行政協一切決議爲一切政治商談的準則。

10 月 18 日　蔣介石在南京召開秘密軍事會議，宣佈五個月之內打垮中共軍隊。

10 月 25 日　國民政府宣佈《國民大會組織法》將於 11 月 12 日起施行，當日，國民政府公佈各省市國大代表名單。

11 月 4 日　中共發言人聲明：國民黨政府違背政協決議，片面決定 11 月 12 日召開國民大會，中共對此一概反對，一概拒絕參加，以政協憲草審議委員會擬定之憲草爲藍本，無論在法理和事實上，都是沒有依據的。

同日　國民政府與美國簽訂《中美通商航海條約》。

11 月 11 日　國民黨軍隊攻佔中共控制的張家口。蔣介石頒佈「國民大會召集令」。國民大會原定於 11 月 12 日開幕，但因等待青年黨和民社黨提交名單，延期三天。

11 月 15 日　國民大會開幕。但此後大會進入休會階段，等待民社黨提交名單。直到 20 日，民社黨終於提交名單參加大會，此時除中共和民盟代表外總人數已達到 3／4，符合法定開會人數。大會暫留兩黨席位，照常舉行。

11 月 22 日　國民大會選舉代表組成主席團，輪流主持會議，主席團並推定洪蘭友爲大會秘書長，陳啓天、雷震爲副秘書長，開始制憲工作。

當日　立法院審議通過《中華民國憲法草案修正案》，隨後將其呈送國民大會。

11 月 25 日　國民大會舉行第一次大會。蔣介石就憲法草案做說明。大會討論《國民大會議事規則》時爭論激烈，數百名代表堅持認爲大會須制憲兼行憲。次日，經努力爭取，在國大第二次大會上《國民大會議事規則》獲通過，決定國民大會只制憲不行憲。

11 月 27 日　蔣介石指示國民黨籍國民大會代表，稱「這次修改憲法，就是爲了打擊共產黨」。

11 月 28 日　國民政府主席蔣介石將《中華民國憲法草案》提交國民大會審議。

12 月 1 日　蔣介石與馬歇爾會談，雙方對時局意見分歧嚴重。對於馬歇爾的促和建議，蔣介石表示：不徹底消滅共產黨，就決不交出統治權。

12 月 21 日　國民大會舉行第十三次大會，憲草一讀通過。

12 月 24 日　國民大會舉行第十八、十九次大會，憲草二讀通過。

12 月 25 日　憲草三讀通過。國民大會閉幕式舉行，蔣介石出席。國民大會主席吳敬恒儀式性親手將《中華民國憲法》交由國民政府主席蔣介石。大會還制定了憲法實施準備程序，《中華民國憲法》定於 1947 年 1 月 1 日公佈，12 月 25 日實施。

12 月 31 日　國民政府舉行簽署公佈憲法令儀式，由蔣介石簽署，五院院長副署。

1947 年

1 月 1 日　《中華民國憲法》公佈。蔣介石在元旦廣播中宣佈將盡快召開國民大會選舉總統、副總統，還政於民，並指出「政府決不關閉和平商談之門，而且還希望中共參加政府」。

1 月 7 日　美國駐華特使馬歇爾奉召離華，返美就任美國國務卿。馬歇爾在當日發表聲明對國共兩黨的鬥爭提出嚴屬指責，認為「和平之最大障礙，厥為國共雙方完全以猜疑相對」，但期望「對於時局的挽救，繫於自由主義在政府中和少數黨中擔起領導作用，而如果能夠在委員長領導之下活動成功，或可通過一個好的政府而達成統一」。

1 月 11 日　蔣介石對《紐約時報》記者發表談話，稱馬歇爾離華聲明有若干遺漏，指責是中共不遵守協議。

1 月 12 日　中共代表董必武馬歇爾離華聲明發表談話，稱：如無美國之裝備，中國之內戰決打不起來。

1 月 16 日　蔣介石通過美國駐華大使司徒雷登會晤中共首席代表王炳南，告之蔣介石要派張治中去延安「商談和平」。

1 月 17 日　中共指出：「除非蔣介石取消偽憲，及恢復去年 1 月 13 日軍事位置」，否則「便無法證明他不是欺騙」。

1 月 20 日　國民黨中央宣傳部發表聲明，提出了派代表赴延安，就地停戰、解決爭執地區之地方政權問題等四條「恢復和平方案」，並拒絕了中共所提兩條最低的恢復和談的先決條件。

1 月 25 日　中共中央宣傳部長陸定一聲明：國民黨中央宣傳部提出的四條「和平方案」是用來拒絕真正和談的先決條件，一切欺騙都是無用的。

1 月 29 日　美國宣佈退出軍事三人小組與軍調部，次日，國民政府宣佈解散軍事三人小組與軍調部。

2 月 3 日　美軍駐延安聯絡團成員撤離延安。

2 月 10 日　毛澤東在延安會見美國記者斯特朗，提出國共恢復和談的條件是：恢復 1946 年 1 月 13 日雙方控制區域，取消偽憲法並恢復政協決議。

2 月 16 日　蔣介石主持召開國防最高委員會會議，討論並通過了《經濟緊急措施方案》。

2月20日　國防最高委員會通過《國民大會組織法》、《五院組織法》、《國民大會代表選舉罷免法》、《總統副總統選舉罷免法》、《立法委員監察委員選舉罷免法》等草案及立法原則，交立法院審議。

2月28日　就國民黨要求南京、重慶中共人員撤離事周恩來致電蔣介石：「閣下業已決心內戰到底，不惜以最後破裂關死一切談判之門」，「請閣下以正式公函通知我方駐京代表董必武，須延長撤退期限至三月底。」

同日　臺灣爆發反對國民黨統治的民眾暴動，後被稱爲二二八事件。

3月1日　國防最高委員會會議批准宋子文辭去行政院長職務，由蔣介石兼任行政院長，張群任副院長。

3月13日　國民黨軍對中共解放區的全面進攻，被迫改爲對陝北和山束的重點進攻。

3月15日至24日　國民黨六屆三中全會舉行，蔣介石出席並致開幕詞，指責中共「武裝割據，妨礙統一」，要與共軍「作戰到底」，同時蔣表示要實行民主，結束訓政，改組政府。全會通過了《憲政實施準備案》、《徹底改革黨務案》、《黨團關係案》、《政治改革方案》、《經濟改革方案》及《對於軍事報告之決議案》等文件。會議發表宣言，稱國民黨當前任務爲：完成憲政準備，確立建國規模；消除統一障礙，鞏固國家基礎；實行民生主義，穩定經濟秩序；維持國際正義，智力國際和平；充實教育內容，培養建國空氣。

3月19日　國民黨軍佔領延安。

3月28日　立法院通過《國民大會代表選舉罷免法》、《總統副總統選舉罷免法》。

3月29日　憲政實施促進會舉行成立後首次會議，國民政府特派洪蘭友爲憲政實施促進會秘書長。

3月30日　立法院通過五院組織法等法律。

3月31日　國民政府公佈行憲法規10部，即：《國民大會組織法》、《國民大會代表選舉罷免法》、《總統副總統選舉罷免法》、《立法院立法委員選舉罷免法》、《監察院監察委員選舉罷免法》、《行政院組織法》、《立法院組織法》、《司法院組織法》、《考試院組織法》、《監察院組織法》

4月16日　國民黨中常會通過了《新政府施政方針》，當日國民黨、青年黨、民社黨及社會賢達代表共同簽署《新政府施政方針》。

　　同日　國民黨中常會決定，各級政府、民意機關、人民團體及學校，於政府改組後，停止舉行總理紀念周，不再懸掛黨旗，不再誦讀國父遺囑，各級黨部則照舊舉行紀念周。

　　4月17日　國民黨中央常務委員會及國防最高委員會舉行聯席會議，選任蔣介石為國民政府主席。

　　同日　《國民政府施政方針》公佈。

　　4月18日　國民政府委員會改組完成，蔣介石發表談話，謂「今日國府委員會之改組，乃我國自訓政進入憲政之重要步驟。」宣佈國府委員之分配如下：國民黨12席，連同五院院長（為當然委員）共17席；民社黨4席；青年黨4席；社會賢達4席。「今已完成多黨之政府矣」。改組後的名單：國民政府主席蔣介石、副主席孫科，立法院長孫科、司法院長居正，監察院長于右任，考試院長戴季陶。國府委員中有民社黨的伍憲子、胡海門、戢冀翹，青年黨的曾琦、陳啓天、余家菊、何魯之，無黨派的莫德惠、王雲五、陳輝德、鮑爾漢。

　　同日　國民政府公佈修正後的《中華民國國民政府組織法》。

　　4月22日　新華社發表題為《新籌安會》的社論，指斥政府改組實為繼承袁世凱籌安會的一個新籌安會，名稱雖不同，但實質都是媚外、殘民、打內戰。

　　4月23日　國防最高委員會宣佈撤銷，其職權由國民政府委員會接替。

　　4月25日　民盟在上海發表時局宣言，指責政府改組違背政協決議，與民主和平團結統一背道而馳，並抗議無端逮捕民盟領袖及盟員。

　　5月　反飢餓、反內戰、反迫害的學生運動蔓延全國。

　　6月30日　國民黨舉行中央常務委員會和中央政治委員會聯席會議，蔣介石主持會議並發表了講話，宣佈黨團合併，謂「青年團與本黨再不容有二個形式的存在，決不能像現在那樣於黨部之外另立組織，另成系統，現在必須把青年團與黨統一組織，成為一體。」會議通過了《集中黨與團的力量》、《加強剿共軍事》及《如期辦理普選》等決議。

　　7月4日　國民政府通過了蔣介石親自提出的《為拯救匪區人民，保障民族生存，鞏固國家統一，厲行全國總動員，以戡平共匪叛亂，掃除民主障礙，如期實施憲政，貫徹和平建國方針案》，稱中共「擁兵割據，擾害地方，武力

叛國」，「必須全國軍民集中意志，動員全國力量，一面加緊戡亂，一面積極建設」。

7月7日　蔣介石發表廣播演說，強調「戡亂建國」的必要性。

7月9日　國民政府決定撤銷政治協商會議名義及其秘書處組織。

同日　美國宣佈派魏德邁為特別代表赴中國。

7月10日　國民大會代表及立法委員選舉總事務所決定，國民大會代表選舉於10月21日至23日進行，立法委員選舉於12月21日至23日進行。

7月14日　新華社發表社論《總動員與總崩潰》，指出：國民黨下總動員令，象徵著蔣介石的統治將要崩潰，人民的方針就是堅決徹底乾淨的消滅蔣介石軍隊，成立民主聯合政府。

7月18日　國民政府舉行國務會議，通過了《動員戡亂完成憲政實施綱要》，取消中共國大代表、國府委員保留名額，中共現任國民參政員予以除名。

7月21日　中共中央召開擴大會議，毛澤東提出，從1946年7月算起，用五年時間打倒蔣介石集團。

7月27日　蔣介石接見美國記者時表示：「國民政府將履行諾言，於本年底實施憲政，產生立憲政府。共匪叛亂不能妨礙我憲政實行。」

8月10日　蔣介石約見美國駐華大使司徒雷登，詢問其對中國政府看法。司徒雷登表示美國支持中國的條件是現政府必須進行改革，恢復非共產黨人民的支持；必須採取措施將國民黨同政府完全分開，地位同民主制度下的其他黨派相等。

8月19日　國民黨中央執行委員會秘書長吳鐵城向蔣介石呈報各省市縣選舉指導辦法及指導本黨同志參加競選實施辦法。報告提出：本黨於某些地區不提候選人，而以社會賢達身份競選；中央決定支持之同志未獲當選者，應由中央對各級承辦選舉之同志課以責任。蔣批示認可。

同日　蔣介石與魏德邁會談六小時，就政治、軍事、黨務等問題交換意見。

8月22日　魏德邁出席國民政府委員會與全體部長聯席會議並在演講中抨擊國民黨政治軍事腐敗無能，稱國民黨不能以武力擊敗中共，要立即改進政治、經濟狀況。

8月24日　魏德邁離華赴日，行前在蔣介石官邸發表聲明痛斥國民黨政權「麻木與怠惰」、官員「貪污無能」，「中國的復興有待於富於感召力的領袖」。

次日，蔣介石向美國駐華使館方面詢問，魏德邁的聲明是不是美國真想逼他下臺。

9月2日　張群對美國記者談魏德邁聲明，稱甚多事情為魏德邁所不知，魏建議的改革正在實行。魏德邁使華的結果不會導致中國政府內政外交政策變更。

9月9日至13日　國民黨舉行六屆四中全會及中央黨團聯席會議，蔣介石主持會議並致開幕詞，指出：國民黨未能解決中國問題，國民黨員有愧職責，國民黨如果不改革、不更新，就注定滅亡。會議決定將三民主義青年團併入中國國民黨。蔣介石在閉幕式上提出當前要務如下：（一）澄清吏治，根絕貪污；（二）安定經濟，建立經濟基礎；（三）建設收復區，解除人民痛苦；（四）召開國民大會，實行憲政。會議通過宣言稱：「頒佈憲法，結束訓政，更足以表示本黨一貫努力，不斷向前，以完成民主政治的決心與誠意。而戡亂與總動員，乃是為了維護國家領土與主權的統一與完整。」

9月14日　外交部公佈8月16日交給魏德邁的《關於中國政府措施與政策之一般說明》，為國民黨、蔣介石作辯解。

9月16日　蔣介石手令國民黨全體將領，共體時艱，完成剿匪任務。

9月19日　魏德邁向美國總統杜魯門提交長篇秘密報告。報告認為在國民黨實行徹底的政治經濟改革以前，美援不能完成它的目的。國民黨的軍事地位已經惡化，軍事形勢有利於中共。但一個共產黨統治下的中國，對美國是有害的。報告建議美國應繼續全面援助國民黨，但應從各方面對國民黨加以督促。

9月26日　國民政府決定國大代表選舉展期一個月，於11月21日至23日舉行。

9月28日　蔣介石會見司徒雷登，稱表面的衝突不會影響中美長期友好關係。

10月1日　國民黨中央黨部與三青團中央團部正式合併，同時國民黨中央青年部宣佈成立。

10月10日　中國人民解放軍總部發表《中國人民解放軍宣言》，提出：「打倒蔣介石，解放全中國」的口號。

10月21日　民社黨就國民大會代表名額問題與國民黨達成協議。

10月24日　孫科、吳鐵城、陳立夫邀民社黨、青年黨舉行小組會，討論

跨黨分子參加競選國大代表的處置辦法。民社、青年兩黨均表示：如確爲跨黨者，兩黨願將原提人選退出，另提他人。

10月27日　國民政府宣佈民盟爲非法團體，嚴加取締。

同日　國民大會代表聯誼會 670 餘人聯名上書蔣介石，建議召開國民大會臨時會議並延期選舉。31日，國民政府否決該建議。

11月10日　選舉事務所公佈國民黨、民社黨、青年黨國大代表候選人名單。

11月12日　上海青年會主辦「中國青少年民主實驗共和國」團體，模倣議會組織，設中央及地方各級機構，並舉行國會議員選舉。參加活動的 12 至 18 歲青少年 913 人，是日下午舉行「共和國」成立大會。

11月14日　青年黨通電表示與國民黨共策競選互助，以求國民黨對其進一步的支持。

11月15日　立法院修改各省市縣參議會法規，決定用遴選方式遴選各黨人士共同參加各省市縣參議會，以使民社黨、青年黨參加地方政權。

11月21日至23日　國民大會代表選舉，國民政府稱選民爲 2.4 億人參加投票。

11月22日　國民政府公佈《國民大會籌備委員會組織規程》，指定孫科爲主任委員。

11月28日　國民政府決定將監察委員選期延至 1948 年 1 月 10 日爲止，立法委員選舉則延至 1948 年 1 月下旬爲止。

12月3日　國民政府公佈各省市縣參議會或臨時參議會參議院遴選補充規程，並依據該規程第三條規定，公佈用遴選方式選定之各省市參議員名單共 451 人。

12月9日　行政院公佈《動員戡亂完成憲政國防軍事實施辦法》，修正通過《省縣自治通則》。

12月11日　國民黨中央監察委員會舉行常委會，根據統一黨團監察組織案規定，指定黨團統一後各省市黨部監察委員會常委名單。

12月12日　國民政府通過《訓政結束程序法》，並決定第四屆國民參政員任期延至國民大會開會之日爲止。

12月15日　民社、青年兩黨開會商討監察委員候選人名額分配問題，並達成協議。

12 月 25 日 《中華民國憲法》開始施行，國民黨結束訓政，開始行憲。國民政府宣佈 1948 年 3 月 29 日召開國民大會。

12 月 26 日 各省市參議會開始選舉行憲後第一屆監察院監察委員。

12 月 29 日 國民黨中常會通過《國民大會代表選舉國民黨黨員讓與友黨實施辦法》，規定國民黨黨員當選爲代表時，得與民社黨、青年黨當選之候補人互換。

同日 國大代表提名當選人聯誼會向國民黨中常會請願，對代表名額讓與辦法表示不滿。

1948 年

1 月 1 日 蔣介石發表元旦廣播講話，宣稱「要在一年內消滅共產黨主力」。

1 月 8 日 國民政府主席北平行轅主任李宗仁宣佈參加副總統競選。

1 月 20 日 行政院頒佈《戡亂時期危害國家緊急治罪條例》。

1 月 21 日至 23 日 行憲第一屆立法委員選舉投票。

1 月 22 日 國民政府主席武漢行轅主任程潛宣佈參加副總統競選。

1 月 26 日 國民黨中常會以黨員登記尚未辦理完畢，且因 3 月 29 日將舉行國民大會，時間倉促，決定國民黨第七次全國代表大會延期舉行。

1 月 30 日 國民黨中常會舉行會議，就國大代表選舉及退讓事與選舉指導委員會經多次爭執後決定：原定青年黨、民社黨之名額爲無黨派人士占去者爲有效；爲國民黨籍人士占去者，本黨一律退讓；國民黨代表名額落伍者，自行退讓，否則以黨紀處分。

2 月 4 日 國民黨中常會通過《中國國民黨黨員當選國大代表或立法委員自願退讓與友黨獎勵辦法》，規定退讓者將受到蔣介石或國民黨中央黨部的書面獎勵，同時還規定可以給予退讓者一些經濟上的獎勵。

2 月 18 日 蔣介石發表《告同胞書》，紀念新生活運動十四週年，表示要勘定內亂，完成行憲進程，克服經濟危機。

3 月 2 日 國民大會代表當選名單由選舉總事務所呈送國民政府。

3 月 5 日 國民大會籌備委員會秘書長洪蘭友對記者稱：國大籌備工作，積極進行，大致業已完成，19 日起各報到處即可開始工作，各代表招待所亦可及時布置妥當。

3 月 10 日　杜魯門就美國對華政策發表談話，公開聲明不希望在中國政府中有共產黨人參加，希望中國的自由主義者參加政府。

3 月 12 日　蔣介石主持召開國務會議，通過多項議案，主要有：一、《核定本屆國民大會名稱案》，規定本次國民大會定名爲「第一屆國民大會第一次會議」；二、《省縣自治通則立法原則草案》；三、《黑龍江等八省市成立臨時參議會及監委產生辦法案》；四、《設置戡亂建國動員委員會案》。

同日　國民大會籌備委員會擬定《第一屆國民大會日程草案》，提請大會主席團討論。

3 月 15 日　國民黨中常會討論國民黨籍國大代表當選人退讓於青年黨、民社黨和社會賢達問題，已當選之代表先後有 427 人被強令退出國大代表資格。

3 月 16 日　部分國大代表發表起始，否認退讓。

3 月 17 日　國民政府副主席孫科表示將參加副總統競選。

3 月 18 日　國大代表開始報到。《中央日報》報導：第一屆國民大會法定代表人數爲 3045 人。

3 月 19 日　被迫退讓的國民黨籍國大代表向內政部索要當選證書，並與國民黨組織部長陳立夫談判。

3 月 25 日　蔣介石召見李宗仁。李稱：「我已決心競選副總統，事先並曾請吳忠信、白崇禧兩位報告過，承蒙俯允，現在希望更有所指示。」對此，蔣答覆說：選舉正、副總統是民主政治的開端，黨內外人士都可以自由競選，本人將一視同仁，沒有成見。

同日　蔣介石召見國民黨籍國大代表 60 餘人，要求他們「體認革命環境，互諒互讓，犧牲小我，顧全大我」。

同日　立法院通過《中華民國總統府組織法》、《戡亂時期危害國家治罪條例》。

同日　孫科、于右任、李宗仁、程潛先後正式宣佈參加副總統競選。

同日　孫科發表談話稱：只有蔣介石一人有資格當選總統。

3 月 27 日　蔣介石發表《爲解決國民大會代表選舉糾紛的聲明》，聲明中表示：「茲當國民大會開會之前夕，若干代表當選資格，因政治與法律觀點之不同而尚未解決者，余乃負責予以全部解決。余以爲本黨同志相互的問題，應依一般選舉之通例，使得票比較多者當選。至本黨同志與友黨候選人之間的問題，則應以政治方法爲之解決。本黨同志應本於尊重政黨協議與政黨提

名之精神，放棄其當選資格，俾友黨候補人贋選。惟有如此，始能符合召開國民大會之宗旨。」

同日　李宗仁、程潛、于右任各發表競選副總統演說。

3月28日　國民參政會正式宣佈結束，蔣介石等參加茶話惜別會。

同日　被迫退讓的國民黨籍國大代表到國民大會堂絕食抗議，另有一些人鬧事、哭陵，包圍國民黨中央黨部，甚至有天津代表趙逐初擡棺赴會之舉。

3月29日　國民大會在南京國民大會堂召開，主要任務爲施行《中華民國憲法》，選舉第一任中華民國總統、副總統。大會法定代表人數 3045 人，已產生 2908 人；至 28 日報到 1694 人，出席 1679 人。蔣介石出席國民大會開幕式，並致開幕詞，重申「保障憲政的成功」，同時「悉力戡亂，以剷除這個建國的障礙和民主的敵人」。

同日　國民政府委員莫德惠表示參加副總統競選。

3月30日　國民大會召開第一次行憲預備會議，胡適主持討論大會主席團問題，但未得結果。

同日　國大代表又有 104 人報到。

同日　立法院長孫科宣佈第四屆立法院至遲將於 4 月底結束。立法院通過《行憲後立法院組織法》和《監察院組織法》。

同日　李宗仁對記者發表談話稱：「在主觀上，本人相信余競選副總統爲最有希望。」

3月31日　國民大會舉行第二次預備會議，討論大會主席團選舉辦法，並決定增加主席團名額。

同日　司法院長居正宣佈參加大總統競選。

4月1日　立法院通過決議，將國民大會主席團人數由原來的 25 人增加至 85 人。

4月2日　國民大會召開第四次預備會議，通過《第一屆國民大會第一次會議主席團選舉辦法》。

4月3日　蔣介石召見李宗仁，要求其退出副總統競選，謂「總統、副總統的候選人，均由中央提名。副總統候選人，已內定由孫哲生出任，希望你顧全大局，退出競選」。李宗仁拒絕了蔣的要求。

同日　國大第五次預備會議選舉主席團未果。又有國大代表 30 人報到，截止是日，國大代表共報到 2321 人。

4月4日　國民黨召開第六屆中央執行委員會臨時全體會議，討論總統、副總統候選人問題。蔣介石發表講話，認爲首屆總統應由黨外人士擔任，人選標準是：富有民主精神、對中國歷史文化有深切之瞭解、對憲法能全力擁護、對國際問題及國際大勢有深切之瞭解與研究、忠於國家。蔣表示自己無意競選總統，寧願當行政院長。會議決定：副總統自由競選。

同日　又有國大代表54人報到。

4月5日　國民黨六屆中央執委會臨時全體會議繼續舉行，討論是否提名蔣介石爲總統候選人的問題。會上兩種意見對立，張群對此解釋說，「並不是總裁不願意當總統，而是依據憲法規定，總統是一位虛位元首，所以他不願處於有職無權地位：如果常委會能想出一個補救辦法，規定在特定時期，賦予總統以緊急處置的權力，他還是要當總統的」。會議推張群、陳立夫、陳布雷徵求蔣介石意見。後，張群報告說：「已徵得總裁同意，在憲法外另定條文，如臨時條款之類，使總統在特定時期得爲緊急處置。在這個條件下，他願意當總統候選人。」

同日　國民大會第六次預備會議選舉于右任、谷正綱等85人爲主席團成員。主席團舉行第一次會議。是日又有國大代表98人報到。

4月6日　國民黨六屆中央執委會臨時全體會議建議以蔣介石爲總統候選人。會議通過決議：本屆總統候選人，仍擁護蔣介石，但黨不提名，由國民黨籍國大代表聯署提名。

同日　國民大會召開第一次正式會議。

4月7日　國民大會舉行第二次大會，通過《國大代表資格審查委員會組織法》、《國大紀律委員會組織規程草案》。截止是日，又有國大代表 28 人報到，代表共報到2551人，各地選出代表共2951人。

當日　蔣介石宴請國民黨中央執行委員及部分監察委員，蔣發表談話稱：國民大會此次在南京召開，實爲一極好良機，使地方情形能轉達中央，以備政府採納。

4月8日　國民大會舉行第三次大會，大部分代表強烈要求將地方情形反映於大會，反映於中央政府，對於當前時局及政府施政方針，應有廣泛的討論。同時，提出修改憲法的建議。

當日　又有國大代表46人報到。

4月9日　蔣介石出席國民大會，在《施政報告》中宣稱3個月到6個月以肅清在黃河以南集結的共軍。

同日　國民大會第四次會議通過《第一屆國民大會議事規則》和《提案覆查委員會組織規章》。

4月10日　國民大會第五次大會通過《第一屆國民大會第一次大會日程表》。

同日　又有國大代表31人報到，截止本日，代表共報到2660人。

4月13日　國大舉行第七次會議，代表在檢討軍事時紛紛指責陳誠之過失，有人提出「殺陳誠以謝國人」，會場大亂。

4月14日　國大代表又有12人報到，截止是日，代表共報到2717人，各地選出國大代表共2960人。

4月15日　國民大會第九次會議審讀國大代表關於修改憲法等六項提案。

同日　立法院通過《修正行政院組織法草案》。

同日　孫科招待民社、青年兩黨國大代表時強調三黨必須合作，三黨合作之基礎，即在於黨與黨之間互諒與互助。

4月16日　國民大會主席團公佈總統候選人為蔣介石、居正。

4月17日　國民大會第十一次大會討論修憲問題時，因各派意見不同，發生爭執，會場大亂。

當日　被迫取消代表資格的國大代表劉運籌、黃淑芬等20餘人集體赴國民大會堂，試圖衝進會場，被憲兵阻止。

當日　蔣介石召集國民黨籍國大代表談話稱：各黨員應尊重本黨傳統精神，珍惜本黨五十年奮鬥之歷史，明瞭國家當前之需要。關於修憲問題，仍宜依照本黨既定之方針，除對於戡亂有關者可予以補充臨時性條款外，均以不修改為宜。

當日　又有國大代表16人報到，至此已有2748人報到。

4月18日　國民大會第十二次大會通過《動員戡亂時期臨時條款》，規定：「總統在戡亂時期，為避免國家和人民遭遇緊急危難，或應付財政經濟上重大變故，得經行政院會議之決議，為緊急處分，不受憲法第三十九或第四十三條所規定之限制。」

4月19日　蔣介石由國民大會第十三次大會選舉為總統，得票數為2430票。出席大會代表2734人。投居正票者有269票，廢票35張。

4月20日　國民大會主席團公佈副總統候選人爲孫科、于右任、李宗仁、程潛、莫德惠、徐傅霖六人。

4月21日　國大代表又有22人報到，截止是日共2804人報到。

4月22日　國民大會舉行第十五次大會，討論通過各種議案533件。代表們還討論了閉會後設立機構案，未獲結果，會場秩序極亂。

同日　蔣介石主持國務會議，討論通過《第一屆國民大會代表選舉補充辦法》，決定「由國務會議就職業團體原有國大代表名額增加三百名」；通過《第一屆立法委員選舉補充辦法》，決定「在職業團體立法委員名額中增加一百五十名」。

4月23日　國大投票選舉副總統，無人得票過半數，李宗仁、孫科、程潛三人進入下一輪選舉。

同日　《新民報》詆毀李宗仁「加官」後將繼之以「逼宮」。因《救國日報》刊《孫科和他的小妾藍妮的故事》，薛岳率廣東籍國大代表一怒之下搗毀該報館。

同日　立法院長孫科召集立法院會議，討論昨日國務會議通過之第一屆國民大會代表、立法委員選舉補充辦法，出席者均認爲用立法程序解決政治問題，有背法治精神，困難殊多，且極可能引致更多糾紛。

4月24日　國大第二次投票選舉副總統，李宗仁得1163票，孫科得945票，程潛得616票，均未過半數。

當日　蔣介石示意程潛放棄競選並勸其支持者將選票投給孫科，遭程潛拒絕。當晚程潛發表聲明放棄競選，與程達成攻守同盟的李宗仁隨即決定也放棄競選。

當日　行憲立法院立法委員開始報到。

當日　美國總統杜魯門、國務卿馬歇爾電賀蔣介石當選總統。

4月25日　李宗仁、程潛登報聲明棄選副總統是因存在著某種壓力，不得已而爲之。支持兩人的國大代表紛紛表示罷選。孫科在此環境下，只好表示亦棄選副總統。蔣介石無奈，只好派人從中斡旋，國大主席團亦派人敦勸三位候選人。

4月27日　經各方爭取，李宗仁、孫科、程潛決定繼續參加副總統競選。

4月28日　國大第三次投票選舉副總統，李宗仁得1156票，孫科得1040票，程潛得515票，依然均未過半數。李宗仁、孫科進入下一輪選舉。

4月29日　國大第四次投票選舉副總統，李宗仁 1438 票力壓孫科 1295 票，當選為副總統。蔣介石對這樣的結果，異常惱火。李宗仁發表書面談話：「本人膺選後，自當本平昔一貫主張，輔佐元首，革新庶政，完成戡亂建國之使命。」

同日　美駐華大使司徒雷登在給國務卿馬歇爾的報告中，認為李宗仁當選副總統是蔣介石的一嚴重挫折，也是「國民黨內反對分子對以 CC 派和黃埔派為中心的政黨機器的獨裁進行挑戰的勝利」。

4月30日　國民大會第十六次大會議定設立憲政督導委員會，通過全國總動員戡亂案。

當日　國民政府公佈《中華民國總統府組織法》。

5月1日　第一屆國民大會在南京閉幕。蔣介石出席國民大會閉幕式，並致閉幕詞。

同日　國民政府頒佈《行政院組織法》、《立法院各委員會組織法》、《司法院組織法》、《考試院組織法》和《監察院組織法》。

同日　立法院召開最後一次會議即第四屆第三五三次會議，否決 4 月 22 日國務會議通過之第一屆國民大會及立法委員選舉補充辦法，反對增加名額以解決代表資格之糾紛事件。

5月3日　蔣介石召集參加國民大會的國民黨籍代表談話，就國民大會後國民黨面臨的形勢發表講話，認為國民黨人「對革命的信心呈現動搖，對戡亂建國的前途缺乏信心，尤其來自匪區的各位同志，焦急憂慮，情緒失常，在會場中充滿了互相責難、互相怨懟空氣」，號召國民黨員「自信、自強、自反」。

5月8日　行憲後第一屆立法院舉行開幕禮。蔣介石召集國民黨中央常務委員兼立法委員的陳立夫等 10 餘人就立法院院長和行政院院長人選徵詢意見。

5月10日　第一屆立法院召開預備會議。

5月16日　行憲後首屆監察院集會籌備委員會召開第一次會議。

5月17日　立法院開會，選舉正、副院長，孫科、陳立夫分別當選為正、副院長。

5月18日　行政院舉行最後一次政務會議，決定由行政院長張群領銜總辭職。會上張群表示自己無意擔任行憲後之行政院長一職。

同日　行憲後第一屆立法院召開第一次會議。

5 月 19 日　國民政府委員會舉行最後一次國務會議。

5 月 20 日　蔣介石就任中華民國總統，李宗仁就任中華民國副總統。「國民政府」結束，「中華民國政府」正式成立。

5 月 21 日　蔣介石召集國民黨籍全體立法委員舉行談話會，提名張群為行政院長，要求立法院行使同意權時一致同意。立法委員投票結果，何應欽得票最多。張群辭行政院長提名。

5 月 23 日　何應欽謝絕行政院長提名，獲蔣允准。

5 月 24 日　蔣介石提名前資源委員會主任翁文灝為行政院院長，獲立法院通過。當日晚，蔣介石召見翁文灝，指示行政院組成人選之原則。

5 月 25 日　新任行政院長翁文灝發表施政演說。

5 月 28 日　行憲後第一屆監察院集會開始報到。

5 月　蔣介石組織成立總統府，設秘書長、副秘書長各一人，參軍長一人，資政若干。總統府下設六個局，並有機要、侍衛、統計三個室，警衛、軍樂兩隊。總統府總計有 1500 餘名人員。

同月　國民黨 CC 系立法委員在蔣介石支持下組織成立「革新俱樂部」，政學系立法委員在吳鐵城支持下組織成立「民主自由社」，三青團系和朱家驊系的立法委員組織成立「新政俱樂部」。立法院國民黨籍立委由此形成三大組合。

6 月 1 日　蔣介石發佈命令，任命顧孟餘為行政院副院長，張厲生為內政部長，王世杰為外交部長，何應欽為國防部長，王雲五為財政部長，朱家驊為教育部長，謝冠生為司法行政部長，左舜生為農林部長，谷正綱為社會部長，薛篤弼為水利部長，李敬齋為地政部長，周貽春為衛生部長，關吉玉為糧食部長，劉維熾為僑務委員會委員長，許世英為蒙藏委員會委員長，孫越崎為資源委員會委員長，徐堪為主計部主計長。特任李維果、梁穎文為行政院正、副秘書長。

同日　行政院召開首次政務會議。

6 月 2 日　以翁文灝為首的中華民國政府第一屆「行憲內閣」正式宣告成立。

6 月 5 日　中華民國政府監察院成立，于右任、劉哲分別就任監察院長、副院長。

6月11日　行政院長翁文灝向立法院報告新內閣施政方針，眾立法委員對其報告感到不滿，希望其立即拿出具體方針。

6月12日　立法院繼續就施政方針質詢翁文灝。

6月15日　翁文灝答覆立法院質詢。

6月21日　因顧孟餘未就任行政院副院長，蔣介石特任張厲生任該職，任彭昭賢繼任內政部長。

7月1日　司法院長王寵惠正式就職。

7月4日　立法委員200餘人組織的「革新俱樂部」發言人表示：俱樂部之宗旨，乃在聯絡感情，交換意見，團結進步分子，共同促進政治之革新及民主憲政之實現。

7月11日　戡亂建國委員會在南京成立，孫科任主席。孫科向記者透露：外間人士對該委員會印象甚壞，認為其是政治性安插人事機構，安插那些落選的立委監委。

7月14日　監察院同意蔣介石提出的大法官江庸等12人，史尚寬等5人未獲同意。

7月15日　監察院同意蔣介石提出的考試院考試委員陳逸松等10人，其餘9人未獲同意。

7月16日　孫科主持立法院會議，否決保障人權案。

7月18日　部分國大代表對記者發表聲明，援引憲法，要求與立委監委同等待遇。

7月20日　立法院撤銷全國經濟委員會及其附屬機構，退還戡亂建國委員會預算案，不予審議。

7月23日　國大代表300餘人因立法院退還戡亂建國委員會預算案，召開「留京代表大會」，決定明年元旦召集國民大會，修改憲法，並宣佈立委違憲事實。

7月24日　立法院第一屆會期結束，第二屆會期定於9月上旬開始。

7月25日　被國民黨中央剔除的立法委員簽署候選人冉仲虎等在成都成立「被非法剔除立委簽署候選人護憲會」，發表宣言稱其目的「在根本否認違法選出之立法委員，並主張嚴懲辦理選舉違法之人員，爭民權，護憲法，以涮滌民主憲政史上空前之污點」。

7月28日　立法院借用的國民大會堂，被國大代表在門上帖以「國民大

會封」字條。吳鐵城、洪蘭友招待留南京國大代表，勸其勿作過分之爭執，勿簽署發動臨時國民大會；允諾無兼職國大代表，儘量聘入戡亂建國委員會。

8月3日　國民黨留京中央委員及立委監委497人舉行黨務座談會，由吳鐵城主持，檢討國民黨過去黨務之得失，商議今後黨務改革問題。次日會議結束，發表宣言，主張樹立黨的新作風。

8月10日　美駐華大使司徒雷登向國務院報告：現在「普遍地都在批評蔣委員長領導的無能，卻普遍地沒有人能提出任何人來代替他的地位。他是使這個巍然大國結合的人」。報告建議繼續給予國民黨援助，如有可能並予以增加。

8月13日　留南京之國大代表再度醞釀召開國民大會臨時會議，並痛詆立法院。

8月20日　蔣介石以總統名義與行政院長翁文灝、財政部長王雲五共同簽發命令，實行幣制改革，發行金圓券。

9月7日　立法院第二次會議開幕，會議由孫科主持，否決修改組織法等案。

9月9日　憲政督導會在南京成立，莫德惠任會長，蔣介石出席開幕式並致詞，要求其會員「匡扶政府戡亂」，「研討行憲得失」。

9月10日　立法院舉行秘密會議，行政院長翁文灝出席報告財政經濟緊急處分令實施情況。

9月13日　立法院舉行秘密會議，質詢財政經濟緊急處分令執行情況，財政部長王雲五稱下半年財政收支可相抵，行政院長翁文灝表示歡迎公開檢舉重大經濟案件。

9月17日　監察院發表財政部主任秘書徐百齊等人泄露重要機密、非法投機牟利案調查報告，並糾舉財政部長王雲五用人不當。

9月24日　立法院質詢軍事、外交情形。

10月8日　立法院以「不合規定」為由，將行政院所編明年下半年度中央總預算案退回。

10月16日　司徒雷登報告美國務院：「這個政府，特別是蔣委員長已較過去更加不孚眾望，並日愈來愈眾叛親離了。」

10月17日　立法委員尹樹賢、羅衡等組織「民主自由社」。

10 月 23 日　司徒雷登請示國務院：「我們可以贊成委員長退休，讓位給某一位能夠給國民黨軍隊和非共產主義黨派爭取盡可能有利的條件而結束內戰的政治領袖嗎？」國務卿馬歇爾對此答覆說：「美國政府不應置身於建議委員長退休或其他華人為中國政府領袖的地位。」

10 月 30 日　蔣介石召集翁文灝、孫科、張群等人舉行緊急會議，商討軍事形勢，指出目前軍事形勢為抗日戰爭結束以來之最嚴重者。

11 月 2 日　行政院長翁文灝出席立法院為經濟改革失敗召開的質詢會，承認政府關於收支平衡、幣制改革、限價政策和調整工資及公教人員待遇等目標均已失敗，並造成了新的通貨膨脹。

11 月 3 日　行政院長翁文灝因經濟改革失敗向蔣介石遞交辭呈，蔣批示慰留。

11 月 4 日　蔣介石電賀杜魯門連任美國總統。杜魯門發表講話，稱總體而言，美國救濟中國計劃頗有成功，但加強對華援助存在較多困難，杜魯門提出美援必須由美國人就地密切監督。

11 月 6 日　司徒雷登報告美國務院：中國形勢惡化，任何軍事援助亦於事無補，「我們非常不願意得出這樣的結論：國民黨現政府之早日崩潰是不可避免的了」。

11 月 7 日　《中央日報》發表社論《還在夢想和平嗎？》

11 月 8 日　蔣介石在國民黨中央黨部紀念周講演，說：「前幾天南京竟有少數知識分子，公然發表言論，提出和平主張，這實在是自己喪失了民族精神，完全是投降主義者。」

同日　蔣介石召集國民黨中央委員、立法委員、監察委員舉行聯席會議，在發表的講話中提出要有長期剿匪的精神準備，稱抗戰八年，剿匪也要八年。

11 月 9 日　蔣介石致函美國總統杜魯門，要求美國直接指揮國民黨軍隊作戰。

同日　立法院「革新俱樂部」發表時局主張：組織舉國一致的責任內閣，加強中美聯繫，實行民生主義及推行各級自治。

11 月 12 日　杜魯門電覆蔣介石，對美國直接參加指揮作戰一事避而不談。

11 月 14 日　新華社發表毛澤東的評論《中國軍事形勢的重大變化》，指出：「從現在起，再有一年左右的時間，就有可能將國民黨反動政府從根本上打倒。」

11月15日　立法院「民主自由社」主張徵用豪門外匯，懲處失職官員，加強對美外交。

11月22日　《中央日報》發表社論《下決心打到底》，宣稱：「我們今日有力量也要打到底，沒力量也要打到底。」

11月26日　翁文灝辭行政院院長職，蔣介石提名孫科繼任。

11月27日　立法院投票同意孫科繼任行政院長，孫科對合眾社發表談話：爲盡早取得美國重大軍事援助，中國必須準備做出重大讓步。中國需要麥克阿瑟那樣的傑出軍人擔任最高軍事顧問，以指導對共軍作戰。

12月1日　蔣介石對合眾社稱：確信戰局將轉向有利於國軍。蔣表示將長期守住江南，並歡迎麥克阿瑟爲最高軍事顧問。

同日　美《外交雜誌》刊文：自第二次世界大戰開始以來，美國曾以35億美元援助中國，其中戰勝日本前爲14.69億美元，戰勝日本後爲20.88億美元。

12月3日　宋美齡拜訪美國務卿馬歇爾，請美援蔣。

12月4日　宋美齡要求美國援蔣30億美元，以三年爲期。

12月6日　宋美齡在美爲紀念珍珠港事變七週年發表文告，呼籲美國援蔣，以防止世界大戰重新爆發。

12月10日　蔣介石頒佈命令，宣佈全國實行戒嚴。

同日　宋美齡拜見美國總統杜魯門，要求美國發表支持國民黨反共救國的正式宣言，派遣高級軍事代表團來華主持反共戰爭，提供30億美元的軍事援助。杜魯門答覆：「美國只能付給已經承諾的援華計劃的40億美元，這種援助可以繼續下去，直到耗完爲止，美國不能保證無限期地支持一個無法支持的中國。」

12月17日　蔣介石派張群等與李宗仁商談自己下野及由李宗仁代行總統職權的問題。當月中旬　蔣介石兩次召見李宗仁，商談引退問題。

12月22日　孫科內閣組成。以總統名義公佈內閣名單：行政院副院長兼外交部長吳鐵城，國防部長徐永昌，內政部長洪蘭友，教育部長梅貽琦，糧食部長關吉玉，社會部長谷正綱，衛生部長林可勝，交通部長俞大維，財政部長徐堪，水利部長鍾天心，工商部長劉維熾，地政部長吳尚鷹，司法行政部長梅汝璈，資源委員會委員長孫越琦，僑務委員會委員長戴愧生，蒙藏委

員會委員長白雲梯，主計部主計長龐松舟，政務委員張群、張治中、翁文灝、陳立夫、張厲生、朱家驊。

12 月 24 日　立法院選舉正副院長，童冠賢當選立法院長，劉健群當選副院長。

12 月 25 日　中共宣佈國民黨戰犯名單，蔣介石為戰犯之首。

12 月 27 日　宋美齡拜見美代理國務卿羅凡特，要求美增加對華援助。

12 月 29 日　湖北省參議會通電主張以政治方法解決國事。

同日　立法委員黃紹竑發表談話，主張和平解決國內問題。

12 月 30 日　華中剿總司令白崇禧通電主和，促蔣表態。

同日　河南省主席張軫與河南省參議會通電主和，湖南、廣西兩省隨後通電響應。

12 月 31 日　蔣介石在官邸約集李宗仁、孫科、張群、陳立夫等國民黨要人，稱：「現在局面嚴重，黨內有人主張和淡。我對於這樣一個重大問題，不能不有所表示。現擬好一篇文告，準備在元旦發表。現在請岳軍先生朗誦一遍，徵求大家意見。」當張群宣讀完下野文告以後，詢問李宗仁有何意見，李回答說：「我與總統並無不同的意見。」有人極力反對發表這個文告，當場引發爭執。蔣厲聲道：「我並不要離開！只要你們黨員要我退職，我之願下野，不是因為共產黨，而是由於本黨中的某一派系。」

12 月下旬　蔣介石與李宗仁經過兩次協商，就蔣下野讓位問題達成協議：（一）蔣主動下野，以便政府開始和談；（二）由副總統李宗仁代行總統職務，宣佈和平主張；（三）與中共和談事，由行政院主持。

1949 年

1 月 1 日　蔣介石發表元旦文告，提出與中共和平談判主張。稱「只要神聖的憲法不由我而違反，民主憲政不因此而破壞，中華民國的國體能夠確保，中華民國的法統不致中斷，軍隊有確實的保障，人民能夠維持其自由的生活方式與目前最低生活水準」，便可以與中共進行和談。蔣表示：「和平果能實現，則個人進退出處，決不縈懷，而一惟國民的公意是從。」

同日　新華社發表毛澤東的新年獻詞《將革命進行到底》，提出 1949 年的主要任務是向長江以南進軍和宣告中華人民共和國成立。

1月4日　蔣介石拜訪李宗仁，交談對付時局辦法，告以決心退休，請李頂起局面，但李拒不答應，遂辭出。

1月5日　美駐華使館通知李宗仁：美方得悉蔣介石有放棄大陸、經營臺灣的計劃。美方擬向蔣提出抗議。李宗仁表示：國民黨有半數可戰之兵，且西北和長江以南半壁江山尚存，此時即作放棄大陸準備太早。

1月7日　艾奇遜繼任美國務卿。

1月10日　淮海戰役以解放軍勝利結束，國民黨軍損失 55 萬餘精銳部隊。這一決定性戰役使國民黨軍呈現崩潰之勢。

1月上旬　在蔣介石指示下，國防部保密局從南京撤到臺灣，在上海成立辦事處領導各地省站工作。

1月12日　蔣介石在溪口部置警衛、架設電臺，爲下野做準備。

1月14日　毛澤東發表對時局的聲明，答覆蔣介石元旦求和文告。毛澤東在聲明中提出八項和談條件：（一）懲辦戰爭罪犯；（二）廢除僞憲法；（三）廢除僞法統；（四）依據原則改編一切反動軍隊；（五）沒收官僚資本；（六）改革土地制度；（七）廢除賣國條約；（八）召開沒有反動分子參加的政治協商會議，成立民主聯合政府，接收南京反動政府及其所屬各級政府的一切權力。

1月19日　蔣介石在官邸召集國民政府各部門要員開會，商討和談問題。授意孫科以行政院名義發表聲明，表示政府「願與中共雙方立即先行無條件停戰，並各指定代表進行和平商談。」

1月21日　蔣介石發表引退文告，宣佈由副總統李宗仁代理總統。

1月22日　李宗仁發表文告，宣佈就任代總統職，表示願意與中共和談。

1月24日　國民黨中央發出《特別緊急宣傳通報》，稱「總裁雖暫不行使總統職權，但仍以總裁地位領導本黨」。國民黨中央執行委員會向黨內發出爲蔣介石引退的指示文件，要求全黨：「一、總裁對於國家大計所持之立場，具見元旦文告及 1 月 21 日聲明，全黨同志應就此兩項文件，悉心研討，全力信守；二、無論總裁之行止何在，全黨同志均應竭誠盡力，接受領導，繼續奮鬥。」

1月26日　蔣介石自溪口致函國民黨各要員，命令他們如果和談不成，就作戰到底。

1月31日　國民黨守軍接受和平改編，解放軍進駐北平。

2月1日　國民黨中央黨部遷往廣州。

2月3日　留京國大代表百餘人召開聯誼會全體大會，通過多項提案，並敦促行政院長孫科、立法院長童冠賢、監察院長于右任等返回南京，共同促進和談。

2月4日　行政院長孫科、副院長吳鐵城等由上海飛抵廣州。

同日　美軍顧問團最後一批人員離華。

2月5日　行政院在廣州正式開始辦公。

2月8日　國民黨中常會在廣州舉行遷穗後首次會議，會議討論和平與黨務改革問題。

同日　立法院長童冠賢主持下，在穗立委40餘人舉行座談會，決請各地立委南下復會。

2月15日　新華社發表毛澤東的評論《已經四分五裂的反動派為什麼還要空喊「全面和平」》。

同日　李宗仁發表廣播講話，宣佈政府兩個重要任務，一是謀求和平，二是革新政治。

同日　監察院在南京舉行會議，于右任主持，出席委員43人。會議決定：3月份月會與年會，均於3月12日在南京召開；嚴厲查禁任何機關之非法逮捕拘禁行為；糾正行政院違法委派江蘇參議員、議長、副議長；糾正金圓券發行漫無限制，等等。

同日　立法院長童冠賢於南京召集在京立委座談，到會立委均主張月內在南京復會，如果移地復會，必須經院會決議。同日，童返滬召集在滬立委120餘人會議，決定立法院25日在南京復會。

2月16日　新華社發表毛澤東的評論《國民黨反動派由呼籲和平變為呼籲戰爭》。

2月18日　北方旅滬國大代表在滬召開座談會，表示擁護代總統李宗仁15日廣播講話，請李宗仁下令，著國民大會秘書處迅速遷回南京。

2月21日　立法院院長童冠賢致電孫科、吳鐵城，通告立法院第一屆第三次會期在南京復會。

2月27日　在廣州立法委員致電院長童冠賢，要求取消28日在南京復會的決定，同時通電各地立委赴穗商談復會地點。

2月28日　立法院第一屆第三期院會在南京召開，到會立委211人，院長童冠賢致詞指出：本院責任重大，主要是促進和平，革新政治。

同日　行政院長孫科在李宗仁赴穗敦促下，偕地政部長吳尚鷹、教育部代部長陳雪屏自穗回京。李宗仁和立法院院長童冠賢、監察院院長于右任等前往機場迎候。

3月3日　行政院長孫科在南京中外記者招待會上宣佈：國內和平之恢復，目前已有良好轉機。預料和平談判可於3月15日以後開始進行。

3月4日　孫科主持行政院舉行政務委員談話會，準備向立法院報告施政方針。

3月5日至13日　中共七屆二中全會在河北省平山縣西柏坡舉行。毛澤東作報告，會議批准了由中共發起的關於召開新政治協商會議及成立民主聯合政府的建議。

3月6日　新華社發表短評：《注意國民黨反動派布置新戰爭的陰謀》。

3月7日　行政院長孫科向代總統李宗仁提出辭呈，李通過張治中、吳忠信等與在溪口的蔣介石商議繼任人選問題。

同日　立法委員百餘人在南京舉行秘密座談會，對政治革新問題交換意見，並推定人選起草政治革新草案。

3月8日　孫科辭職，行政院政務委員總辭職，同時敦促代總統李宗仁迅速另組新內閣。

3月9日　李宗仁派人赴滬請顧孟餘主持行政院工作，顧以蔣介石在幕後控制，和戰均無辦法，拒絕了李的請求。

3月10日　通過張治中、吳忠信李宗仁徵求蔣介石意見後，決定提名何應欽出任行政院長。

3月12日　李宗仁向立法院提名何應欽為行政院長，立法院投票通過該提名。

同日　監察院召開本年度年會，院長于右任致詞：「監察權與懲戒權之不統一，彈劾案之提出又不能公佈，使不少案件，失掉時效，為廓清貪污，提高行政效率之最大漏洞。」

3月17日　國民黨中常會在廣州舉行會議，通過追認孫科辭行政院長職，由何應欽繼任；積極準備五中全會等議案。

3月18日　立法院第三會期第六次會議討論停止動員戡亂時期憲法臨時條款之適用問題。

同日　監察院對孫科擅支「機密費」1.1億金圓券案提出糾舉。21日，糾舉書分別送交總統府和最高檢察署。

3月24日　何應欽新內閣在總統府舉行就職儀式，並召開首次政務會議，何提出爭取和平、革新軍事、革新政治、安定民生等四項施政方針。

3月25日　監察院投票通過鈕永建任考試院副院長。

3月26日　孫科致函監察院長于右任，說明所支用款項係清償三月以來在滬迭次臨時應急款項本息，純係公用。

3月28日　監察院通過代總統李宗仁提名之大法官人選夏勤、翁放棠等八人，通過考選委員人選柳貽徵、張其昀等九人。

3月29日　國大代表上海聯誼會開會，反對國共和談，要求召集國民大會臨時會議以為最後之決定。

同日　監察院年會閉幕。

3月30日　何應欽在立法院報告施政方針。

4月1日　南京政府和談代表團由南京飛抵北平。

4月20日　國民黨中常會發表聲明，拒絕接受國共和談代表達成的《國內和平協議》。代總統李宗仁、行政院長何應欽聯名致電國民黨和談代表，拒絕《國內和平協定》，電文稱：「中共所提之協定全文，其基本精神所在，不啻為征服者對被征服者之處置，以解除兄弟鬩牆之爭論者，竟甚於敵國受降之形式，且限期答覆，形同最後通牒」，「不特各項條款非政府之能力所能保證執行，而由此引起之惡劣影響於後果，亦絕非政府所能挽救」，但仍希望「即日成立停戰協定」。

4月21日　毛澤東、朱德向解放軍發佈《向全國進軍的命令》。

同日　解放軍發起渡江戰役。

同日　立法院表示一致支持政府拒絕《國內和平協定》。

4月22日　蔣介石從溪口抵杭州，召集李宗仁、何應欽、張群、吳忠信、王世杰等國民黨要員研究「最後一戰的全面作戰計劃」。李宗仁表示：「現在這種政出多門，一國三公的情形，誰也不能做事，我如何能領導？」對此，蔣介石答應一定給予大力支持。會議決定：（一）對中共宣佈和談破

裂，今後惟有繼續作戰，黨內不許再倡和談；（二）在政治方面，聯合全國民主自由人士共同奮鬥；（三）在軍事上，由行政院長何應欽兼國防部長，統一海陸空軍的指揮。蔣介石在會上提出成立國民黨中常會下設「非常委員會」，作為國民黨最高決策機構，自兼主席、李宗仁為副主席，今後一切施政方針，須先由非常委員會討論決定，再交政府執行。此提議在蔣介石主持下形成決定。

4月23日　解放軍攻克南京

4月24日　解放軍攻克太原。

同日　毛澤東、朱德頒佈《中國人民解放軍布告》，宣佈約法八章。

4月27日　蔣介石發表《告全國同胞書》，宣稱：「當此國家民族存亡生死之交，中正願以在野之身，追隨我愛國軍民同胞之後，擁護李代總統暨何院長領導作戰，奮鬥到底。」

5月2日　逃粵之「國代聯誼會」分別致電蔣介石、李宗仁，請即來穗主持國政。

5月3日　監察院在廣州舉行會議，出席委員45人。會議討論今後工作重點在於監督政府全面改革。會議通過以全體監委名義電促李宗仁赴穗主政。

5月6日　立法院在穗舉行會議，出席立委192人，討論挽救目前財政危機問題。

5月8日　李宗仁在各方催促下，由桂林飛抵廣州，會同何應欽、白崇禧擬定全線防守計劃。

5月10日　何應欽出席立法院秘密會議，報告和談破裂經過及當前施政方針。

5月13日　立法院49名立委聯名提出緊急動議，要求向孔宋等豪門徵借10億美元充實軍費。獲全體立委通過。同時通過《為中共破壞和平支持政府對中共繼續作戰之決議》。

5月16日　國民黨中央政治會議議決：如再有發求和言論者，以叛逆論，予以黨紀國法處分。

同日　宋子文對立法院所通過「徵借」案對記者談話：「那種建議，正足以表示那班人馬們的腦筋如何，因為據余所知，目前中國政府和私人存在美國的外匯資產總金額不過5億美元，他們竟要余和孔、張兩家共同捐出10億美元，豈非捕風捉影。」當日，宋從香港赴法國，後去美國定居。

5月20日　解放軍攻克西安。

5月24日　國民黨籍立委徐源泉等368人上書國民黨總裁蔣介石，要求蔣到廣州領導「修明黨務」，「共赴時艱」。

5月26日　國民黨中政會舉行臨時會議，決定派吳鐵城等人攜李宗仁親筆函飛赴臺灣高雄，請蔣到廣州主持大計。當日李宗仁主持國民黨中常會，討論黨內團結案及黨務革新案。

5月27日　解放軍攻克上海。

同日　「全國各地國大代表聯誼會」在廣州舉行聯席會議，通過臨時動議：「速請政府以有效方法，限孔祥熙、宋子文、張嘉璈等立即捐助戡亂軍費美金10億元，如逾期不捐，其已出國者將其出國護照弔銷，其將出國者，不發給其護照。」

5月28日　吳鐵城等由臺灣飛返廣州，對記者稱：蔣決定短期內來穗主持黨務，除黨務外，一切決不干涉。

同日　立法委員80餘人所組織之「中社」建議組織「最高決策委員會」，由蔣介石兼任主席，李宗仁兼任副主席，行政院長任秘書長，於緊要時期作緊急決策。

5月29日　國民黨中政會、中常會聯席會議聽取吳鐵城報告謁蔣經過。

5月31日　立法院以一票之差否決李宗仁提名居正為行政院長一案。

同日　留在上海、南京的55名立委發表聲明，宣佈脫離國民黨統治集團。

6月3日　立法院通過李宗仁提名閻錫山出任行政院長。

6月4日　閻錫山在臺北發表談話，謂其新內閣係「作戰內閣」，閻當日又在高雄與蔣介石晤商內閣人選及施政方針。

6月6日　李宗仁准何應欽辭行政院長，特任閻錫山為行政院長。

同日　司徒雷登在南京會晤南京軍管會外事處長黃華，黃華要求美國政府與國民黨斷絕關係，停止對其援助，並撤退駐華美軍，承認新政府。

6月11日　國民黨中常會通過蔣介石關於設立最高決策機構「非常委員會」的提議，由蔣介石任主席，李宗仁任副主席，此委員會將從事黨務之改革，以求配合新內閣之戰時施政措施。

同日　國民黨中政會通過閻錫山新內閣名單。

6月13日　新任行政院長閻錫山在廣州舉行就職典禮。

6月15日　新政治協商會議籌備會議第一次全體會議在北平舉行。

同日　閻錫山新內閣召集行政院首次政務會議。

6月16日　李宗仁、閻錫山聯名致電蔣介石，堅請蒞穗主持大局。

6月18日　蔣介石自高雄覆電李宗仁、閻錫山：赴穗「擬於短期內處理瑣事完畢，決定行期，另電奉告」。同時，針對國際傳聞臺灣由聯合國託管，蔣申明：死守臺灣，決不交歸盟國。

同日　閻錫山向李宗仁報告擬議之施政方針，李詢問閻幾天來處理政務情況，閻答：素手無策，坐以待斃。

6月20日　行政院通過《行政院戰時施政方針案》。

6月24日　蔣介石在臺北主持軍事會議，決定設立總裁辦公室。蔣在草山選定一所名為「士林」的別墅作為自己的住宅，並將草山改名為「陽明山」。

6月26日　蔣介石在臺北市出席總理紀念周，並發表講話，說明過去九次革命失敗之經過與原因，提出：「此次大難必將打破，定能轉危為安。」

6月30日　毛澤東發表《論人民民主專政》一文。

7月1日　國民黨設置總裁辦公室，下設設計委員會及各組，分別掌管黨務、政治、經濟財政、軍事及國際國內宣傳和研究。

7月2日　經行政院會議通過，代總統李宗仁頒佈《銀元及銀元券發行辦法》，進行幣制改革。

7月4日　蔣介石對記者所問：「閣下是否計劃恢復政治之領導地位？」答以：「自孫總理逝世以後，余即繼其為領導國民革命之領袖，早已現身於國民革命，以謀中國人民之自由與國家獨立。今後仍以革命領導者之地位，自將繼續完成此已付託之重任。」

7月8日　蔣介石召開整理黨務會議，討論黨的改造方案，認為：本黨的性質應為「革命」政黨，而不能純粹為「民主」政黨。此時一切必須以重新做起為要旨，要從小處做起。

7月14日　蔣介石忽率大批隨員飛抵廣州，事先並非統治，僅蔣經國前往迎接。蔣發表對時局談話：「今日共匪窺伺我國民革命策源地之廣東，中正惟以民族大義及革命責任所在，仍當一本總理大無畏之革命精神，團結全黨，擁護政府，為國家獨立，人民自由而奮鬥。」

7月15日　蔣介石與李宗仁在廣州會談，不得要領。蔣主持召開國民黨中央委員談話會。會上，分發了《國民黨改造綱要》、《國民黨改造實施程序》、《國民黨非常委員會籌備組織條例》、《總裁交議本案的意見書》等四個文件。

7月16日　蔣介石在廣州主持召開國民黨中常會與中政會聯席會議，提議成立中央非常委員會作爲最高決策機關。當日國民黨中常會通過成立中央非常委員會的決議，蔣介石任主席，李宗仁爲副主席，張群、閻錫山、吳忠信、吳鐵城、陳立夫、居正、于右任、何應欽、朱家驊爲委員，洪蘭友、程思遠爲正、副秘書長。非常委員會名義上隸屬中央執行委員會，代行中央政治委員會職權。當日，國民黨中央非常委員會召開第一次會議，決議設東南、西南兩分會，討論通過行政院長閻錫山提出的《扭轉時局案》，軍事上改變過去戰略，保衛華南、西南，並試圖組織國際志願隊。由此，蔣介石重返前臺指揮國民黨殘餘勢力，李宗仁被架空。

7月18日　國民黨中央常務委員會開會，決定接受蔣介石所提《中國國民黨改造案》。該案中指出，國民黨的改造是一個根本措施，必須黨改造得好，才能刷新政治，發展經濟，加強軍事。

7月21日　蔣介石離廣州於次日抵達廈門。

7月23日　蔣介石在廈門以國民黨總裁身份主持軍事會議。次日，蔣介石由廈門回到臺北。

7月27日　李宗仁飛赴臺北，蔣介石父子到機場迎接。次日，舉行歡迎李代總統大會。在臺北，蔣李先後長談五次，李要求任命白崇禧爲國防部長，並調重兵保衛廣州，均遭蔣拒絕。李於30日飛返廣州。

8月1日　總裁辦公室在草山正式開始辦公。

同日　廣州政府開始部分遷往重慶。

8月2日　美駐華大使司徒雷登離開南京回國。

8月3日　李宗仁主持召開國民黨非常委員會第二次會議。

8月4日　美國務院發表《美中關係白皮書》，爲美國在華政策失敗辯護。國民黨當局事先曾試圖通過外交途徑阻止白皮書發表。

8月12日　新華社發表社論《無可奈何的供狀──評美國關於中國問題的白皮書》。

8月18日　新華社發表毛澤東撰寫的社論《別了，司徒雷登》。

同日　美眾議院否決將中國包括在軍事援外計劃之內的建議案。

8月23日　蔣介石由臺北飛抵廣州與李宗仁、閻錫山會商保衛廣州戰略，在兵力部署上蔣李發生分歧。

8 月 24 日　蔣介石以國民黨非常委員會主席身份，率黃少谷，陶希聖、谷正綱，俞濟時、蔣經國等，由廣州飛抵重慶。在機場發表談話：「今日重慶或再成為反侵略、反共產主義之中心，重新負起支持作戰艱苦無比之使命。」

同日　美國務院發表白皮書的補充《中國的共產黨運動》。

8 月 26 日　蔣介石在重慶召見多名西南有關軍政首長。

8 月 29 日　蔣介石在重慶主持西南軍政人員會議，這是蔣介石在大陸主持的最後一次重要軍事會議。會上蔣部署死守四川。國民黨西南高級將領要求蔣常駐重慶指揮，蔣拒絕。

同日　李宗仁在廣州舉行非正式軍事會議。

9 月 4 日　李宗仁請閻錫山辭國防部長兼職，以白崇禧代。閻表示：「我不辭國防部長兼職。如代總統令免，我行政院不副署。」

同日　《人民日報》發表時評：《打到臺灣去，解放臺灣同胞》。

9 月 10 日　新政協預備會議在北平開幕。

9 月 13 日　蔣介石在成都舉行茶會招待四川耆紳、省參議員、立法委員、監察委員、國大代表等 300 多人，表示要確保西南根據地。

9 月 20 日　蔣介石在重慶發表了題為《為本黨改造告全黨同志書》，提出「本黨的改造，已成為全黨同志一致的要求，和救亡圖存惟一的途徑」，要求全黨不要悲觀失望，更不要灰心喪氣，「關鍵就是在我們有否健全的組織和明確的政策，能否以革命精神和嚴正的紀律改造本黨」。

9 月 21 日　中國人民政治協商會議第一次全體會議在北平開幕。

9 月 29 日　蔣介石在廣州召集國民黨中常會，議決於非常委員會中設立軍事、財政、外交三個委員會，一切重要政策，皆分別於此委員會中公開議決施行。李強烈不滿蔣的控制，蔣對李稍作安撫。

同日　立法院發生倒閻錫山風波。

10 月 1 日　中華人民共和國中央人民政府在北京宣告成立。

10 月 10 日　蔣介石發表《國慶紀念告全國同胞書》，聲言要為爭取「最後的勝利」而戰。

10 月 14 日　解放軍攻克廣州。

10 月 18 日　上午，蔣介石召集中央設計委員會議，研討「復行視事」問題之利弊，大多數人皆主張「復行視事」。當晚，蔣介石約見丁惟汾、于右任、

吳禮卿等，商討「復行視事」問題，僉認必須李宗仁出於至誠，自動退職，再行復位。

11 月 7 日　蔣介石在臺北接見吳忠信，吳送來白崇禧的三點方案：（一）宣佈蔣介石復職；（二）李宗仁仍擔任副總統，但暫赴美治胃病；（三）白崇禧任行政院長兼國防部長。對此，決定接受第一項，但不同意白崇禧當行政院長為交換條件，亦不同意李宗仁赴美治病。當晚，蔣介石接見洪蘭友，聽取其關於對「復行視事」問題之意見與態度的反映報告。

11 月 8 日　張群致電蔣介石，稱「李宗仁近已深感進退維谷，其情緒流露，日形煩懣」。

11 月 17 日　李宗仁託白崇禧送來準備赴美治病的信，「並藉此探詢美方對華之真實態度」。

11 月 20 日　白崇禧銜李宗仁之命飛抵重慶。下午來見蔣介石，白報告李宗仁擬於今日上午飛往香港。當晚，蔣介石約請國民黨中央常務委員商討應付當前局面辦法。最後決定先派員赴香港，挽留李宗仁回國，待其反應再定辦法。

11 月 21 日　蔣介石再與白崇禧晤談，告以決不於此時復行視事。

11 月 22 日　蔣介石派居正，朱家驊攜致李宗仁的親筆信飛赴香港致速駕之意，李宗仁表示暫不回渝。

11 月 24 日　蔣介石收到李宗仁覆信，仍堅持「赴美施用手術」。

11 月 25 日　蔣介石在重慶接見今日抵渝的美國共和黨參議員諾蘭。諾蘭表示：希望國民黨軍隊能在大陸再支持六個月，當由美國出兵支持。如果蘇聯出兵支持中國共產黨，因而爆發第三次世界大戰，美國是有決心和力量打這個仗的。當晚蔣設宴款待諾蘭，認為「此實為近年來最為歡欣之事」。

同日　居正、朱家驊、洪蘭友由香港返渝晉見，報告與李宗仁洽商經過。稱：李最後以美國政府不歡迎其入境，乃改變計劃，願以副總統私人名義出國，並望總裁早日復行視事。

11 月 27 日　蔣介石在重慶主持召開國民黨中常會，商討復位問題，並在會議上表示：「對外關係，尤其我國政府在聯合國中之代表地位問題，極關重要。如果李宗仁長期滯港，不在政府主持，而余又不復行視事，則各國政府乃至友邦，可藉此以為我國已無元首，成為無政府狀態，則不得不考慮對於

北平政權之承認。另外，對內尚有維繫人心之作用。……因此不能不作復行視事之準備。惟對時間問題尚需加以研究。」會議最後決議，仍設法請李宗仁回國視事，否則應請總裁復總統位。

12月1日　解放軍攻克重慶。

12月2日　上午，蔣介石召集黨政彙報會，又研討復行視事問題。並認為：「復行視事為不二之道，至於成敗利鈍，在所不計」。下午，朱家驊、洪蘭友攜李宗仁函自香港返成都，向蔣介石報告稱：「美國國務院已允予李宗仁入境之便利；彼即變卦，又不肯卸去代總統之名義，反而要利用此種名義赴美。」

12月4日　成都國民代表大會代表來見蔣介石，敦請復位。旅居臺灣的立法委員、監察委員及國大代表亦同時來電，請求復行總統職權。

12月5日　蔣介石對記者發表談話，謂「此次入川，係應李宗仁之邀。余為國民一分子，並負責領導國民革命之責任，惟有竭盡一切力量，不避任何艱險，協助政府與大陸軍民，共同奮鬥」。

12月6日　蔣介石收到駐美大使顧維鈞來電，顧稱：「美國政府正洽告有關各國，在我國於大陸上繼續作有組織抵抗期間，美國不擬考慮承認中共問題。」

12月10日　蔣介石偕蔣經國、毛人鳳乘飛機離成都赴臺北，從此再未返中國大陸。

12月11日　國民黨中央黨部開始在臺北辦公。

12月30日　解放軍入駐成都。

12月　各政府機構遷至臺灣辦公。

1950 年

1月1日　蔣介石發表「告同胞書」，書中承認「剿匪」節節失敗「是中華民國開國以來最大的困難」。並表示「只要蘇俄在中國佔有一寸土地，我一息尚存，必不終止反侵略反極權鬥爭」。

2月23日　國民黨中常會通過決議，謂「元首之位久虛，大計秉承無自，群情惶惑，險象環生」，請蔣介石復行總統職權，李宗仁早日回臺輔政。

3月1日　蔣介石在臺北發表《復行視事文告》，謂「李代總統自去年11月積勞致疾，出國療養，迄今健康未復，返旆無期，於是全體軍民對國小惶

惑不安，而各級民意機關對中正責望尤切。中正許身革命 40 餘年，生死榮辱早已置諸度外，進退出處，一惟國民之公意是從。際此存亡危急之時期，已無推諉責任之可能。爰於 3 月 1 日復行視事，繼續行使總統職權。」

3 月 6 日　蔣介石訓示全體國民黨黨員，聲稱近年失敗領袖與黨員皆有責任，要痛徹檢討缺失．糾正過去錯誤，建立民主制度，以達最後之勝利。

3 月 12 日　繼提名陳誠任行政院長通過後，蔣介石又任命張厲生爲行政院副院長；任命余井塘、葉公超、郭寄嶠、嚴家淦、程天放、林彬、鄭道儒、賀衷寒爲內政、外交、國防、財政、教育、司法行政、經濟、交通各部部長；任命黃少谷爲行政院秘書長，

3 月 13 日　蔣介石在臺北發表題爲《復職的目的與使命》的講話，提出「現在我把去年『一年反攻，三年成功』的計劃，改爲一年整訓，二年反攻，掃蕩共匪，三年成功』。就是說：從現在起，少則三年，多至五年，要來達到我們消滅共匪，復興中華民國的目的」。

3 月 24 日　周至柔接替顧祝同任國民黨軍參謀總長。

6 月 1 日　蔣介石派出秘密使者李次白返回大陸，準備洽商國共兩黨再度合作。恰在此時爆發朝鮮戰爭。27 日杜魯門宣佈第 7 艦隊進入臺灣海峽後，臺灣的安全有了保護，遂又通知李次白不必再談國共合作的事。

6 月 22 日　蔣介石向海外僑胞廣播，號召團結反共。

7 月 26 日　蔣介石宣佈改造國民黨方案，設立由 16 人組成的「國民黨中央改造委員會」，藉以取代中央執行委員會的職能，而計劃擬定改造國民黨的計劃。在中央改造委員會上講：「我們必須徹底革新我們的黨政」，「我們再也不能容忍釀成過去大陸崩潰，及今後臺灣淪亡的自私立場與自私觀念。」

8 月 1 日　蔣介石和陳誠、周至柔、桂永清、孫立人等國民黨高級軍政官員與訪問臺灣的聯合國軍司令麥克阿瑟、駐日美軍參謀長阿爾孟德、美國遠東海軍司令卓伊、第 7 艦隊司令史樞波、美國遠東空軍司令斯特拉特梅耶會談。決定：雙方陸、海、空軍歸麥克阿瑟統一指揮，共同防守臺灣，增派美國空軍第 13 航空隊常駐臺灣，在臺灣設立軍事聯絡辦事處。麥克阿瑟在離臺前宣佈美臺之間有效的軍事聯繫已經建立，蔣的決心與美國的共同利益相等。蔣稱：關於共同保衛臺灣與中美軍事合作之基礎已告奠定。

8 月 5 日　蔣介石宣佈成立「國民黨改造委員會」並通過《中央改造委員會組織大綱》。

8月14日　蔣介石在紀念周上訓話，提示國民黨改造方針，要把國民黨改造成為一個健全的黨，臺灣要建設成三民主義的模範省貫徹「反共抗俄」復國建國綱領，澄清目前黨內的紛亂。

9月　蔣介石招待國大代表，申明緩開國大臨時會原因。

10月25日　為慶祝「臺灣光復節」蔣介石發表廣播談話，聲稱臺灣同胞要擔負起救國救民的責任，鞏固臺灣基地，準備反攻大陸，重建「中華民國」為民有、民治、民享的三民主義新中國。

同年　蔣介石發表《革命實踐運動綱要》，提示革命實踐運動的意義、內容與方法。

附　錄

一、五權憲法草案

【這是第一部按孫中山政治理念起草的憲法草案，引自張溶西、陳德彰
等編：《中華民國憲法史料》下編】

（中華民國十一年夏，葉夏聲〔註1〕奉孫中山之命起草）

前文

民國成立於茲，念稔大法未立，國本靡定。今訓政既終，憲政方始，洪
維國家眞正之基礎在以三民之精神，鑄五權之憲典，俾民有民治民享之幸福，
克垂萬世於無窮。爰本斯旨，製成茲法，式造新國之嘉模，領導全民於正軌，
軒轅華胄，咸利賴焉。

〔註1〕 葉夏聲（1882～1956年），廣東番禺人，早年留學日本，後加入同盟會。1912
年起先後任廣東都督府參議、教育司司長、司法司司長，南京臨時政府總統
府秘書，國會眾議院議員。1913年二次革命失敗後，流亡日本。1914年在日
本加入中華革命黨。此後歷任中華革命黨港澳支部部長、南洋各埠特務委員。
1917年9月起先後任廣州大元帥府秘書，廣東軍政府代理內政部次長。1921
年任雲南北伐軍參謀長，1922年返粵，歷任廣州陸海軍大元帥大本營秘書長，
駐粵滇軍北江警備司令，滇桂聯軍西江軍務督辦。1926年起歷任國民革命軍
第七軍參謀長，騎兵教導師中將師長，東北先遣軍司令。1929年赴歐美考察，
1936年回國後任廣東高等法院院長，兼廣東省法政學校校長，並當選立法院
立法委員。曾入陸軍大學將校班研究戰術。抗日戰爭開始後，任軍事委員會
中將參議，赴冀北、蘇浙進行聯絡工作。1945年底被國防部第二廳派駐上海
執行整肅工作。1947年回粵，開辦律師事務所，兼修國史，任孫中山學社常
務理事。1949年赴香港。1956年去世。

第一章　總綱

第一條　中華民國由中華民國國籍之人民，基於民族、民權、民生主義，建設直接民主共和國統治之。

第二條　中華民國之主權，屬於國民全體。

第三條　中華民國之土地物產及其他一切生產機關之權，原認為屬於中華民國。

土地制度另以專章定之。

第四條　中華民國之國土，依其固有之區域。

國土之設置或變更，須經國民大會之決議。

第五條　中華民國由國民大會組織之考試院、立法院、行政院、司法院、監察院行使其統治權。

第六條　中華民國國民大會，由每縣及其同等區域一人之國民代表組織之。

第七條　國民大會於國民代表選出後自行集會開會。

第八條　國民大會之議事法，由國民大會自定之。

國民大會以考試、立法、行政、司法、監察各院成立之日散會。

前項各院官員任期屆滿時，由各縣及同等區域選出國民代表復行集會選舉，或為連任之議決；但有第四條第二項及七十二條之事項時，得召集臨時國民大會。

第九條　中華民國各縣及其同等區域人民，於其本縣本區域及法定範圍內，有直接行使選舉、復決、罷免、創制之權。

人民直接行使前項各權，選出國民代表。

國民大會組織法及國民代表被選舉之資格，另定之。

第一〇條　中華民國人民一律平等，無種族、階級、宗教、黨派之區別。

第一一條　中華民國人民一般及永久所享有之權利及自由，不受限制，如有不法侵害人民權利及自由者，以叛國論；但關於教育上之強制、軍事上之徵調及公家供發時，有服從之義務。

第二章　考試院

第一二條　中華民國之考試權，由考試院定之。

第一三條　中華民國之官吏，必經考試或甄別方得任用之。

第一四條　考試院以國民大會選出之主試組織之。

第一五條　考試院分法科、文科、理科、工醫科、農科、陸軍科、海軍科、空軍科，各設主試十人，互選總裁一人、副總裁一人。

第一六條　有下列資格之一者得被選爲各科主試：

一、在國外或外國大學、高等專門學校修各科之學三年以上畢業者；

二、曾任各科繼續十年以上之職業者；

三、具備各科學職或經驗，自願備選，經國民大會之審查，認爲有相當之資格者；

四、國試及格之博士。

第一七條　考試院爲中華民國最高考試機關，有舉行考試、甄別資格及分派各省地方主試並監督管理之權。

第一八條　考試院之考試，分國試及省試。

非經省試及格者，不得應國試。

第一九條　國試及格者授爲博士，得特任爲高等官吏，省試及格者授爲學士，得依銓敘晉任爲普通官吏及高等官吏。

第二〇條　受考試院之面試甄別及格者贈爲博士，應具下列資格之一：

一、有殊勳於國家者；

二、曾任大總統、副總統、國民大會代表、立法院議員、考試院主試、監察院監察、司法院正副院長而終其任者。

第二一條　國試及甄別每三年舉行一次。

省試每三年舉行二次。

第二二條　考試院主試任期三年，期滿得連任一次。

第二三條　考試院管制及其他規則，另定之。

第三章　立法院

第二四條　中華民國之立法權，以立法院行之。

第二五條　立法院由國民大會選出合於被選舉資格之議員組織之。

第二六條　立法院議員由二十八省、蒙、藏、華僑各選舉十人，其被選舉資格另定之。

第二七條　立法院由議員互選議長一人、副議長一人。

第二八條　立法院之職權如左：

一、議決及公佈一切法律；

二、制定各院及各省地方之管制、官規；

三、監察院總監、副總監、監察有違法瀆職及其他不法行為時，經立法院之糾彈，得組織特別法庭審判罷免之，如有犯罪時，並得移送司法院交付法庭辦理；

四、決議審核各院之預算決算；

五、決議全國之稅則，幣制、度量衡之準則，及徵收土地、管理國家財產之一切法則；

六、決議公債之募集及國庫有負擔之契約；

七、承諾宣戰、媾和、締結條約、戒嚴之事件；

八、答覆各院之咨詢事件；

九、受理人民關於創制權、復決權之請願及關於罷免監察院官員之請願；

十、得以關於法律及其他事件之意見建議於各院；

十一、得解釋憲法及一切法律規則。

第二九條　立法院議員任期三年。

第三〇條　立法院得自行集會、開會、閉會。

第三一條　立法院及其他規則，另定之。

第四章　行政院

第三二條　中華民國之行政權，以行政院行之。

第三三條　行政院由國民大會選舉大總統一人、副總統一人組織之。

第三四條　大總統及副總統由國民大會就中華民國年滿四十歲以上之人民選舉之。

第三五條　行政院以大總統為院長，分設內務、外交、陸軍、海軍、財政、交通、教育、農林、工商各部，由大總統就各科國試及格之博士及甄別之贈博士選任各部長組織之，輔佐大總統負其責任。

第三六條　副總統因大總統因故去職或不能視事時，代行其職權。

第三七條　大總統之職權如下：

一、對外代表中華民國；

二、總攬行政、執行法律，發佈行政命令；

三、統率全國海陸軍隊及籌劃國防；

四、管理中華民國之國有財產，籌劃國民生計；

五、任命文武官員及外交官員；但經監察院糾彈時即應予罷免；

六、經立法院同意，得宣戰、戒嚴、媾和、締結條約；

七、得提出法律案於立法院。

第三八條　大總統之任期三年，得連任一次；但經監察院之彈劾由監察院特別法庭審判確定，應即去職。

第三九條　行政院各部部長，於大總統提出法律案執行法律並發佈命令時，須副署之。

第四〇條　行政院各部部長及其委員，得於各院出席並發言。

第四一條　行政院所屬各官制及其他規則，另定之。

第五章　司法院

第四二條　中華民國之司法權，以司法院行之。

第四三條　司法院由國民大會選舉院長一人、副院長一人組織之。

第四四條　司法院長、副院長之被選資格如下：

一、在本國或外國大學高等專門學校修法律之學三年以上畢業而成績卓著者；

二、曾任薦任以上之法官繼續十年以上而成績卓著者；

三、曾充律師及專門以上學校法律教員繼續十年以上而成績卓著者；

四、法科國試及格之博士及省試及格之法學士。

第四五條　司法院所屬法官，由司法院長選任，其資格另定之。

第四六條　司法院長、副院長之任期三年，得連任一次。

第四七條　司法院之職權如下：

一、管理司法行政事務；

二、審理刑事、民事訴訟；

三、關於行政訴訟及監察院、立法院移送之特別案件，其他特別訴訟事件；

四、經大總統之同意，得行大赦、特赦、減刑、復權。

第四八條　司法院所屬法官獨立審判，不受上級官長之干涉。

第四九條　司法院之所屬各官制及其他規則，另定之。

第六章　監察院

第五○條　中華民國之檢察權，以監察院行之。

第五一條　監察院由國民大會選出之監察組織之。

第五二條　監察院設監察二十八人，互選總監一人、副總監一人。

第五三條　有下列資格之一者得被選為監察：

一、曾為立法院議員、考試院主試、司法院各級長官簡任以上之官員三年以上，而現未就薦任以下之官吏及現營商業者。

二、在本國或外國大學高等專門學校修各科之學三年以上、畢業及國試及格之博士、甄別之贈博士，而現未就薦任以下之官吏及現營商業者。

第五四條　監察院之職權如左：

一、監察各院長官及所屬一切官員之行檢；

二、糾彈各院長及所屬一切官員之違法瀆職及其他不法行為。前項糾彈，一經向各院提出時，即應將彈之官員分別情事立予以譴責、罰俸、休職、停職、罷免及褫奪就官資格，如認為有犯罪時，除免職外，並得逮送司法院交付法庭審判；

三、大總統有謀叛及違反憲法時，即提出彈劾並得組織特別法庭審判之。

四、受理人民關於罷免權之請願。

五、對於各院職權上之行使提出質問要求答覆。

第五五條　監察院提出彈劾大總統時，須經三分之二以上人數之連署。

第五六條　監察院總監、副總監、監察任期三年，得連任一次。

第五七條　監察院之官制及其他規則，另定之。

第七章　國計民生

第五八條　國庫收入，以地租、關稅、國營事業為原則，非經國民大會議決，不得設立增加人民負擔之各項租稅。

國庫統於行政院。除地方財政外，一切國庫收入，非經院令，不得支配，仍於支配後報告於監察院。

第五九條　國家歲出、歲入之預算、決算及臨時支出，應限期由行政院編製，交立法院議決，報告於監察院，由大總統公布施行之。

第六○條　土地屬於國有，私人既得之土地所有權，概改為領租權，領租人須限於耕作者。原日非耕作之土地所有人，由國家制定償價辦法，取回

其土地；但國家於未能以現金收回以前，得公估租額，准由原日土地所有人依額分期收租抵償，俟抵足後交還於國家；但國家於原日土地所有人未抵足租額以前，仍得隨時依法收回其土地。

第六一條　土地不得私相買賣、抵押、典讓、遺贈及轉租、轉借；但國家為便利私人經濟上之融通，得由私人向國庫或代理國庫之銀行及管理土地之機關請求抵押、典讓於國家及其耕作人。

第六二條　遺產之繼承，除繼承人亦為耕作人時，得請求國家核准其繼承權外，不得遺贈與其他非耕作人；但原日非耕作之土地所有人，於其收租抵價期內發生繼承開始時，其權利得遺贈與繼承人。

第六三條　原日土地所有人之收租抵價權於未抵足以前，得隨時請求國庫或代理國庫之銀行及管理土地之機關給價收回。

第六四條　土地為建築物時，地上一切建築及加工物，依法於一定期限內得為私人之所有權；但其地仍為國家所有，應依法盡納租之義務。無建築物之曠地屬於國家。

第六五條　鹽、礦產、森林、水產、領海、河流、鐵路及其車輛、航空用具、軍械及軍用品、電力、水力、發行貨幣權〔屬〕於國家。

第六六條　土地法及國有財產管理法，另以法律定之。

第六七條　關稅另以法律定之。

第八章　教育

第六八條　中華民國人民有受國家義務職業教育之權利，為防衛國家，恪供兵役，有兼受兵役教育之義務。

第六九條　兵役教育，應就於受初等小學以上教育者，兼授以軍事普通之智識，畢業後得編為預備士兵。受中等以上教育者，兼授以軍事必要之學術，畢業後得受試驗編為預備軍官。預備士兵非俟成年，不令入伍；但訓練上臨時之徵集不在此限。

前項教育制度施行後，於一定年期內，常設軍官及常備現役兵應即廢除。教育制度另以法律定之。

第九章　附則

第七〇條　本法公佈後一個月內，由國民政府主席提議開國民大會選舉各院官員；但考試院、立法院、監察院官員選出後，應各選舉候補者一人。

第七一條　中華民國之省制、縣制其組織法及施行規則，另定之。

第七二條　本法如有應行修改時，由國民代表十分之三以上之人數連署，提議於國民大會修正之。

二、國民政府建國大綱

【參見《孫中山全集》第 9 卷，中華書局 1986 年版，第 126～129 頁。】

一、國民政府本革命之三民主義、五權憲法，以建設中華民國。

二、建設之首要在民生。故對於全國人民之食、衣、住、行四大需要，政府當與人民協力，共謀農業之發展，以足民食；共謀織造之發展，以裕民衣；建築大計劃之各式屋舍，以樂民居；修治道路、運河，以利民行。

三、其次爲民權。對於人民之政治知識、能力，政府當訓導之，以行使其選舉權，行使其罷官權，行使其創制權。

四、其三爲民族。故對於國內之弱小民族，政府當扶植之，使之能自決自治；對於國外之侵略強權，政府當抵禦之。並同時修改各國條約，恢復我國際平等，國家獨立。

五、建設之程序分爲三期；一曰軍政時期；二曰訓政時期；三曰憲政時期。

六、在軍政時期，一切制度悉隸於軍政之下。政府一面用兵力掃除國內之障礙；一面宣傳主義以開化全國之人心，而促進國家之統一。

七、凡一省完全底定之日，則爲訓政開始之時，而軍政停止之日。

八、在訓政時期，政府當派曾經訓練、考試合格之員，到各縣協助人民籌備自治。其程度以全縣人口調查清楚，全縣土地測量完竣，全縣警衛辦理妥善，四境縱橫之道路修築成功；而其人民曾受四權使用之訓練，而完畢其國民之義務，誓行革命之主義者得選舉縣官，以執行一縣之政事；得選舉議員，以議立一縣之法律，始成爲一完全自治之縣。

九、一完全自治之縣，其國民有直接選舉官員之權，有直接罷免官員之權，有直接創制法律之權，有直接復決法律之權。

十、每縣開創自治之時，必須先規定全縣私有土地之價。其法由地主自報之，地方政府則照價徵稅，並可隨時照價收買。自此次報價之後，若土地因政治之改良、社會之進步而增價者，則其利益當爲全縣人民所共享，而原主不得而私之。

十一、土地之歲收，地價之增益，公地之生產，山林川澤之息，礦產水力之利，皆爲地方政府之所有；而用以經營地方人民之事業，及育幼、養老、濟貧，救災、醫病與夫種種公共之需。

十二、各縣之天然富源與及大規模之工商事業，本縣之資力不能發展與興辦，而須外資乃能經營者，當由中央政府爲之協助；而獲之純利，中央與地方政府各占其半。

十三、各縣對於中央政府之負擔，當以每縣之歲收百分之幾爲中央歲費，每年由國民代表定之；其限度不得少於百分之十，不得加於百分之五十。

十四、每縣地方自治政府成立之後，得選國民代表一員，以組織代表會，參預中央政事。

十五、凡候選及任命官員，無論中央與地方，皆須經中央考試、定資格者乃可。

十六、凡一省全數之縣皆達完全自治者，則爲憲政開始時期，國民代表會得選舉省長，爲本省自治之監督。至於該省內之國家行政，則省長受中央之指揮。

十七、在此期間，中央與省之權限採均權制度。凡事務有全國一致之性質者，劃歸中央；有因地制宜之性質者，劃歸地方；不偏於中央集權或地方分權。

十八、縣爲自治之單位，省立於中央與縣之間，以收聯絡之效。

十九、在憲法開始時期，中央政府當完成設立五院，以試行五權之治。其序列如下：曰行政院；曰立法院；曰司法院；曰考試院；曰監察院。

二十、行政院暫設如下各部：一、內政部；二、外交部；三、軍政部；四、財政部；五、農礦部；六、工商部；七、教育部；八、交通部。

二十一、憲法未頒佈以前，各院長皆歸總統任免而督率之。

二十二、憲法草案當本於建國大綱及訓政、憲政時期之成績，由立法院議訂，隨時宣傳於民眾以備到時採擇施行。

二十三、全國有過半數省分達至憲政開始時期，即全省之地方自治完全成立時期，則開國民大會決定憲法而頒佈之。

二十四、憲法頒佈之後，中央統治權則歸於國民大會行使之，即國民大會對於中央政府官員有選舉權，有罷免權；對於中央法律有創制權，有復決權。

二十五、憲法頒佈之日，即爲憲政告成之時，而全國國民則依憲法行全國大選舉。國民政府則於選舉完畢之後三個月解職，而授政於民選之政府，是爲建國之大功告成。

三、五五憲草

【全稱爲《中華民國憲法草案》，因 1936 年 5 月 5 日由國民政府宣佈，故又簡稱「五五憲草」，引自《中華民國法規大全》（第 10 冊）補編，第 1～5 頁。】

（中華民國二十五年五月五日宣佈，中華民國二十六年五月十八日修正）

中華民國國民大會，受全體國民付託，遵照創立中華民國之孫先生之遺教，制茲憲法，頒行全國，永矢成遵。

第一章　總綱

第一條　中華民國爲三民主義共和國。

第二條　中華民國之主權屬於國民全體。

第三條　具有中華民國之國籍者爲中華民國國民。

第四條　中華民國領土爲江蘇、浙江、安徽、江西、湖北、湖南、四川、西康、河北、山東、山西、河南、陝西、甘肅、青海、福建、廣東、廣西、雲南、貴州、遼寧、吉林、黑尤江、熱河、察哈爾、綏遠、寧夏、新疆、蒙古、西藏等固有之疆域。

中華民國領土非經國民大會議決，不得變更。

第五條　中華民國各民族均爲中華國族之構成分子，一律平等。

第六條　中華民國國旗定爲紅地，左上角青天白日。

第七條　中華民國國都定於南京。

第二章　人民之權利義務

第八條　中華民國人民在法律上一律平等。

第九條　人民有身體之自由，非依法律，不得逮捕、拘禁、審問或處罰。

人民因犯罪嫌疑被逮捕拘禁者，其執行機關應即將逮捕拘禁原因，告知本人及其親屬，並至遲於二十四小時內移送於該管法院審問；本人或他人亦得聲請該管法院於二十四小時內向執行機關提審。

法院對於前項聲請，不得拒絕，執行機關對於法院之提審，亦不得拒絕。

第十條　人民除現役軍人外，不受軍事裁判。

第十一條　人民有居住之自由，其居住處所，非依法律，不得侵入、搜索或封錮。

第十二條　人民有遷徙之自由，非依法律，不得限制之。

第十三條　人民有言論、著作及出版之自由，非依法律，不得限制之。

第十四條　人民有秘密通訊之自由，非依法律，不得限制之。

第十五條　人民有信仰宗教之自由，非依法律，不得限制之。

第十六條　人民有集會結社之自由，非依法律，不得限制之。

第十七條　人民之財產，非依法律，不得徵用、徵收、查封，或沒收。

第十八條　人民有依法律請願、訴願及訴訟之權。

第十九條　人民有依法律選舉、罷免、創制、復決之權。

第二十條　人民有依法律應考試之權。

第二十一條　人民有依法律納稅之義務。

第二十二條　人民有依法律服兵役及工役之義務。

第二十三條　人民有依法律服公務之義務。

第二十四條　凡人民之其他自由及權利不妨害社會秩序公共利益者，均受憲法之保障，非依法律，不得限制之。

第二十五條　凡限制人民自由或權利之法律，以保障國家安全，避免緊急危難，維持社會秩序，或增進公共利益所必要者為限。

第二十六條　凡公務員違法侵害人民之自由或權利者，除依法律懲戒外，應負刑事及民事責任；被害人民，就其所受損害，並得依法律向國家請求賠償。

第三章　國民大會

第二十七條　國民大會以左列國民代表組織之：

一　每縣市及其同等區域各選出代表一人，但其人口逾三十萬者，每增加五十萬人，增選代表一人，縣市同等區域以法律定之；

二　蒙古、西藏選出代表，其名額以法律定之；

三　僑居國外之國民選出代表，其名額以法律定之。

第二十八條　國民代表之選舉，以普遍、平等、直接、無記名投票之方法行之。

第二十九條　中華民國國民年滿二十歲者，有依法律選舉代表權，年滿二十五歲者，有依法律被選舉代表權。

第三十條　國民代表任期六年。

國民代表違法或失職時，原選舉區依法律罷免之。

第三十一條　國民大會每三年由總統召集一次，會期一月，必要時得延長一月。

國民大會經五分二以上代表之同意，得自行召集臨時國民大會。

總統得召集臨時國民大會。

國民大會之開會地點在中央政府所在地。

第三十二條　國民大會之職權如左：

一　選舉總統、副總統，立法院院長、副院長，監察院院長、副院長，立法委員，監察委員；

二　罷免總統、副總統，立法、司法、考試、監察各院院長、副院長，立法委員，監察委員；

三　創制法律；

四　復決法律；

五　修改憲法；

六　憲法賦予之其他職權。

第三十三條　國民代表在會議時所為之言論及表決，對外不負責任。

第三十四條　國民代表，除現行犯外，在會期中非經國民大會許可，不得逮捕或拘禁。

第三十五條　國民大會之組織，國民代表之選舉、罷免及國民大會行使職權之程序，以法律定之。

第四章　中央政府

第一節　總統

第三十六條　總統為國家元首，對外代表中華民國。

第三十七條　總統統率全國陸海空軍。

第三十八條　總統依法公佈法律，發佈命令，並須經關係院院長之副署。

第三十九條　總統依法行使宣戰、媾和及締結條約之權。

第四十條　總統依法宣佈戒嚴解嚴。

第四十一條　總統依法行使大赦、特赦、減刑、復權之權。

第四十二條　總統依法任免文武官員。

第四十三條　總統依法授與榮典。

第四十四條　國家遇有緊爭事變，或國家經濟上有重大變故，須為急速處分時，總統得經行政會議之議決，發佈緊急命令，為必要之處置；但應於發佈命令後三個月內，提交立法院追認。

第四十五條　總統得召集五院院長會商關於二院以上事項，及總統咨詢事項。

第四十六條　總統對國民大會負其責任。

第四十七條　中華民國國民年滿四十歲者，得被選為總統副總統。

第四十八條　總統副總統之選舉以法律定之。

第四十九條　總統副總統之任期均為六年，連選得連任一次。

第五十條　總統應於就職日宣誓之詞如左：

「余正心誠意，向國民宣誓：余必遵守憲法，盡忠職務，增進人民福利，保衛國家，無負國民付託；如違誓言，願受國法嚴厲之制裁。謹誓。」

第五十一條　總統缺位時，由副總統繼其任。

總統因故不能視事時，由副總統代行其職權；總統副總統均不能視事時，由行政院院長代行其職權。

第五十二條　總統於任滿之日解職，如屆期次任總統尚未選出，或選出後總統副總統均未就職時，由行政院院長代行總統職權。

第五十三條　行政院院長代行總統職權時，其期限不得逾六個月。

第五十四條　總統除犯內亂或外患罪外，非經罷免或解職，不受刑事上之訴究。

第二節　行政院

第五十五條　政行政院為中央政府行使行政權之最高機關。

第五十六條　行政院設院長副院長各一人，政務委員若干人，由總統任免之。

前項政務委員不管部會者，其人數不得超過第五十八條第一項所定管部會者之半數。

第五十七條　行政院設各部各委員會，分掌行政職權。

第五十八條　行政院各部部長各委員會委員長，由總統於政務委員中任命之。

行政院院長副院長得兼任前項部長或委員長。

第五十九條　行政院院長、副院長、政務委員、各部部長、各委員會委員長，各對總統負其責任。

第六十條　行政院設行政會議，由行政院院長、副院長及政務委員組織之，以行政院院長爲主席。

第六十一條　左列事項應經行政會議議決：

一　提出於立法院之法律案、預算案；

二　提出於立法院之戒嚴案、大赦案；

三　提出於立法院之宣戰案、媾和案、條約案及其他關於重要國際事項之議案；

四　各部各委員會間共同關係之事項；

五　總統或行政院院長交議之事項；

六　行政院副院長、各政務委員、各部、各委員會提議之事項。

第六十二條　行政院之組織，以法律定之。

第三節　立法院

第六十三條　立法院爲中央政府行使立法權之最高機關，對國民大會負其責任。

第六十四條　立法院有議決法律案、預算案、戒嚴案、大赦案、宣戰案、媾和案、條約案及其他關於重要國際事項之權。

第六十五條　關於立法事項，立法院得向各院、各部、各委員會提出質詢。

第六十六條　立法院設院長副院長各一人，任期三年，連選得連任。

第六十七條　立法委員由各省、蒙古、西藏及僑居國外國民所選出之國民代表舉行預選，依左列名額，各提出候選人名單于國民大會選舉之，其人選不以國民代表爲限：

一　各省人口未滿五百萬者，每省四人；五百萬以上，未滿一千萬者，每省六人；一千萬以上，未滿一千五百萬者，每省八人；一千五百萬以上，未滿二千萬者，每省十人；二千萬以上，未滿二千五百萬者，每省十二人；

二千五百萬以上，未滿三千萬者，每省十四人；三千萬以上者，每省十六人；

二　蒙古、西藏各八人；

三　僑居國外國民八人。

第六十八條　立法委員任期三年，連選得連任。

第六十九條　行政、司法、考試、監察各院，關於其主管事項，得向立法院提出議案。

第七十條　總統對於立法院之議決案，得於公佈或執行前，提交復議。

立法院對於前項提交復議之案，經出席委員三分二以上之決議，維持原案時，總統應即公佈或執行之川且對於法律案、條約案，得提請國民大會復決之。

第七十一條　立法院送請公佈之議決案，總統應於該案到達後三十日內公佈之。

第七十二條　立法委員於院內之言論及表決，對外不負責任。

第七十三條　立法委員，除現行犯外，非經立法院許可，不得逮捕或拘禁。

第七十四條　立法委員不得兼任其他公職，或執行業務。

第七十五條　立法委員之選舉，及立法院之組織，以法律定之。

第四節　司法院

第七十六條　司法院為中央政府行使司法權之最高機關，掌理民事、刑事、行政訴訟之審判及司法行政。

第七十七條　司法院設院長、副院長各一人，任期三年，由總統任命之。

司法院院長對國民大會負其責任。

第七十八條　關於特赦、減刑、復權事項，由司法院院長依法律提請總統行之。

第七十九條　司法院有統一解釋法律命令之權。

第八十條　法官依法律獨立審判。

第八十一條　法官非受刑罰或懲戒處分或禁治產之宣告，不得免職；

非依法律，不得停職、轉任或減俸。

第八十二條　司法院之組織，及各級法院之組織，以法律定之。

第五節　考試院

第八十三條　考試院爲中央政府行使考試權之最高機關，掌理考選、銓敘。

第八十四條　考試院設院長、副院長各一人，任期三年，由總統任命之。考試院院長對國民大會負其責任。

第八十五條　左列資格應經考試院依法考選、銓定之：

一　公務人員任用資格；

二　公職候選人資格；

三　專門職業及技術人員執業資格。

第八十六條　考試院之組織，以法律定之。

第六節　監察院

第八十七條　監察院爲中央政府行使監察權之國最高機關，掌理彈劾、懲戒、審計，對國民大會負其責任。

第八十八條　監察院爲行使監察權，得依法向各院、各部、各委員會，提出質詢。

第八十九條　監察院設院長、副院長各一人，任期三年，連選得連任。

第九十條　監察委員由各省、蒙古、西藏及僑居國外國民所選出之國民代表各預選二人，提請國民大會選舉之，其人選不以國民代表爲限。

第九十一條　監察委員任期三年，連選得連任。

第九十二條　監察院對於中央及地方公務員，違法或失職時，經監察委員一人以上之提議，五人以上之審查，決定提出彈劾案；但對於總統、副總統及行政、立法、司法、考試、監察各院院長、副院長之彈劾案，須有監察委員十人以上之提議，全體監察委員二分一以上之審查決定，始得提出。

第九十三條　對於總統、副總統，立法、司法、考試、監察各院院長、副院長之彈劾案，依前條規定成立後，應向國民大會提出之；在國民大會閉會期間，應請國民代表依法召集臨時國民大會，爲罷免與否之決議。

第九十四條　監察委員於院內之言論及表決，對外不負責任。

第九十五條　監察委員，除現行犯外，非經監察院許可，不得逮捕或拘禁。

第九十六條　監察委員不得兼任其他公職，或執行業務。

第九十七條　監察委員之選舉及監察院之組織，以法律定之。

第五章　地方制度

第一節　省

第九十八條　省設省政府，執行中央法令，及監督地方自治。

第九十九條　省政府設省長一人，任期三年，由中央政府任免之。

第一〇〇條　省設省參議會，參議員名額，每縣市一人，由各縣市議會選舉之，任期三年，連選得連任。

第一〇一條　省政府之組織，省參議會之組織、職權及省參議員之選舉、罷免，以法律定之。

第一〇二條　未經設省之區域，其政治制度以法律定之。

第二節　縣

第一〇三條　縣為地方自治單位。

第一〇四條　凡事務有因地制宜之性質者，劃為地方自治事項。地方自治事項，以法律定之。

第一〇五條　縣民關於縣自治事項，依法律行使創制復決之權，對於縣長及其他縣自治人員，依法律行使選舉罷免之權。

第一〇六條　縣設縣議會；議員由縣民大會選舉之，任期三年，連選得連任。

第一〇七條　縣單行規章與中央法律或省規章牴觸者，無效。

第一〇八條　縣設縣政府；置縣長一人，由縣民大會選舉之，任期三年，連選得連任。

縣長候選人以經中央考試或銓定合格者為限。

第一〇九條　縣長辦理縣自治，並受省長之指揮，執行中央及省委辦事項。

第一一〇條　縣議會之組織、職權，縣議員之選舉、罷免，縣政府之組織及縣長之選舉、罷免，以法律定之。

第三節　市

第一一一條　市之自治，除本節規定外，准用關於縣之規定。

第一一二條　市設市議會；議員由市民大會選舉之，每年改選三分之一。

第一一三條　市設市政府；置市長一人，由市民大會選舉之，任期三年，連選得連任。

市長候選人以經中央考試或銓定合格者為限。

第一一四條　市長辦理市自治，並受監督機關之指揮，執行中央或省委辦事項。

第一一五條　市議會之組織、職權，市議員之選舉、罷免，市政府之組織及市長之選舉、罷免，以法律定之。

第六章　國民經濟

第一一六條　中華民國之經濟制度，應以民生主義爲基礎，以謀國民生計之均足。

第一一七條　中華民國領域內之土地，屬於國民全體；其經人民依法律取得所有權者，其所有權受法律之保障及限制。

國家對於人民取得所有權之土地，得按照土地所有權人申報，或政府估定之地價，依法律徵稅或徵收之。

土地所有權人，對於其所有土地負充分使用之義務。

第一一八條　附著於土地之礦及經濟上可供公眾利用之天然力，屬於國家所有，不因人民取得土地所有權而受影響。

第一一九條　土地價值非因施以勞力資本而增加者，應以徵收土地增值稅方法收歸人民公共享受。

第一二〇條　國家對於土地之分配整理，以扶植自耕農及自行使用土地人爲原則。

第一二一條　國家對於私人之財富及私營企業，認爲有妨害國民生計之均衡發展時，得依法律節制之。

第一二二條　國家對於國民生產事業及對外貿易，應獎勵、指導及保護之。

第一二三條　公用事業及其他有獨佔性之企業，以國家公營爲原則，但因必要得特許國民私營之。

國家對於前項特許之私營事業，因國防上之緊急需要，得臨時管理之，並得依法律收歸公營，但應予以適當之補償。

第一二四條　自家爲改度勞王生活，增進其生產技能及救濟勞工失業，應實施保護勞工政策。

婦女兒童從事勞動者，應按其年齡及身體狀態，施以特別之保護。

第一二五條　勞資雙方應本協調互助原則，發展生產事業。

第一二六條　國家爲謀農業之發展及農民之福利，應充裕農村經濟，改善農村生活，並以科學方法，提高農民耕作效能。

國家對於農產品之種類、數量及分配，得調節之。

第一二七條　人民因服兵役、工役或公務，而致殘廢或死亡者，國家應予以適當之救濟或撫恤。

第一二八條　老弱殘廢無力生活者，國家應予以適當之救濟。

第一二九條　左列各款事項，在中央應經立法院之議決，其依法律得以省區或縣市單行規章爲之者，應經各該法定機關之議決：

一　稅賦、捐費、罰金、罰鍰或其他有強制性收入之設定及其徵收率之變更；

二　募集公債、處分公有財產或締結增加公庫負擔之契約；

三　公營、專賣、獨佔或其他有營利性事業之設定或取消；

四　專賣、獨佔或其他特權之授予或取消。

省區及縣市政府，非經法律特許，不得募集外債，或直接利用外資。

第一三〇條　中華民國領域內，一切貨物應許自由流通，非依法律不得禁阻。

關稅爲中央稅收，應於貨物出入國境時徵收之，以一次爲限。

各級政府不得於國內徵收貨物通過稅。

對於貨物之一切稅捐，其徵收權屬於中央政府，非依法律不得爲之。

第七章　教育

第一三一條　中華民國之教育宗旨，在發揚民族精神，培養國民道德，訓練自治能力，增進生活知能，以造成健全國民。

第一三二條　中華民國人民受教育之機會，一律平等。

第一三三條　全國公私立之教育機關，一律受國家之監督，並負推行國家所定教育政策之義務。

第一三四條　六歲至十二歲之學齡兒童，一律受基本教育，免納學費。

第一三五條　已逾學齡未受基本教育之人民，一律受補習教育，免納學費。

第一三六條　國立大學及國立專科學校之設立，應注重地區之需要，以維持各地區人民享受高等教育之機會均等，而促進全國文化之平衡發展。

第一三七條　教育經費之最低限度，在中央爲其預算總額百分之十五，

在省區及縣市為其預算總額百分之三十，其依法律獨立之教育基金，並於以保障。

貧瘠省區之教育經費，由國庫補助之。

第一三八條　國家對於左列事業及人民，予以獎勵或補助：

一　國內私人經營之教育事業成績優良者；

二　僑居國外國民之教育事業；

三　於學術技術有發明者；

四　從事教育，成績優良，久於其職者；

五　學生學行俱優，無力升學者。

第八章　憲法之施行及修正

第一三九條　憲法所稱之法律，謂經立法院通過，總統公佈之法律。

第一四○條　法律與憲法牴觸者無效。法律與憲法有無牴觸，由監察院於該法律施行後六個月內，提請司法院解釋；其詳以法律定之。

第一四一條　命令與憲法或法律牴觸者無效。

第一四二條　憲法之解釋由司法院為之。

第一四三條　在全國完成地方自治之省區未達半數以上時，立法委員及監察委員依左列規定選舉任命之：

一　立法委員由各省、蒙古、西藏及僑居國外國民所選出之國民代表，依照第六十七條所定名額，各預選半數，提請國民大會選舉之；其餘半數由立法院院長提請總統任命之。

二　監察委員由各省、蒙古、西藏及僑居國外國民所選出之國民代表，依照第九十條所定名額，各預選半數，提請國民大會選舉之，其餘半數由監察院院長提請總統任命之。

第一四四條　在地方自治未完成之縣，其縣長由中央政府任免之。

前項規定，於自治未完成之市，准用之。

第一四五條　促成地方自治之程序，以法律定之。

第一四六條　第一屆國民大會之職權，由制定憲法的國民大會行使之。

第一四七條　憲法非由國民大會全體代表四分一以上之提議，四分三以上之出席，及出席代表三分二以上之決議，不得修改之。

修改憲法之提議，應由提議人於國民大會開會前一年，公告之。

第一四八條　憲法規定事項，有另定實施程序之必要者，以法律定之。

四、期成憲草

【「期成憲草」全稱爲《國民參政會憲政期成會對五五憲法草案修正草案》，引自劉振鎧編著：《中國憲政治史話》，附錄第 92～109 頁。】

（中華民國二十九年四月二日國民參政會第五次大會通過）

第一章　總綱

第一條　中華民國爲三民主義共和國。

附記：參政員張君勱、左舜生申明在憲法公佈前應請國民黨最高機關或領袖確定本條文不影響於抗戰以來各派之團結、合法存在及其固有主義之信仰。

第二條　中華民國之主權屬於國民全體。

第三條　具有中華民國之國籍，爲中華民國國民。

第四條　中華民國領土爲江蘇、浙江、安徽、江西、湖北、湖南、四川、西康、河北、山東、山西、陝西、甘肅、青海、福建、廣東、廣西、雲南、貴州、遼寧、吉林、黑龍江、熱河、察哈爾、綏遠、寧夏、新疆、蒙古、西藏等固有之疆域。

中華民國之領土，非經國民大會決議，不得變更。

附記：參政員董必武主張前條第二項改爲「中華民國領土不得割讓」。

第五條　中華民國各民族均爲中華國族之構成份子，一律平等。

附記：參政員陶孟和、章士釗主張將「中華國族」改爲「中華民族」。

第六條　中華民國國旗定爲紅地左上角青天白日。

第二章　人民之權利義務

第七條　中華民國人民在法律上一律平等。

附記：參政員史良主張在條文後附加第二項，規定「婦女在經濟、文化、政治及社會生活一切方面，均與男子享有同等權利」。

第八條　人民有身體之自由，非依法律，不得逮捕、拘禁、審問或處罰。

人民因犯罪嫌疑逮捕者，其執行機關應即將逮捕拘禁原因告知本人及其親屬，並至遲於二十四小時內移送於該管法院審問，本人或他人亦得聲請該管法院於二十四小時內向執行機關提審。

法院對於前項聲明，不得拒絕；執行機關對於法院之提審，亦不得拒絕。

第九條　人民除現役軍人外，不受軍事審判。

第一○條　人民有居住之自由，其居住場所，非依法律，不得侵入、搜索或封錮。

第一一條　人民遷徙之自由，非依法律，不得限制。

第一二條　人民有言論、著作及出版之自由，非依法律，不得限制。

第一三條　人民有秘密通訊之自由，非依法律，不得限制。

第一四條　人民有信仰宗教之自由，非依法律，不得限制。

第一五條　人民有集會結社之自由，非依法律，不得限制。

第一六條　人民有之財產之自由，非依法律，不得徵用及查封或沒收。

第一七條　人民有依法律請願、訴願及訴訟之權。

第一八條　人民有依法律選舉、罷免、創制、復決之權。

第一九條　人民有依法律應考試之權。

第二○條　人民有依法律納稅之義務。

第二一條　人民有依法律服兵役及工役之義務。

第二二條　人民有依法律受國民教育之義務。

第二三條　人民有依法律服公務之義務。

第二四條　凡人民之其他自由及權利，均受憲法之保障，非依法律，不得限制之。

第二五條　凡限制人民自由或權利之法律，以保障國家安全，避免緊急危難，維持社會秩序，或增進公共利益有必要者爲限。

第二六條　凡公務員違法侵害人民之自由權利者，除依法律懲戒外，應負刑事及民事責任，被害人民就其所受損害，並得依法律向國家請求賠償。

第三章　國民大會及國民大會議政會

第一節　國民大會

第二七條　國民大會爲中華民國最高權力機關。

第二八條　國民大會代表以下列代表組織之：

一、區域選出代表，其名額以法律定之；

區域選舉以縣市爲單位，但自治未完成之市得另定選舉區。

縣市同等區域，依前項規定。

二、職業選出代表，其名額以法律定之；

三、蒙古、西藏選出代表，其名額以法律定之；

四、僑居國外之國民選出代表，其名額以法律定之；

五、在憲法實行三十年以內，國民大會特設婦女代表，其名額以法律定之。

第二九條　國民代表之選舉，以普通、平常、直接、無記名投票之方法行之。

第三○條　中華民國國民年滿二十歲者，有依法選舉代表權；年滿二十五歲者，有依法被選舉代表權。

第三一條　國民大會任期六年。

國民代表違法或失職時，原選舉區域選舉團體依法律罷免之。

第三二條　國民大會每三年由總統召集一次，會期一月，必要時得延長之；但不得超過一月。

國民大會經五分之二以上代表之同意，得自行召集臨時國民大會，總統或國民大會議政會經出席議政員五分之二之決議，得召集臨時國民大會。

國民大會之開會地點，在中央政府所在地。

第三三條　國民大會之職權如左：

一、選舉總統、副總統，立法院院長、副院長，監察院院長、副院長，立法委員，監察委員；

二、罷免總統、副總統，行政、立法、司法、考試、監察各院院長、副院長，立法委員，監察委員；

三、創制法律；

四、復決法律；

五、修改憲法；

六、憲法賦予之其他職權。

第三四條　國民代表在會議時所為之言論及表決，對外不負責任。

第三五條　國民代表，除現行犯外，在會期中，非經國民大會許可，不得逮捕或拘禁。

第三六條　國民大會之組織、國民代表之選舉罷免及國民大會行使職權之程序，以法律定之。

第二節　國民大會議政會

第三七條　國民大會閉會期間，設國民大會議政會。

國民大會議政會議政員為一百五十人至二百人，由國民大會互選之。

附記：尚有三種意見，如左：

一、參政員張君勱主張依照前條將「互選」之改爲「選舉之」；

二、參政員羅文幹、羅隆基等主張依照前項意見加入「國民大會議政會議政員不以國民代表爲限」一句；

三、參政員黃炎培等主張人數由五十人至一百人。

第三八條　國民大會議政會議政員之選舉不依地域分配；但每省至少應有二人，蒙古、西藏及僑居國外之國民，最少應各有三人。

附記：參政員羅文幹、羅隆基、周炳琳等主張在前條及另加列一條爲下：

（第三十九條）國民大會議政會議政員應具下列資格：

一、年齡在四十歲者；

二、對於國家有特殊勳勞者；

三、曾在各重要教育學術團體或經濟團體服務著有信望者；

四、服務社會事業或自由職業經驗豐富成績卓著者。

第三九條　國民大會議政會議政員之任期爲三年，得連選連任。

第四〇條　國民大會議政會議政員不得兼任公務員。

第四一條　國民大會議政會之職權如左：

一、在國民大會閉會期間議決戒嚴案、大赦案、宣戰案、媾和案、條約案。

二、在國民大會閉會期間復決立法院所議決之預算案、決算案。

三、在國民大會閉會期間，得創制立法原則，並復決立法院之法律案。

凡經國民大會議政會復決通過之法律案，總統應依法公佈之。

四、在國民大會閉會期間，受理監察院向國民大會提出之彈劾案。

國民大會議政會對於監察院提出之總統、副總統彈劾案，經出席議政員三分之二決議受理時，應召集臨時國民大會，爲罷免與否之決定。

監察院對行政、立法、司法、考試、監察各院院長、副院長之彈劾案，經國民大會議政會出席議政員三分之二通過時，被彈劾之院長、副院長即應去職。

五、國民大會議政會對於行政院院長、副院長，各部部長，各委員會委員長得提出不信任案。行政院長、副院長，各部部長，各委員會委員長經國民大會議政會通過不信任案時，即應去職。國民大會議政會對於行政院院長、副院長不信任案，須經出席議政員三分之二通過，始得成立。

　　總統對於國民大會議政會對行政院院長或副院長通過之不信任案，爲不同意，應召集臨時國民大會爲最後之決定。如國民大會維持國民大會議政會之決議，則院長或副院長必須去職；如國民大會否決國民大會議政會之決議，則應另選國民大會議政會議政員，改組國民大會議政會。

　　六、國民大會議政會對國家政策或行政措施，得向總統及各院院長部長委員會委員長提出質詢，並聽取報告。

　　七、接受人民請願。

　　八、總統交議事項。

　　九、國民大會委託之其他職權。

　　第四二條　國民大會議政會議政員在會內所爲之言論及表決，對外不負責任。

　　第四三條　國民大會議政會議長一人、副議長二人，由國民大會議政會議政員互選之。

　　第四四條　國民大會議政會每六個月集會一次；但必要時，議長得召集臨時會。

第四章　中央政府

第一節　總統

　　第四五條　總統爲國家元首，對外代表中華民國。

　　第四六條　總統統率全國海陸空軍。

　　第四七條　總統依法公佈法律，發佈命令，並須經關係院院長之副署。

　　第四八條　總統依法行使宣戰、媾和及締結條約之權。

　　第四九條　總統依法宣佈戒嚴、解嚴。

　　第五〇條　總統依法行使大赦、特赦、減刑、復權之權。

　　第五一條　總統依法任免文武官員。

　　第五二條　總統依法授與榮典。

　　第五三條　國家遇有緊急事故須爲急速處分時，總統得經行政會議之議決，發佈緊急命令，爲必要之處置；但發佈命令後，應即提交國民大會議政會追認。

　　附記：參政員董必武主張取消總統之緊急命令權。

　　第五四條　總統得召集五院院長會商關於二院以上之事項及咨詢事項。

　　第五五條　總統對國民大會負責。

第五六條　中華民國國民年滿四十歲者，得被選爲總統、副總統。

第五七條　總統、副總統之選舉，以法律定之。

第五八條　總統、副總統之任期，均爲六年，連選得連任一次。

第五九條　總統應於就職日宣誓。誓詞如左：

「余正心誠意，向國民宣誓，余必遵憲法，盡忠職務，增進人民福利，保衛國家，無負國民付託。如違誓言，當受國法嚴厲之制裁。謹誓。」

第六〇條　總統缺位時，由副總統繼任，至本屆總統任滿止；總統因故不能視事時，由副總統代行其職權；總統、副總統均不能視事時，由行政院院長代行其職權。

第六一條　總統於任滿之日解職；爲屆期次任總統尙未選出後，總統、副總統均未就職時，由行政院院長代行總統職權。

第六二條　行政院長代行總統職權時，其期限不得逾六個月。

第六三條　總統除犯內亂或外患罪外，非經罷免或解職，不受刑事上之訴糾。

第二節　行政院

第六四條　行政院設院長、副院長各一人，政務委員若干人，由總統任免之。

前項政務委員不管部會者，其人數不得超過六十六條第一項所定者之半數。

第六五條　行政院各部各委員會，分掌行政職權。

第六六條　行政院各部部長、各委員會委員長由總統於政務委員會中任命之。行政院院長或副院長不得兼任前項部長或委員長。

第六七條　行政院設行政會議，由行政院長、副院長及政務委員組織之，以行政院長爲爲主席。

第六八條　下列事項應經行政會議議決：

一、提出於立法院之法律案、預算案、決算案；

二、提出於國民大會議政會之戒嚴案、大赦案；

三、提出於國民大會議政會之宣戰案、媾和案、條約案及其他關於重要國際事項之議案；

四、各部各委員會間共同關係之事項；

五、總統或行政院長交議之事項。

六、行政院副院長、各政務委員會、各部各委員會提議之事項。

第六九條　行政院之組織以法律定之。

第三節　立法院

第七〇條　立法院有議決法律案、預算案、決算案之權。

第七一條　關於立法事項，立法院得向各院、各部、各委員會提出質詢。

第七二條　立法院設院長、副院長各一人，任期三年，得連選連任。

第七三條　立法委員名額定為一百人，其產生方法如下：

每省一人，蒙古、西藏各二人，由以上各地之國民代表舉行預選提出候選人名單，於國民大會選舉之，其人選不以國民代表為限，其餘委員由院長提請總統任命之。

第七四條　立法委員任期三年，得連選連任。

第七五條　行政、司法、考試、監察各院，關於其主管事項，得向立法院提出議案。

第七六條　總統對於立法院決議之法律案，得於公佈或執行前提交復議。立法院對於前項提交復議之議案，經決議維持原案時，總統即應公佈或執行之，如總統仍不同意時，得請國民大會議政會復議之。

第七七條　立法院送請公佈之法律案。總統應於該案到達後三十日內公佈之。

第七八條　立法委員在院內之言論及表決，對外不負責任。

第七九條　立法委員除現行犯外，非經立法許可，不得逮捕或拘禁。

第八〇條　立法委員不得兼任其他公職或執行業務。

第八一條　立法委員之選舉及立法院之組織，以法律定之。

第四節　司法院

第八二條　司法權由司法院行使之。

司法院掌理民事、刑事及訴訟之審判。

第八三條　司法院為中華民國之最高法院

司法院設院長一人，由總統任命之。

第八四條　司法院有統一解釋法律命令之權。

第八五條　法官依法律獨立審判。

第八六條　法官非受刑罰或懲戒處分或禁治產之宣告，不得免職，非依法律，不得停職、轉任或減俸。

第八七條　司法院之組織以法律定之。

第五節　考試院

第八八條　考試權由考試院行使之，掌理考選。

第八九條　考試院設院長、副院長各一人，任期三年，由總統任免之。

第九〇條　考試院應定期分區舉行高等文官考試及專門職業考試，並分省舉行普通考試。

事務官除法律另有規定者外，非經考試及格，不得任用。

第九一條　考試院之組織以法律定之。

第六節　監察院

第九二條　監察權由監察院行使之，掌理彈劾、懲戒、審計。

第九三條　監察院設院長、副院長各一人，任期三年，得連選連任。

第九四條　監察委員由各省、蒙古、西藏及僑居國外國民所選出之國民代表各預選二人，提請國民大會選舉之；其人選不以國民代表為限。

第九五條　監察委員任期三年，得連選連任。

第九六條　監察院對中央、地方公務員違法或失職時，經監察委員一人以上之提議，五人以上之審查決定，提出彈劾案；但對於總統、副總統及行政、立法、司法、考試、監察各院院長、副院長之彈劾案，須有監察委員十一人以上之提議，全體監察委員二分之一以上審查決定，始得提出。

第九七條　對於總統、副總統，行政、立法、司法、考試、監察各院院長、副院長之彈劾案，依前條規定成立後，應向國民大會提出之，在國民大會閉會期間，應向國民大會議政會提出之。

第九八條　監察院為行使監察權，得依法向各院、各部、各委員會提出質詢。

第九九條　監察委員在院內之言論及表決，對外不負責任。

第一〇〇條　監察委員除現行犯外，非經監察院許可，不得逮捕或拘禁。

第一〇一條　監察委員不得兼任其他公職或執行業務。

第一〇二條　監察委員之選舉及監察院之組織，以法律定之。

第五章　地方制度

第一節　省

第一〇三條　省設省政府，執行中央法令及監督地方自治。

第一〇四條　省政府設生長一人，由中央政府任免之。

第一〇五條　省設省議會，議員名額每縣市一人，由各縣市議會選舉之，任期三年，得連選連任。

附記：參政員許孝炎主張維持憲草原文，仍稱省參議會。

第一〇六條　省議會之職權如左：

一、決議省預算、省決算；

二、決議省單行規章；

三、決議省應興革事項；

四、決議省政府交議事項；

五、對於省政府提出質詢；

六、接受人民請願；

七、向中央提請罷免省長；

八、法律賦予之其他職權。

第一〇七條　省政府之組織、省議會之組織及省議員之選舉罷免，以法律定之。

第一〇八條　省政府監督地方自治，以法律定之。

第一〇九條　蒙古、西藏之地方制度，得就地方情形，另以法律定之。

第二節　縣

第一一〇條　縣為自治單位。

第一一一條　地方自治事項，以法律定之。

附記：參政員黃炎培、張瀾、左舜生、李璜主張本條應改為「凡事務除具有全國一致性質者，劃歸中央者外，其得因地制宜者，劃歸地方自治事項。」地方自治事項，以法律定之。

第一一二條　縣民關於縣自治事項，依法律行使創制、復決之權，對於縣長及其他縣自治人員，依法律行使選舉罷免之權。

第一一三條　縣設縣議會，議員由縣民大會選舉之，任期三年，得連選連任。

第一一四條　縣單行規章，與中央法律或省規章牴觸者無效。

第一一五條　縣設縣政府，置縣長一人，由縣民大會選舉之，任期三年，得連選連任。

第一一六條　縣長辦理縣自治，並受省長之指揮，執行中央及省委辦事項。

第一一七條　縣議會之組織，縣議員之選舉罷免，縣政府之組織及縣長之選舉罷免，以法律定之。

第一一八條　市之自治除法律另有規定外，准用關於縣之規定。

第六章　中央與地方

第一一九條　凡事務有全國一致性質者，劃歸中央，有因地制宜者，劃歸地方。

第一二〇條　下列事項，應由中央立法，地方不得制定單行規章：

一、國籍；

二、國防及軍制；

三、司法；

四、考試；

五、監察；

六、外交；

七、戶籍；

八、地方制度；

九、警備制度；

十、度量衡制度；

十一、國稅及國債；

十二、幣制及銀行制度；

十三、國營獨佔買賣及其他國營經濟事項；

十四、土地制度；

十五、郵電及其他國營水陸空交通運輸；

十六、商標及專利特許；

十七、礦業

十八、勞工保險

十九、公共衛生

二十、其他有全國一致性質事務。

第一二一條　凡未列舉於前條之事項，得由地方制定單行規章，或由中央規定原則，由地方制定規章。

地方規章與中央法律牴觸者無效。地方規章與中央法律有無牴觸，由司法院解釋之。

附記：參政員黃炎培、張瀾、左舜生、李璜主張本章取消。

第七章　國民經濟

第一二二條　中華民國之經濟制度，應以民生主義爲基礎，以謀國民生計之均足。

第一二三條　中華民國領域內之土地，屬於國民全體，其經人民依法律取得所有權者，其所有權受法律之保障及限制。

國家對於人民取得所有權之土地，按照土地所有權人申報或政府估定之地價，依法律徵稅或徵收。

土地所有權人，對於其所有土地，負充分使用之義務。

第一二四條　附著於土地之礦及經濟上可供公眾利用之天然力，屬於國家所有，不因人民取得土地所有權而受影響。

第一二五條　土地價值，非因施以勞力資本而增加者，應徵收土地增值稅。

第一二六條　國家對於土地之分配、整理，以扶植自耕農及自行使用土地爲原則。

第一二七條　國家對於私人之財產及私營事業，認爲有妨害國民生計均衡發展時，得依法律制定之。

第一二八條　國家應實施保護勞工政策。

附記：參政員史良主張維持憲草第一二四條第二項，其原文如下：

「婦女兒童從事勞動者，應視其年齡及身體狀態，施以特別之保護。」

第一二九條　勞資雙方應本協調互助原則，發展生產事業。

第一三〇條　國家爲謀農業之發展及農民之福利，應充裕農村經濟，改善農村生活。

附記：參政員周炳琳、李中襄主張本條刪去。

第一三一條　人民因服兵役或公務而致殘疾或死亡者，國家應予以適當救濟或撫恤。

附記：參政員周炳琳、李中襄主張本條刪去。

第一三二條　老弱殘疾無力生活者，國家應予以適當之救濟。

附記：

一、參政員胡兆祥主張於本章內增列一條如下：

「僑居國外之國民，遇失業或被壓迫，國家應予救濟及保護之。」

二、參政員錢端升、陶孟和、羅文幹主張本條取消。

第八章　憲法之實行與修正

第一三三條　憲法所稱之法律，指依憲法規定所制定並公佈之法律。

第一三四條　法律與憲法牴觸者無效，命令與憲法或法律牴觸者無效。

第一三五條　憲法之解釋，由憲法解釋委員會爲之。

憲法解釋委員會設委員九人，由國民大會議政會、司法院、監察院各推三人組織之。憲法解釋委員會設委員長一人，由委員互推之。

第一三六條　地方自治未完成之縣，其縣長由中央政府任免之。

第一三七條　地方自治未完成之縣，縣民行使自治之程序，以法律定之。

第一三八條　憲法非由國民大會全體代表十分之一以上提議，三分之二以上之出席，及二分之一以上之決議，不得修改之。

修改憲法之提議，應由提議人於國民大會閉會前一年公告之。

五、政協憲草修改意見十二項原則

【參見陳茹玄著：《增訂中國憲法史》，世界書局 1948 年版，第 251～255 頁。】

一、國民大會　全國選民行使四權，名義之曰國民大會。（即無須成立全國性之國民大會機構之意）

在未實行總統普選以前，總統由中央及省縣各級一會合組選舉機關選舉之。

創制、復決兩權之行使，另以法律規定之。

總統之罷免，以選舉總統之同樣方法行使之。

二、立法院　爲國家最高立法機關，由選民直接選舉，職權等於民主國家之議會。

三、監察院　爲國家最高監察機關，由各省級議會及各民族自治區議會選舉之。其職權爲行使同意、彈劾及監察權。（同意權指司法院院長、副院長、大法官及考試院院長、副院長、委員等，由總統提名，監察院同意任命）

四、司法院　即爲國家最高法院，不兼管司法行政。由大法官若干人組

織之。大法官由總統提名，經監察院同意任命之。各級法官須超出於黨派之外。

五、考試院　用委員制，其委員由總統提名，經監察院之同意任命之。其職權著重於公務人員及專業人員之考試。考試委員應超出黨派。

六、行政院　為國家最高行政機關。行政院長由總統提名，經立法院同意任命之。行政院對立法院負責。如立法院對行政院全體不信任時，行政院或辭職，或提請總統解散立法院。但同一行政院長，不得提請兩次解散立法院。

七、總統　經行政院決議，得依法發佈緊急命令。但須於一個月內報告立法院。總統召集各院院長會商，不必明文規定。

八、地方制度　確定省為地方自治之最高單位。省長民選。省得制定省憲，但不得與國憲牴觸。依照均權主義劃分權限。

九、人民之權利義務　應享有凡民主國家人民一切之權利及自由。法律規定應出之於保障精神，不以限制為目的。

十、選舉　應列專章。被選年齡改為二十三歲。

十一、基本國策　應包括國防、外交、國民經濟、文化教育各項。

十二、憲法之修改　應由立法、監察兩院聯席會議提出，交選舉總統之機關復決。

六、中華民國憲法

【參見中央日報編印：《行憲法規》，1947年版，第1～19頁。】

（中華民國三十五年十二月二十五日國民大會通過，中華民國三十六年一月一日國民政府公佈，同年十二月二十五日施行）

中華民國國民大會受全體國民之付託，依據孫中山先生創立中華民國之遺教，為鞏固國權，保障民權，奠定社會安寧，增進人民福利，制定本憲法，頒行全國，永矢咸遵。

第一章　總綱

第一條　中華民國基於三民主義，為民有、民治、民享之民主共和國。
第二條　中華民國之主權屬於國民全體。
第三條　具有中華民國國籍者為中華民國國民。

第四條　中華民國領土依其固有之疆域，非經國民大會之決議，不得變更之。

第五條　中華民國各族一律平等。

第六條　中華民國國旗爲紅地，左上角青天白日。

第二章　人民之權利義務

第七條　中華民國人民，無分男女、宗教、種族、階級、黨派，在法律上一律平等。

第八條　人民身體之自由應予保障。除現行犯之逮捕由法律另定外，非經司法或警察機關依法定程序，不得逮捕拘禁；非由法院依法定程序，不得審問處罰；非依法定程序之逮捕、拘禁、審問、處罰，得拒絕之。

人民因犯罪嫌疑被逮捕拘禁時，其逮捕拘禁機關應將逮捕拘禁原因，以書面告知本人及其本人指定之親友。並至遲於二十四小時內移送該管法院審問。本人或他人亦得聲請該管法院，於二十四小時內向逮捕之機關提審。法院對於前項聲請，不得拒絕，並不得先令逮捕拘禁之機關查覆。逮捕拘禁之機關，對於法院之提審，不得拒絕或遲延。

人民遭受任何機關非法逮捕拘禁時，其本人或他人得向法院聲請追究，法院不得拒絕，並應於二十四小時內，向逮捕拘禁之機關追究，依法處理。

第九條　人民除現役軍人外，不受軍事審判。

第一〇條　人民有居住及遷徙之自由。

第一一條　人民有言論、講學、著作及出版之自由。

第一二條　人民有秘密通訊之自由。

第一三條　人民有信仰宗教之自由。

第一四條　人民有集會及結社之自由。

第一五條　人民之生存權、工作權及財產權，應予保障。

第一六條　人民有請願、訴願及訴訟之權。

第一七條　人民有選舉、罷免、創制及復決之權。

第一八條　人民有應考試、服公職之權。

第一九條　人民有依法律納稅之義務。

第二〇條　人民有依法律服兵役之義務。

第二一條　人民有受國民教育之權利與義務。

第二二條　凡人民之其他自由及權利，不妨害社會秩序、公共利益者，均受憲法之保障。

第二三條　以上各條列舉之自由權利，除爲防止妨礙他人自由，避免緊急危難，維持社會秩序，或增進公共利益所必要者外，不得以法律限制之。

第二四條　凡公務員違法侵害人民之自由或權利者，除依法律受懲戒外，應負刑事及民事責任。被害人民就其所受損害，並得依法律向國家請求賠償。

第三章　國民大會

第二五條　國民大會依本憲法之規定，代表全國國民行使政權。

第二六條　國民大會以左列代表組織之：

一　每縣市及其同等區域各選出代表一人，但其人口逾五十萬人者，每增加五十萬人，增選代表一人。縣市同等區域以法律定之。

二　蒙古選出代表，每盟四人，每特別旗一人。

三　西藏選出代表，其名額以法律定之。

四　各民族在邊疆地區選出代表，其名額以法律定之。

五　僑居國外之國民選出代表，其名額以法律定之。

六　職業團體選出代表，其名額以法律定之。

七　婦女團體選出代表，其名額以法律定之。

第二七條　國民大會之職權如左：

一　選舉總統、副總統；

二　罷免總統、副總統；

三　修改憲法；

四　復決立法院所提之憲法修正案；

關於創制、復決兩權，除前項第三、第四兩款規定外，由全國有半數之縣市曾經行使創制、復決兩項政權時，由國民大會制定辦法並行使之。

第二八條　國民大會代表每六年改選一次。每屆國民大會代表之任期，至次屆國民大會開會之日爲止。

現任官吏不得於其任所在地之選舉區當選爲國民大會代表。

第二九條　國民大會於每屆總統任滿前九十日集會，由總統召集之。

第三〇條　國民大會遇有左列情形之一時，召集臨時會：

一　依本憲法第四十九條之規定，應補選總統、副總統時；

二　依監察院之決議，對於總統、副總統提出彈劾案時；

三　依立法院之決議，提出憲法修正案時；

四　國民大會代表五分之二以上請求召集時。

國民大會臨時會，如依前項第一款或第二款應召集時，由立法院院長通告集會；依第三款或四款應召集時，由總統召集之。

第三一條　國民大會之開會地點在中央政府所在地。

第三二條　國民大會代表在會議時所為之言論及表決，對會外不負責任。

第三三條　國民大會代表除現行犯外，在會期中，非經國民大會許可，不得逮捕或拘禁。

第三四條　國民大會之組織，國民大會代表之選舉、罷免，及國民大會行使職權之程序，以法律定之。

第四章　總統

第三五條　總統為國家元首，對外代表中華民國。

第三六條　總統統率全國陸海空軍。

第三七條　總統依法公佈法律，發佈命令，須經行政院院長之副署，或行政院院長及有關部會首長之副署。

第三八條　總統依本憲法之規定，行使締結條約及宣戰、媾和之權

第三九條　總統依法宣佈戒嚴，但須經立法院之通過或追認。立法院認為必要時，得決議移請總統解嚴。

第四〇條　總統依法行使大赦、特赦、減刑及復權之權。

第四一條　總統依法任免文武官員。

第四二條　總統依法授與榮典。

第四三條　國家遇有天災或災害、疫病或國家財政經濟上有重大變故，須為急速處分時，總統於立法院休會期間，得經行政院會議之決議，依緊急命令法，發佈緊急命令，為必要之處置，但須於發佈命令後一個月內提交立法院追認。如立法院不同意時，該緊急命令立即失效。

第四四條　總統對於院與院間之爭執，除本憲法有規定者外，得召集有關各院院長會商解決之。

第四五條　中華民國國民年滿四十歲者，得被選為總統、副總統。

第四六條　總統、副總統之選舉，以法律定之。

第由七條　總統、副總統之任期爲六年，連選得連任一次。

第四八條　總統應於就職時宣誓，誓詞如左：

「余謹以至誠，向全國人民宣誓，余必遵守憲法，盡忠職務，增進人民福利，保衛國家，無負國民付託。如違誓言，願受國家嚴屬之制裁。謹誓。」

第四九條　總統缺位時，由副總統繼任，至總統任期屆滿爲止。總統、副總統均缺位時，由行政院院長代行其職權，並依本憲法第三十條之規定，召集國民大會臨時會，補選總統、副總統，其任期以補足原任總統未滿之任期爲止。總統因故不能視事時，由副總統代行其職權。總統、副總統均不能視事時，由行政院院長代行其職權。

第五〇條　總統於任滿之日解職。如屆期次任總統尚未選出，或選出後總統、副總統均未就職時，由行政院院長代行總統職權。

第五一條　行政院院長代行總統職權時，其期限不得逾三個月。

第五二條　總統除犯內亂或外患罪外，非經罷免或解職，不受刑事上之訴究。

第五章　行政

第五三條　行政院爲國家最高行政機關。第五四條行政院設院長、副院長各一人，各部會首長若干人及不管部會之政務委員若干人。

第五五條　行政院院長由總統提名，經立法院同意任命之。

立法院休會期間，行政院院長辭職或出缺時，由行政院副院長代理其職務，但總統須於四十日內咨請立法院召集會議，提出行政院院長人選徵求同意。行政院院長職務，在總統所提行政院院長人選未經立法院同意前，由行政院副院長暫行代理。

第五六條　行政院副院長、各部會首長及不管部會之政務委員，由行政院院長提請總統任命之。

第五七條　行政院依左列規定，對立法院負責：

一行政院有向立法院提出施政方針及施政報告之責。立法委員在開會時，有向行政院院長及行政院各部會首長質詢之權。

二立法院對於行政院重要政策不贊同時，得以決議移請行政院變更之。行政院對於立法院之決議，得經總統之核可，移請立法院復議。復議時，如經出席立法委員三分之二維持原決議，行政院院長應即接受該決議或辭職。

三行政院對於立法院決議之法律案、預算案、條約案，如認爲該決議案有窒礙難行時，得經總統之核可，於該決議案送達行政院十日內，移請立法院復議。復議時，如經出席立法委員三分之二維持原案，行政院院長應即接受該決議案或辭職。

第五八條　行政院設行政院會議，由行政院院長、副院長、各部會首長及不管部會之政務委員組織之，以院長爲主席。行政院院長、各部會首長須將應行提出立法院之法律案、預算案、戒嚴案、大赦案、宣戰案、媾和案、條約案及其他重要事項，或涉及各部會共同關係之事項，提出於行政院會議議決之。

第五九條　行政院於會計年度開始三個月前，應將下年度預算案提出於立法院。

第六〇條　行政院於會計年度結束後四個月內，應提出決算於監察院。

第六一條　行政院之組織，以法律定之。

第六章　立法

第六二條　立法院爲國家最高立法機關，由人民選舉之立法委員組織之，代表人民行使立法權。

第六三條　立法院有決議法律案、預算案、戒嚴案、大赦案、宣戰案、媾和案、條約案，及國家其他重要事項之權。

第六四條　立法院立法委員依左列規定選出之：

一　各省、各直轄市選出者，其人口在三百萬以下者五人，其人口超過三百萬者，每滿一百萬人增選一人，

二　蒙古各盟旗選出者；

三　西藏選出者；

四　各民族在邊疆地區選出者；

五　僑居國外之國民選出者；

六　職業團體選出者。

立法委員之選舉及前項第二款至第六款立法委員名額之分配，以法律定之。婦女在第一項各款之名額，以法律定之。

第六五條　立法委員之任期爲三年，連逃得連任。其選舉於每屆任滿前三個月內完成之。

第六六條　立法院設院長、副院長各一人，由立法委員互選之

第六七條　立法院得設各種委員會。各種委員會得邀請政府人員及社會上有關係人員到會備詢。

第六八條　立法院會期，每年兩次，自行集會，第一次自二月至五月底，第二次自九月至十二月底，必要時得延長之。

第六九條　立法院遇有左列情事之一時，得開臨時會：

一　總統之咨請；

二　立法委員四分之一以上之請求。

第七〇條　立法院對於行政院所提預算案，不得爲增加支出之提議。

第七一條　立法院開會時，關係院院長及各部會首長得列席陳述意見。

第七二條　立法院法律案通過後，移送總統及行政院，總統應於收到後十日內公佈之，但總統得依照本憲法第五十七條之規定辦理。

第七三條　立法委員在院內所爲之言論及表決，對院外不負責任。

第七四條　立法委員，除現行犯外，非經立法院許可，不得逮捕或拘禁。

第七五條　立法委員不得兼任官吏。

第七六條　立法院之組織，以法律定之。

第七章　司法

第七七條　司法院爲國家最高司法機關，掌理民事、刑事、行政訴訟之審判及公務員之懲戒。

第七八條　司法院解釋憲法，並有統一解釋法律及命令之權。

第七九條　司法院設院長、副院長各一人，由總統提名，經監察院同意任命之。

司法院設大法官若干人，掌理本憲法第七十八條規定事項，由總統提名，經監察院同意任命之。

第八〇條　法官須超出黨派以外，依據法律獨立審判，不受任何干涉。

第八一條　法官爲終身職，非受刑事或懲戒處分，或禁治產之宣告，不得免職。非依法律不得停職、轉任或減俸。

第八二條　司法院及各級法院之組織，以法律定之。

第八章 考試

第八三條 考試院為國家最高考試機關，掌理考試、任用、銓敘、考績、級俸、陞遷、保障、褒獎、撫恤、退休、養老等事項。

第八四條 考試院設院長、副院長各一人，考試委員若干人，由總統提名，經監察院同意任命之。

第八五條 公務人員之選撥，應實行公開競爭之考試制度，並應按省區分別規定名額，分區舉行考試。非經考試及格者，不得任用。

第八六條 左列資格，應經考試院依法考選銓定之：

一 公務人員任用資格；

二 專門職業及技術人員執業資格。

第八七條 考試院關於所掌事項，得向立法院提出法律案。

第八八條 考試委員須超出黨派以外，依據法律獨立行使職權。

第八九條 考試院之組織，以法律定之。

第九章 監察

第九〇條 監察院為國家最高監察機關，行使同意、彈劾、糾舉及審計權。

第九一條 監察院設監察委員，由各省、市議會，蒙古、西藏地方議會及華僑團體選舉之。其名額分配依左列之規定：

一 每省五人；

二 每直轄市二人；

三 蒙古各盟旗共八人；

四 西藏八人；

五 僑居國外之國民八人。

第九二條 監察院設院長、副院長各一人，由監察委員互選之。

第九三條 監察委員之任期為六年，連選得連任。

第九四條 監察院依本憲法行使同意權時，出席委員過半數之議決行之。

第九五條 監察院為行使監察權，得向行政院及各部會調閱其所發佈之命令及各種有關文件。

第九六條 監察院得按行政院及其各部會之工作，分設若干委員，調查一切設施，注意其是否違法或失職。

第九七條　監察院經各該委員會之審查及決議，得提出糾正案，移送行政院及其有關部會，促其注意改善。監察院對於中央及地方公務人員，認為有失職或違法情事，得提出糾舉案或彈劾案，如涉及刑事，應移送法院辦理

第九八條　監察院對於中央及地方公務人員之彈劾案，須經監察委員一人以上之提議，九人以上之審查及決定，始得提出。

第九九條　監察院對於司法院或考試院人員失職或違法之彈劾，適用本憲法第九十五條、第九十七條及第九十八條之規定。

第一〇〇條　監察院對於總統、副總統之彈劾案，須有全體監察委員四分之一以上之提議，全體監察委員過半數之審查及決議，向國民大會提出之。

第一〇一條　監察委員在院內所為之言論及表決，對院外不負責任。

第一〇二條　監察委員，除現行犯外，非經監察院許可，不得逮捕或拘禁。

第一〇三條　監察委員不得兼任其他公職或執行業務。

第一〇四條　監察院設審計長，由總統提名，經立法院同意任命之。

第一〇五條　審計長應於行政院提出決算後三個月內，依法完成其審核，並提出審核報告於立法院。

第一〇六條　監察院之組織，依法律定之。

第十章　中央與地方之權限

第一〇七條　左列事項，由中央立法並執行之：

一　外交；

二　國防與國防軍事；

三　國籍法及刑事、民事、商事之法律；

四　司法制度；

五　航空、國道、國有鐵路、航政、郵政及電政；

六　中央財政與國稅；

七　國稅與省稅、縣稅之劃分；

八　國營經濟事業；

九　幣制及國家銀行；

十　度量衡；

十一　國際貿易政策；

十二　涉外之財政經濟事項；

十三　其他依本憲法所定關於中央之事項。

第一〇八條　左列事項，由中央立法並執行之，或交由省、縣執行之：

一　省、縣自治通則；

二　行政區劃；

三　森林、工礦及商業；

四　教育制度；

五　銀行及交易所制度；

六　航業及海洋漁業；

七　公用事業；

八　合作事業；

九　二省以上之水陸交通運輸；

十　二省以上之水利、河道及農牧事業；

十一　中央及地方官吏之銓敘、任用、糾察及保障；

十二　土地法；

十三　勞動法及其他社會立法；

十四　公用徵收；

十五　全國戶口調查及統計；

十六　移民及墾殖；

十七　警察制度；

十八　公共衛生；

十九　賑濟、撫恤及失業救濟；

二十　有關文化之古籍、古物及古蹟之保存。

前項各款，省於不牴觸國家法律內，得制定單行法規。

第一〇九條　左列事項，由省立法並執行之，或交由縣執行之：

一　省教育、衛生、實業及交通；

二　省財產之經營及處分；

三　省市政；

四　省公營事業；

五　省合作事業；

六　省農林、水利、漁牧及工程；

七　省財政及省稅；

八　省債；

九　省銀行；

十　省警政之實施；

十一　省慈善及公益事業；

十二　其他依國家法律賦予之事項。

前項各款，有涉及二省以上者，除法律別有規定外，得由有關各省共同辦理。

各省辦理第一項各款事務，其經費不足時，經立法院議決，由國庫補助之。

第一一○條　左列事項，由縣立法並執行之：

一　縣教育、衛生、實業及交通；

二　縣財產之經營及處分；

三　縣公營事業；

四　縣合作事業；

五　縣農林、水利、漁牧及工程；

六　縣財政及縣稅；

七　縣債；

八　縣銀行；

九　縣警衛之實施；

十　縣慈善及公益事項；

十一　其他依國家法律及省自治法賦予之事項。

前項各款，有涉及二縣以上者，除法律別有規定外，得由有關各縣共同辦理。

第一一一條　除第一百零七條、第一百零八條，第一百零九條及第一百一十條列舉事項外，如有未列舉事項發生時，其事務有全國一致之性質者屬於中央，有全省一致之性質者屬於省，有一縣之性質者屬於縣。遇有爭議時，由立法院解決之。

第十一章　地方制度
第一節　省

第一一二條　省得召集省民代表大會，依據省縣自治通則，制定自治法，但不得與憲法牴觸。

省民代表大會之組織及選舉，以法律定之。

第一一三條　省自治法應包含左列各款：

一　省設省議會，省議會議員由省民選舉之；

二　省設省政府，置省長一人，省長由省民選舉之；

三　省與縣之關係。

屬於省之立法權，由省議會行之。

第一一四條　省自治法制定後，須即送司法院。司法院如認為有違憲之處，應將違憲條文宣佈無效。

第一一五條　省自治法施行中，如因其中某條發生重大障礙，經司法院召集有關方面陳述意見後，由行政院院長、立法院院長、司法院院長、考試院院長與監察院院長組織委員會，以司法院院長為主席，提出方案解決之。

第一一六條　省法規與國家法律牴觸者無效。

第一一七條　省法規與國家法律有無牴觸發生疑義時，由司法院解釋之。

第一一八條　直轄市之自治，以法律定之。

第一一九條　蒙古各盟旗地方自治制度，以法律定之。

第一二〇條　西藏自治制度，應予以保障。

第二節　縣

第一二一條　縣實行縣自治。

第一二二條　縣得召集縣民代表大會，依據省縣自治通則，制定縣自治法，但不得與憲法及省自治法牴觸。

第一二三條　縣民關於縣自治事項，依法律行使創制、復決之權，對於縣長及其他縣自治人員，依法律行使選舉、罷免之權。

第一二四條　縣設縣議會。縣議會議員由縣民選舉之。屬於縣之立法權，由縣議會行之。

第一二五條　縣單行規章，與國家法律或省法規牴觸者無效。

第一二六條　縣設縣政府，置縣長一人。縣長由縣民選舉之。

第一二七條　縣長辦理縣自治，並執行中央及省委辦事項。

第一二八條　市准用縣之規定。

第十二章　選舉罷免創制復決

第一二九條　本憲法所定之各種選舉，除本憲法別有規定外，以普遍、平等、直接及無記名投票之方法行之。

第一三〇條　中華民國國民年滿二十歲者，有依法選舉之權，除本憲法及法律別有規定者外。年滿二十三歲者，有依法被選舉之權。

第一三一條　本憲法所規定各種選舉之候選人，一律公開競選。

第一三二條　選舉應嚴禁威脅利誘。選舉訴訟，由法院審判之。

第一三三條　被選舉人得由原選舉區依法罷免之。

第一三四條　各種選舉，應規定婦女當選名額，其辦法以法律定之。

第一三五條　內地生活習慣特殊之國民代表名額及選舉，其辦法以法律定之。

第一三六條　創制、復決兩權之行使，以法律定之。

第十三章　基本國策

第一節　國防

第一三七條　中華民國之國防，以保衛國家安全，維護世界和平為目的。國防之組織，以法律定之。

第一三八條　全國陸海空軍，須超出個人、地域及黨派關係以外，效忠國家，愛護人民。

第一三九條　任何黨派及個人不得以武裝力量為政爭之工具。

第一四〇條　現役軍人不得兼任文官

第二節　外交

第一四一條　中華民國之外交，應本獨立自主之精神，平等互惠之原則，敦睦邦交，尊重條約及聯合國憲章，以保護僑民權益，促進國際合作，提倡國際正義，確保世界和平。

第三節　國民經濟

第一四二條　國民經濟應以民生主義為基本原則，實施平均地權、節制資本，以謀國計民生之均足。

第一四三條　中華民國領土內之土地屬於國民全體。人民依法取得之土地所有權，應受法律之保障與限制。私有土地應照價納稅，政府並得照價收買。

附著於土地之礦，及經濟上可供公眾利用之天然力，屬於國家所有，不因人民取得土地所有權而受影響。

土地價值非因施以勞力資本而增加者，應由國家徵收土地增值稅，歸人民共享之。

　　國家對於土地之分配與整理，應以扶植自耕農及自行使用土地人為原則，並規定其適當經營之面積。

　　第一四四條　公用事業及其他有獨佔性之企業，以公營為原則，其經法律許可者，得由國民經營之。

　　第一四五條　國家對於私人財富及私營事業，認為有妨害國計民生之平衡發展者，應以法律限制之。

　　合作事業應受國家之獎勵與扶助。

　　國民生產事業及對外貿易，應受國家之獎勵、指導及保護。

　　第一四六條　國家應運用科學技術，以興修水利，增進地力，改善農業環境，規劃土地利用，開發農業資源，促成農業之工業化。

　　第一四七條　中央為謀省與省間之經濟平衡發展，對於貧瘠之省，應酌予補助。

　　省為謀縣與縣間之經濟平衡發展，對於貧瘠之縣，應酌予補助。

　　第一四八條　中華民國領域內，一切貨物應許自由流通。

　　第一四九條　金融機構，應依法受國家之管理。

　　第一五〇條　國家應普設平民金融機構，以救濟失業。

　　第一五一條　國家對於僑居國外之國民，應扶助並保護其經濟事業之發展。

第四節　社會安全

　　第一五二條　人民具有工作能力者，國家應予以適當之工作機會。

　　第一五三條　國家為改良勞工及農民之生活，增進其生產技能，應制定保護勞工及農民之法律，實施保護勞工及農民之政策。

　　婦女兒童從事勞動者，應按其年齡及身體狀態，予以特別之保護。

　　第一五四條　勞資雙方應本協調合作原則，發展生產事業。勞資糾紛之調解與仲裁，以法律定之。

　　第一五五條　國家為謀社會福利，應實施社會保險制度。人民之老弱殘廢，無力生活，及受非常災害者，國家應予以適當之扶助與救濟。

　　第一五六條　國家為奠定民族生存發展之基礎，應保護母性，並實施婦女兒童福利政策。

　　第一五七條　國家為增進民族健康，應普遍推行衛生保健事業及公醫制度。

第五節　教育文化

第一五八條　教育文化，應發展國民之民族精神、自治精神、國民道德、健全體格、科學及生活智慧。

第一五九條　國民受教育之機會一律平等。

第一六〇條　六歲至十二歲之學齡兒童，一律受基本教育，免納學費。其貧苦者，由政府供給書籍。

已逾學齡未受基本教育之國民，一律受補習教育，免納學費，其書籍亦由政府供給。

第一六一條　各級政府應廣設獎學金名額，以扶助學行俱優無力升學之學生。

第一六二條　全國公私立之教育文化機關，依法律受國家之監督。

第一六三條　國家應注重各地區教育之均衡發展，並推行社會教育，以提高一般國民之文化水準，邊遠及貧瘠地區之教育文化經費，由國庫補助之。其重要之教育文化事業，得由中央辦理或補助之。

第一六四條　教育、科學、文化之經費，在中央不得少於其預算總額百分之十五，在省不得少於預算總額百分之二十五，在市縣不得少於其預算總額百分之三十五。其依法設置之教育文化基金及產業，應予以保障。

第一六五條　國家應保障教育、科學、藝術工作者之生活，並依國民經濟之進展，隨時提高其待遇。

第一六六條　國家應獎勵科學之發明與創造，並保護有關歷史文化藝術之古蹟古物。

第一六七條　國家對於左列事業或個人予以獎勵或補助：

一　國內私人經營之教育事業成績仿良者；

二　僑居國外國民之教育事業成績優良者；

三　於學術或技術有發明者；

四　從事教育久於其職而成績優良者。

第六節　邊疆地區

第一六八條　國家對於邊疆地區各民族之地位，應予以合法之保障，並於其地方自治事業，特別予以扶植。

第一六九條　國家對於邊疆地區各民族之教育、文化、交通、水利、衛生及其他經濟、社會事業，應積極舉辦，並扶助其發展，對於土地使用，應依其氣候，土壤性質，及人民生活習慣之所宜，予以保障及發展。

第十四章　憲法之施行及修改

第一七○條　本憲法所稱之法律，謂經立法院通過，總統公佈之法律。

第一七一條　法律與憲法牴觸者無效。

法律與憲法有無牴觸發生疑義時，由司法院解釋之。

第一七二條　命令與憲法或法律牴觸者無效。

第一七三條　憲法之解釋，由司法院爲之。

第一七四條　憲法之修改，應以左列程序之一爲之：

一　由國民大會代表總額五分之一之提議，三分之二之出席，及出席代表四分之三之決議，得修改之。

二　由立法院立法委員四分之一之提議，四分之三之出席，及出席委員四分之三之決議，擬定憲法修正案，提請國民大會復決。此項憲法修正案，應於國民大會開會前半年公告之。

第一七五條　本憲法規定事項，有另定實施程序之必要者，以法律定之。

本憲法施行之準備程序，由制定憲法之國民大會議定之。

七、動員戡亂時期臨時條款

【參見李福鍾撰文，檔案管理局編：《時代輪廓——嶄新與蛻變的歷程：國民大會修憲檔案專題選輯》，臺北 2008 年版，第 17～35 頁；謝政道著：《中華民國修憲史》，揚智文化事業股份有限公司 2007 年版，附錄 2～6。】

（1948 年 4 月 18 日，依照憲法第一百七十四條第一款程序，第一屆國民大會第一次會議通過動員戡亂時期臨時條款，5 月 14 日，該條款正式施行，並規定有效期爲兩年半。1954 年 3 月 11 日，第一屆國民大會第二次會決議該條款繼續有效。1960 年 3 月、1966 年 2 月、1966 年 3 月、1972 年 3 月國民大會先後四次修訂該條款，增至 11 條。1991 年 4 月，第一屆國民大會第二次臨時會決議廢止該條款。）

第一條　（總統緊急處分權）

一、總統在戡亂時期，爲避免國家或人民遭遇緊急危難，或應付財政經濟上重大變故，得經行政院會議之決議，爲緊急處分，不受憲法第三十九或第四十三條所規定之限制。

第二條　（立法院緊急處分之變更或廢止權）

二、前項緊急處分，立法院得依憲法第五十七款第二款現定之程序變更或廢止之。

第三條　（總統、副總統得連選連任）

三、動員戡亂時期，總統、副總統得連選連任，不受憲法第四十七條連任一次之限制。

第四條　（動員戡亂機構之設置）

四、動員戡亂時期，本憲政體制，授權總統得設置動員戡亂機構，決定動員戡亂有關大政方針，並處理戰地政務。

第五條　（中央行政人事機構組織之調整）

五、總統爲適應動員戡亂需要，得調整中央政府之行政機構、人事機構及其組織。

第六條　（中央民意代表之增補選）

六、動員戡亂時期，總統得依下列規定，訂頒辦法，充實中央民意代表機構，不受憲法第二十六條、第六十四條及第九十一條之限制：

（一）在自由地區增加中央民意代表名額，定期選舉，其須由僑居國外國民選出之立法委員及監察委員，事實上不能辦理選舉者，得由總統訂定辦法遴選之。

（二）第一屆中央民意代表，係經全國人民選舉所產生，依法行使職權，其增選補選者亦同。

大陸光復地區，次第辦理中央民意代表之選舉。

（三）增加名額選出之中央民意代表，與第一屆中央民意代表，依法行使職權。

增加名額選出之國民大會代表每六年改選，立法委員每三年改選，監察委員每六年改選。

第七條　（創制復決辦法之制定）

七、動員戡亂時期，國民大會得制定辦法，創制中央法律原則與復決中央法律，不受憲法第二十七條第二項之限制。

第八條　（國民大會臨時會之召集）

八、在戡亂時期，總統對於創制案或復決案認爲有必要時，得召集國民大會臨時會討論之。

第九條　（憲政研究機構之設置）

九、國民大會於閉會期間，設置研究機構，研討憲政有關問題。

第十條　（動員戡亂時期之終止）

十、動員戡亂時期之終止，由總統宣告之。

第十一條　（臨時條款之修廢）

十一、臨時條款之修訂或廢止，由國民大會決定之。

參考文獻

一、史料

1. 中國第二歷史檔案館編：《中華民國史檔案資料彙編》第 5 輯，江蘇古籍出版社 1998 年版。

2. 秦孝儀主編：《中華民國重要史料初編——對日抗戰時期》第 7 編，臺北中國國民黨中央委員會黨史委員會 1981 年版。

3. 萬仁元、方慶秋主編：《中華民國史史料長編》，南京大學出版社 1993 年版。

4. 中國第二歷史檔案館編：《國民黨政府政治制度檔案史料選編》，安徽教育出版社 1994 年版。

5. 李福鍾撰文，檔案管理局編：《時代輪廓——嶄新與蛻變的歷程：國民大會修憲檔案專題選輯》，臺北 2008 年版。

6. 榮孟源主編：《中國國民黨歷次代表大會及中央全會資料》，光明日報出版社 1985 年版。

7. 中央檔案館編：《中共中央文件選集》第 11～18 冊，中共中央黨校出版社 1991～1992 年版。

8. 秦孝儀主編：《先總統蔣公思想言論總集》，臺北中國國民黨中央委員會黨史委員會 1984 年版。

9. 秦孝儀總編纂：《總統蔣公大事長編初稿》卷 6～8，臺北中國國民黨中央委員會黨史委員會 1978 年版。

10. 〔日〕古屋奎二著：《蔣總統秘錄》，臺北中央日報社 1986 年版。

11. 中國民主同盟中央文史資料委員會編：《中國民主同盟歷史文獻（1941～1949）》，文史資料出版社 1983 年版。

12. 中共中央文獻編輯委員會編：《毛澤東選集》第 1～4 卷，人民出版社 1991 年版。

13. 孟廣涵主編：《國民參政會紀實》，重慶出版社 1985 年版。

14. 孟廣涵主編：《國民參政會紀實》（續編），重慶出版社 1987 年版。

15. 孟廣涵主編：《重慶談判紀實》，重慶出版社 1984 年版。

16. 孟廣涵主編：《政治協商會議紀實》，重慶出版社 1989 年版。

17. 國民大會秘書處編：《國民大會代表詢問案之答覆》，1946 年版。

18. 國民大會秘書處編：《國民大會會議記錄》，1946 年版。

19. 國民大會秘書處編：《國民大會實錄》，1946 年版。

20. 黃香山主編：《國民大會特輯》，東方出版社 1947 年版。

21. 夏新華、胡旭晟等整理：《近代中國憲政歷程：史料薈萃》，中國政法大學出版社 2004 年版。

22. 中央日報編印：《行憲法規》，1947 年版。

23. 王德貴等編：《「八‧一五」前後的中國政局》，東北師範大學出版社 1985 年版。

24. 方慶秋主編：《中國民主社會黨》，檔案出版社 1988 年版。

25. 方慶秋主編：《中國青年黨》，檔案出版社 1988 年版。

26. 高軍等主編：《中國現代政治思想史資料選輯》，四川人民出版社 1983 年版。

27. 張勇、蔡樂蘇主編：《中國思想史參考資料集——晚清至民國卷》（上下編），清華大學出版社 2005 年版。

28. 《中美關係資料彙編》第 1 輯，世界知識出版社 1957 年版。

29. 中國社會科學院近代史研究所翻譯室譯：《馬歇爾使華（美國特使馬歇爾出使中國報告書）》，中華書局 1981 年版。

30. 廣東省社會科學院歷史研究室、中國社會科學院近代史研究所中華民國史研究室、中山大學歷史系孫中山研究室合編：《孫中山全集》第 1～11 卷，中華書局 1981～1986 年版。

31. 曾景忠、梁之彥選編：《蔣經國自述》，團結出版社 2007 年版。

32. 陳啟天著：《寄園回憶錄》，臺北商務印書館 1965 年版。

33. 李宗仁口述，唐德剛撰寫：《李宗仁回憶錄》，廣西人民出版社 1988 年版。

34. 《白崇禧先生晚年訪問記錄》，臺北中央研究院近代史研究所 1984 年版；《白崇禧回憶錄》，解放軍出版社 1987 年版。

35. 程思遠著：《政壇回憶》，廣西人民出版社 1983 年版。

36. 張治中著：《張治中回憶錄》，文史資料出版社 1985 年版。

37. 蔣經國著：《我的父親》，臺北正中書局 1976 年版。

38. 公安部檔案館編注：《在蔣介石身邊八年——侍從室高級幕僚唐縱日記》，群眾出版社 1991 年版。

39. 文思主編：《我所知道的蔣介石》，中國文史出版社 2003 年版。

40. 翁元口述，王豐記錄：《我在蔣介石父子身邊四十三年》，華文出版社 2003 年版。

41. 《親歷者講述：蔣介石·1949》，中國文史出版社 2009 年版。

42. 《親歷者講述：蔣介石》，中國文史出版社 2009 年版。

43. 齊甫編：《名人談蔣介石》，新疆人民出版社 1996 年版。

44. 啓躍編：《國民黨怎樣丟失了大陸？》，新疆人民出版社 1997 年版。

45. 龔選舞著：《一九四九國府垮臺前夕——前中央日報記者親歷一個政權的大敗局》，世界圖書出版公司 2012 年版。

46. 畢養賽主編：《中國當代理學大師馬一浮》，上海人民出版社 1992 年版。

47. 〔日〕富野磯士子整理，吳心伯譯：《蔣介石的美國顧問——歐文·拉鐵摩爾回憶錄》，復旦大學出版社 1996 年版。

48. 王雲五著，王學哲編：《岫廬八十自述節錄本》，臺灣商務印書館 2003 年版。

49. 《王世杰日記》，臺北中央研究院近代史研究所 1990 年影印本。

50. 蔣勻田著：《中國近代史轉捩點》，香港友聯出版有限公司 1976 年版。

51. 李璜：《學鈍室回憶錄》，臺北傳記文學出版社 1978 年版。

52. 許漢三編：《黃炎培年譜》，文史資料出版社 1985 年版。

53. 中國社會科學院近代史研究所中華民國史研究室編：《中華民國史資料叢稿·黃炎培日記摘錄》，中華書局 1979 年版。

54. 《申報》

55. 《中央日報》

56. 《大公報》

57. 《解放日報》

58. 《觀察》

59. 《新華日報》

60. 《文史資料選輯》

61. 《近代史資料》

62. 《國外中國近代史研究》

63. 《歷史檔案》

64. 《民國檔案》

二、著作

1. 曾景忠著：《中華民國史研究述評》，中國社會科學出版社 1992 年版。

2. 張海鵬主編：《五十年來的中國近代史研究》，上海書店 1999 年版。

3. 胡大澤編著：《美國的中國近現代史研究》，中國社會科學出版社 2004 年版。

4. 陳伯達著：《人民公敵蔣介石》，人民出版社 1948 年版。

5. 汪榮祖、李敖著：《蔣介石評傳》，中國友誼出版公司 2000 年版。

6. 嚴如平、鄭則民著：《蔣介石傳稿》，中華書局 1992 年版。

7. 董顯光著：《蔣總統傳》，臺北中華文化出版社 1967 年版。

8. 張憲文、方慶秋主編：《蔣介石全傳》，河南人民出版社 1996 年版。

9. 楊樹標著：《蔣介石傳》，群眾出版社 1989 年版。

10. 榮孟源著：《蔣家王朝》，中國青年出版社 1980 年版。

11. 鴻鳴著：《蔣家王朝》，香港中原出版社 1986 年版、農村讀物出版社 1988 年版。

12. 宋平著：《蔣介石全傳》，吉林人民出版社 1996 年版。

13. 〔蘇〕沃龍佐夫著，王長國等譯：《蔣介石傳》，新華出版社 1992 年版。

14. 〔美〕布賴恩·克羅澤著，封長虹譯：《蔣介石傳》，內蒙古人民出版社 1995 年版。

15. 李理、夏潮著：《一世梟雄蔣介石》，金城出版社 1996 年版。

16. 黎東方著：《蔣公介石序傳》，臺北聯經出版事業公司 1976 年版。

17. 〔美〕黃仁宇著：《從大歷史角度讀蔣介石日記》，九州出版社 2007 年版。

18. 楊天石著：《找尋眞實的歷史——蔣介石日記解讀》，山西人民出版社 2008 年版。

19. 楊天石著：《找尋眞實的歷史——蔣介石日記解讀》（第二集），山西人民出版社 2010 年版。

20. 郝柏村著：《郝柏村解讀蔣公日記（1945～1949）》，天下遠見出版股份有限公司 2011 年版。

21. 〔美〕陶涵著，林添貴譯：《蔣介石與現代中國》，中信出版社 2012 年版。

22. 〔英〕喬納森·芬比著，陳一鳴譯：《蔣介石傳》，中國青年出版社 2011 年版。

23. 蔣永敬、劉維開著：《蔣介石與國共和戰（1945～1949）》，山西人民出版社 2013 年版。

24. 劉維開著：《蔣介石的 1949：從下野到再起》，山西人民出版社 2013 年版。

25. 汪朝光等著：《天下得失：蔣介石的人生》，山西人民出版社 2012 年版。

26. 汪朝光主編：《蔣介石的人際網絡》，社會科學文獻出版社 2011 年版。

27. 汪朝光著：《1945～1949：國共政爭與中國命運》，社會科學文獻出版社 2010 年版。

28. 楊躍進著：《蔣介石的幕僚》，中國社會科學出版社 1997 年版。

29. 庹平著：《蔣介石研究：解讀蔣介石的政治理念》，團結出版社 2001 年版。

30. 李勇、張仲田編著：《蔣介石年譜》，中共黨史出版社 1995 年版。

31. 黃道炫、陳鐵健著：《蔣介石：一個力行者的思想資源》，山西人民出版社 2012 年版。

32. 王彥民著：《蔣介石與國民黨腐敗》，安徽大學出版社 1998 年版。

33. 李松林、劉紅著：《蔣介石兵敗大陸》，河北人民出版社 1993 年版。

34. 陳紅民主編：《中外學者論蔣介石——蔣介石與近代中國國際學術研討會論文集》，浙江大學出版社 2013 年版。

35. 〔日〕家近亮子著，王士花譯：《蔣介石與南京國民政府》，社會科學文獻出版社，2005 年版。

36. 〔日〕深町英夫著：《近代廣東的政黨‧社會‧國家——中國國民黨及其黨國體制的形成過程》，社會科學文獻出版社 2003 年版。

37. 郭貴儒著：《從繁盛到衰敗——大陸時期的中國國民黨》，華文出版社 1999 年版。

38. 蔣永敬著：《國民黨興衰史》，臺灣商務印書館 2003 年版。

39. 譚一青著：《蔣介石與美國》，中國青年出版社 2003 年版。

40. 〔美〕鄒讜著，王寧、周先進譯：《美國在中國的失敗》，上海人民出版社 1997 年版。

41. 崔書琴著：《三民主義新論》，臺灣商務印書館 1992 年版。

42. 苗建寅主編：《中國國民黨史》，西安交通大學出版社 1990 年版。

43. 彥奇、張同新主編：《中國國民黨史綱》，黑龍江人民出版社 1991 年版。

44. 宋春、於文藻主編：《中國國民黨臺灣四十年史》，吉林文史出版社 1990 年版。

45. 李鴻生主編：《中國國民黨史研究》，神州出版社 1992 年版。

46. 李建新、李錦順著：《近代中國的議會與憲政》，甘肅人民出版社出版 2005 年版。

47. 陳興唐主編：《中國國民黨大事典》，中國華僑出版社 1993 年版。

48. 邱錢牧主編：《中國政黨史》，山西人民出版社 1991 年版。

49. 王奇生著：《黨員、黨權與黨爭——1924～1949 年中國國民黨的組織形態》，華文出版社 2010 年版。

50. 崔之清主編：《國民黨政治與社會結構之演變（1905～1949）》，社會科學文獻出版社 2007 年版。

51. 郭緒印主編：《國民黨派系鬥爭史》，上海人民出版社 1992 年版。

52. 孔慶泰等著：《國民黨政府政治制度史》，安徽教育出版社 1998 年版。

53. 王兆剛著：《國民黨訓政體制研究》，中國社會科學出版社 2004 年版。

54. 付春揚著：《民國時期政體研究（1925～1947 年）》，法律出版社 2007 年版。

55. 楊奎松著：《國民黨的聯共與反共》，社會科學文獻出版社 2008 年版。

56. 鄧野著：《聯合政府與一黨訓政——1944～1946 年間的國共政爭》，社會科學文獻出版社 2003 年版。

57. 鄧野著：《民國的政治邏輯》，社會科學文獻出版社 2010 年版。

58. 金沖及著：《轉折年代——中國的 1947 年》，生活・讀書・新知三聯書店 2002 年版。

59. 劉統著：《中國的 1948 年——兩種命運的決戰》，生活・讀書・新知三聯書店 2006 年版。

60. 〔美〕易勞逸著，陳謙平、陳紅民等譯：《流產的革命——1927～1937 年國民黨統治下的中國》，中國青年出版社 1992 年版。

61. 〔美〕易勞逸著，王建朗等譯：《毀滅的種子：戰爭與革命中的國民黨中國（1937～1949）》，江蘇人民出版社 2009 年版。

62. 〔美〕斯特林・西格雷夫著：《宋家王朝》，中國文聯出版公司出版 1986 年版。

63. 秦孝儀主編：《中華民國政治發展史》，近代中國出版社 1985 年版。

64. 荊知仁著：《中國立憲史》，臺北聯經出版事業公司 1984 年版。

65. 徐矛著：《中華民國政治制度史》，上海人民出版社 1992 年版。

66. 陳瑞雲著：《現代中國政府》，吉林文史出版社 1988 年版。

67. 袁繼成等主編：《中華民國政治制度史》，湖北人民出版社 1991 年版。

68. 張皓著：《中國現代政治制度史》，北京師範大學出版社 2004 年版。

69. 〔美〕費正清主編，楊品泉等譯：《劍橋中華民國史》，中國社會科學出版社 1993 年版。

70. 〔美〕費正清著，劉尊棋譯：《偉大的中國革命（1800～1985）》，世界知識出版社 2001 年版。

71. 張憲文等著：《中華民國史》第 1～4 卷，南京大學出版社 2005 年版。

72. 朱漢國、楊群主編：《中華民國史》第 1～10 卷，四川人民出版社 2006 年版。

73. 王建朗、曾景忠著：《中國近代通史：抗日戰爭（1937～1945）》，江蘇人民出版社 2007 年版。

74. 汪朝光著：《中國近代通史：中國命運的決戰（1945～1949）》，江蘇人民出版社 2007 年版。

75. 汪朝光著：《中華民國史》第 3 編第 5 卷，中華書局 2000 年版。

76. 朱宗震、陶文釗著：《中華民國史》第 3 編第 6 卷，中華書局 2000 年版。

77. 韓信夫、姜克夫主編：《中華民國大事記》第 5 冊，中國文史出版社 1997 年版。

78. 韓信夫、姜克夫主編：《中華民國史大事記》第 10、11、12 卷，中華書局 2011 年版。

79. 劉仲敬著：《民國紀事本末：1911～1949》，廣西師範大學出版社 2013 年版。

80. 〔美〕齊錫生著，楊雲若、蕭延中譯：《中國的軍閥政治（1916～1928）》，中國人民大學出版社 2010 年版。

81. 陳志讓著：《軍紳政權》，廣西師範大學出版社 2008 年版。

82. 耿雲志等著：《西方民主在近代中國》，中國青年出版社 2003 年版。

83. 張學仁、陳寧生主編：《二十世紀之中國憲政》，武漢大學出版社 2002 年版。

84. 張朋園著：《中國民主政治的困境，1909～1949》，吉林出版集團有限責任公司 2008 年版。

85. 王永祥著：《中國現代憲政運動史》，人民出版社 1996 年版。

86. 殷嘯虎著：《近代中國憲政史》，上海人民出版社 1997 年版。

87. 姜平著：《中國百年民主憲政運動》，甘肅人民出版社 1998 年版。

88. 徐祥民著：《中國憲政史》，青島海洋大學出版社 2002 年版。

89. 韋慶遠等著：《清末憲政史》，中國人民大學出版社 1993 年版。

90. 高旺著：《晚清中國政治轉型：以清末憲政改革爲中心》，中國社會科學出版社 2003 年版。

91. 吳春梅著：《一次失控的近代化改革——關於清末新政的理性思考》，安徽大學出版社 1998 年版。

92. 嚴泉著：《失敗的遺產——中華首屆國會制憲（1913～1923）》，廣西師範大學出版社 2007 年版。

93. 賀淵著：《三民主義與中國政治》，社會科學文獻出版社 2002 年版。

94. 韋傑廷、陳先初著：《孫中山民權主義探微》，廣西師範大學出版社 1995 年版。

95. 王蓓著：《孫中山政治心理思想研究》，中國社會科學出版社 2004 年版。

96. 丁永隆、孫宅巍著：《南京政府的覆亡》，河南人民出版社 1987 年版。

97. 傅金鐸、張連月主編：《中國政黨：統治大陸時期的中國國民黨》，華文出版社 2002 年版。

98. 侯宜傑：《20 世紀初中國政治改革風潮——清末立憲運動史》，人民出版社 1993 年版。

99. 楊奎松編：《走近真實——中國革命的透視》，湖北教育出版社 2001 年版。

100. 〔美〕石約翰著，王國良譯：《中國革命的歷史透視》，東方出版中心 1998 年版。

101. 秦立海著：《民主聯合政府與政治協商會議——1944～1949 年的中國政治》，人民出版社 2008 年版。

102. 紀亞光等著：《戰後中國政黨與政治研究》，天津人民出版社 2009 年版。

103. 謝政道著：《孫中山之憲政思想》，五南圖書出版公司 1999 年版。

104. 謝政道著：《中華民國修憲史》，揚智文化事業股份有限公司 2007 年版。

105. 鍾國允著：《憲政體制之構建與發展》，翰蘆圖書出版有限公司 2006 年版。

106. 桂宏誠著：《中華民國立憲理論與 1947 年的憲政選擇》，秀威資訊科技股份有限公司 2008 年版。

107. 桂宏誠著：《中華立憲主義的思想根基——道德、民主與法治》，社會科學文獻出版社 2009 年版。

108. 王人博著：《憲政文化與近代中國》，法律出版社 1997 年版。

109. 王人博著：《憲政的中國之道》，山東人民出版社 2003 年版。

110. 郭寶平、朱國斌著：《探尋憲政之路——從現代化的視角檢討中國 20 世紀上半葉的憲政試驗》，山東人民出版社 2005 年版。

111. 夏新華等著：《近代中國憲法與憲政研究》，中國法制出版社 2007 年版。

112. 陸德生主編：《中國憲政史綱》，中國長安出版社 2004 年版。

113. 韓秀桃著：《司法獨立與近代中國》，清華大學出版社 2003 年版。

114. 徐宗勉等著：《近代中國對民主的追求》，安徽人民出版社 1986 年版。

115. 張君勱著：《中華民國憲法十講》，商務印書館 1948 年版。

116. 孔繁霖著：《五五憲草之評議》，時代出版社 1946 年版。

117. 聞黎明著：《第三種力量與抗戰時期的中國政治》，上海書店出版社 2004 年版。

118. 金耀基著：《中國民本思想史》，法律出版社 2008 年版。

119. 劉仰東編：《夢想的中國——三十年代知識界對未來的展望》，西苑出版社 1998 年版。

120. 陳茹玄著：《增訂中國憲法史》，世界書局 1947 年版。

121. 王良卿著：《三民主義青年團與中國國民黨關係研究（1938～1949）》，臺北近代中國出版社 1998 年版。

122. 王世杰、錢端升著，范忠信校勘：《比較憲法》，中國政法大學出版社 1998 年版。

123. 鄭大華著：《張君勱傳》，中華書局 1997 年版。

124. 夏洪躍著：《梁漱溟政治研究》，吉林人民出版社 2001 年版。

125. 李學通著：《書生從政——翁文灝》，蘭州大學出版社 1996 年版。

126. 馬鏡泉、趙士華著：《馬一浮評傳》，百花洲文藝出版社 2010 年版。

127. 許紀霖著：《無窮的困惑——黃炎培張君勱與現代中國》，上海三聯書店 1998 年版。

128. 鄭維東著：《政治秩序的構建——儒家政治文化與政治穩定》，吉林人民出版社 2002 年版。

129. 何懷宏編：《西方公民不服從的傳統》，吉林人民出版社 2001 年版。

130. 〔英〕米勒、〔英〕波格丹諾主編，鄧正來主譯：《布萊克維爾政治學百科全書》（修訂版），中國政法大學出版社 2002 年版。

131. 〔美〕戴爾·古德主編，徐奕春等編譯：《康普頓百科全書》（社會與社會科學卷），中國商務印書館、美國康普頓知識出版社 2006 年版。

132. 〔美〕詹姆斯·R·湯森、〔美〕布蘭特利·沃馬克著，顧速等譯：《中國政治》，江蘇人民出版社 1994 年版。

133. 〔美〕埃爾斯特等編，潘勤等譯：《憲政與民主：理性與社會變遷研究》，生活·讀書·新知三聯書店 1997 年版。

134. 〔美〕科恩著，聶崇信、朱秀賢譯：《論民主》，商務印書館 2007 年版。

135. 塞繆爾·P·亨廷頓著，王冠華等譯：《變化社會中的政治秩序》，生活·讀書·新知三聯書店 1989 年版。

136. 〔法〕托克維爾著，馮棠譯：《舊制度與大革命》，商務印書館 1996 年版。

137. 〔美〕列文森著，鄭大華、任菁譯：《儒教中國及其現代命運》，中國社會科學出版社 2000 年版。

138. 〔美〕邁克爾·G·羅斯金等著，林震等譯：《政治科學》，中國人民大學出版社 2014 年版。

139. 〔美〕亞歷山大·漢密爾頓等著，程逢如等譯：《聯邦黨人文集》，商務印書館 1980 年版。

140. Lyman P. Van Slyke, Enemies and Friends-The United Front in Chinese Communist History, Stanford University Press, 1987.

141. Audrey Wells, The Political Thought of Sun Yat-sen: Development and Impact, Palgrave, 2001.

142. Tang Tsou, Twentieth Century Chinese Politics: From the Pespectives of Macro-history and Micro-michanism, Oxford University Press, 1994.

三、文章

1. 彭厚文：《大陸蔣介石研究述評》，《湖北大學學報》1997 年第 5 期。

2. 楊樹標、楊菁：《評蔣介石研究》，《史學月刊》2002 年第 8 期。

3. 黃道炫：《1980 年代以來大陸蔣介石研究述評》，《近代史研究》2007 年第 1 期。

4. 陳紅民、何揚鳴：《蔣介石研究：六十年學術史的梳理與前瞻》，《學術月刊》2011 年第 5 期。

5. 茅家琦：《中國國民黨史研究概況述評》，《民國檔案》2003 年第 3 期。

6. 陳紅民：《回顧與展望：中國大陸地區的民國史研究》，《安徽史學》2010 年第 1 期。

7. 步平：《改革開放以來的中國近代史研究》，《光明日報》2009 年 1 月 13 日。

8. 薛恒：《民國議會史研究述評》，《近代史研究》2004 年第 3 期。

9. 李先倫、張偉濤：《抗戰時期憲政運動研究述評》，《西安文理學院學報》2006 年第 2 期。

10. 王永祥：《20 世紀中國憲政的回顧與思考》，《河北學刊》2001 年第 6 期。

11. 田子渝：《國民黨黨史館與「大溪檔案」》，《上海黨史與黨建》2002 年 10 月號。

12. 劉山鷹：《聯合政府的提出及其憲政意義》，《江蘇行政學院學報》2005 年第 3 期。

13. 劉山鷹：《1946 年政協會議與中國憲政設計》，《社會科學戰線》2005 年第 5 期。

14. 劉山鷹：《1946 年政協憲政方案失敗原因探析》，《現代法學》2005 年第 7 期。

15. 秦立海：《試論 1946 年政治協商會議對戰後中國政治藍圖的設計》，《歷史教學》2003 年第 5 期。

16. 秦立海：《蔣介石與 1948 年總統選舉》，《縱橫》2008 年第 7 期。

17. 秦立海：《1948 年李宗仁競選副總統始末》，《縱橫》2009 年第 2 期。

18. 秦立海：《1949 年春國民黨政府的府院之爭》，《百年潮》2002 年第 8 期。

19. 許章潤：《憲政：中國的困境與出路——梁漱溟憲政思想研究》，《法制與社會發展》2004 年第 2 期。

20. 周朗生：《在傳統與現代之間：梁漱溟的憲政之道》，《雲南師範大學學報》2008 年第 7 期。

21. 丁三青：《一個自由主義者的痛苦抉擇——1946 年張君勱同意民社黨出席「國大」動因探微》，《史學月刊》2003 年第 9 期。

22. 時微、丁向輝：《美國憲法對 1946 年〈中華民國憲法〉的影響》，《湖南商學院學報》2005 年第 6 期。

23. 張朋園：《國民黨控制下的國會選舉（1947～1948）》，《中央研究院近代史研究所集刊》總第 35 期，2001 年。

24. 楊奎松：《毛澤東與蔣介石的比較研究》，參見：http://www.yangkuisong.net/xsyj/000069.htm

25. 陳建成：《國民黨第六次全國代表大會研究》，首都師範大學 2006 年碩士學位論文。

26. 高陽：《制憲國大述評》，蘭州大學 2007 年碩士學位論文。

27. 屬有國：《中國國民黨三次失去政權原因比較研究》，陝西師範大學 2002 年碩士學位論文。

28. 鄧野：《國民黨六屆二中全會研究》，《歷史研究》2000 年第 1 期。

29. 鄧野：《論國共重慶談判的政治性質》，《近代史研究》2005 年第 1 期。

30. 汪朝光：《簡論國共內戰時期國民黨的「戡亂動員」》，《上海大學學報》2005 年第 3 期。

31. 汪朝光：《危機中的因應——中國國民黨六屆三中全會研究》，《歷史研究》2008 年第 3 期。

32. 劉云：《司徒雷登與國共內戰（1946～1949）》，《江蘇教育學院學報》2004 年第 1 期。

33. 牛彤：《孫中山五權憲制中的國民大會》，《北京行政學院學報》，2003 年第 2 期。

34. 張鳴：《選舉在近代中國底層社會的工具性悖論》，《東南學術》2008 年第 3 期。

35. 鄧麗蘭：《民國憲政史上追求「直接民主」的嘗試及論爭——從「國民大會」觀民國政制的演變》，《人文雜誌》2004 年第 2 期。

36. 鄧麗蘭：《權力制度化的追求與挫折——民國政制史論綱》，《社會科學輯刊》2006 年第 4 期。

37. 鄧麗蘭：《民國憲政史上的「經濟民主」訴求及其論爭》，《福建論壇》2007 年第 3 期。

38. 趙丹：《中國近代憲政失敗的原因探析》,《山西省政法管理幹部學院學報》
    2008 年第 1 期。

39. 孫家紅：《中國憲政百年歷程概述》,《學習論壇》2006 年第 1 期。

40. 徐祥民、楊嫻婷：《中國憲政歷史的三個階段——兼論憲政的三種類型》,
    《學習與探索》2006 年第 2 期。

41. 聞黎明：《「國民大會議政會」芻議——抗戰時期改革中央政治體制的重
    大設計》,《抗日戰爭研究》1996 年第 3 期。

42. 胡春惠：《抗戰前國民政府之訓政與憲政之爭》,《國立政治大學歷史學報》
    1998 年第 15 期。

43. 石畢凡：《近代中國立憲主義思潮的演進——從「五五憲草」到「期成憲
    草」,《法制與社會發展》,2003 年第 2 期。

44. 石畢凡：《歷史性妥協的瞬間：近代中國移植西式憲政之最後嘗試》,《社
    會科學戰線》2004 年第 4 期。

45. 李松林：《簡析國民黨在大陸失敗的眞正原因》,《首都師範大學學報》1996
    年第 6 期。

46. 陳明明：《論南京國民政府腐敗的政治根源》,《南京師大學報》1997 年
    第 3 期。

47. 崔兆艾：《國民黨統治垮臺與中國革命勝利探因》,《理論學刊》2001 年
    第 4 期。

48. 譚奇倫：《從蔣介石等人的自白看國民黨在大陸失敗的原因》,《雲南財貿
    學院學報》1998 年第 3 期。

49. 劉會軍、鄭率：《論蔣介石個人獨裁的制約因素》,《東疆學刊》2003 年
    第 3 期。

50. 鄭率：《蔣介石 1928 年統一前後政治運籌評議》,《史學集刊》2003 年第
    4 期。

51. 祝天智：《論孫中山的憲政理論對國民黨的雙重影響》,《東方論壇》2006
    年第 1 期。

52. 譚肇毅：《蔣桂矛盾與國民政府的覆亡》,《學術論壇》1995 年第 2 期。

53. 劉景嵐、樂雪飛：《南京國民黨政權失敗原因再探討》,《史學月刊》2007
    年第 5 期。

54. 黃敏：《論解放戰爭時期國民黨內部鬥爭對其政權崩潰的影響》,《江西社
    會科學》2002 年第 6 期。

55. 易青：《「行憲」第一屆立法委員選舉之分析》,《南京社會科學》2004 年
    第 6 期。

56. 李雪松：《中國國民黨退臺後的三次「改造」及其對臺灣政治的影響》,
    東北師範大學 2008 年博士學位論文。

57. 袁偉時：《蔣介石在 1943 年──強國夢與憲政之路》，《炎黃春秋》2003 年第 7 期。

58. 李躍新：《蔣介石與孫中山訓政之不同》，《黃淮學刊》1996 年第 1 期。

59. 秦英君：《蔣介石與中國傳統文化》，《史學月刊》1999 年第 3 期。

60. 耿雲志：《孫中山的民權主義與國民黨的政治實踐》，「辛亥革命與 20 世紀中華民族振興」學術研討會論文集》，2001 年。

61. 王建華：《民初憲政對國民黨早期政治發展的影響》，《學海》2007 年第 4 期。

62. 王運紅：《近代中國的一個僞命題──憲政》，《洛陽大學學報》2006 年第 3 期。

63. 郭世祐：《是清末「憲政」還是清末「預備立憲」》，《光明日報》2008 年 10 月 12 日。

64. 李先倫：《20 世紀初晚清憲政與 40 年代國民黨憲政改革之比較》，《人大研究》2005 點第 8 期。

65. 李先倫、張福記：《抗戰時期國民黨憲政建設評析》，《長江論壇》2006 年第 3 期。

66. 李先倫、張子禮：《論南京國民政府時期三次憲政運動的演變》，《中共浙江省委黨校學報》2008 年第 4 期。

67. 王宗榮：《國民黨的「制憲國大」與「改組政府」》，《教學參考》1992 年第 6 期。

68. 王宗榮：《國民黨的「行憲國大」與總統副總統選舉》，《民國檔案》1991 年第 4 期。

69. 孫佳：《解放戰爭時期的國民黨與中間勢力關係研究──以民主同盟爲中心的考察》，上海師範大學 2006 年碩士學位論文。

70. 肖建生：《1946 年憲政運動的失敗及其教訓》，《炎黃春秋》2007 年第 11 期。

71. 鄭永年：《政治改革與中國國家建設》，《戰略與管理》2001 年第 2 期。

72. 王永祥：《孫中山五權憲法論政體模式辨析》，張憲文主編：《民國研究》第 2 輯，南京大學出版社 1995 年版。

73. 喬叢啓：《論孫中山憲政理論的主旋律》，《政法論壇》1990 年第 5 期。

74. 祝天智：《論孫中山的憲政理論對國民黨的雙重影響》，《東方論壇》2006 年第 1 期。

75. 祝天智：《孫中山的憲政理論：國民黨的財富抑或包袱》，《社會科學戰線》2006 年第 3 期。

76. 祝天智：《博弈論視閾中的抗戰時期憲政運動研究》，《重慶科技學院學報》2008 年第 9 期。

77. 李默海：《孫中山憲政思想及其實踐問題研究》，山東大學 2006 年博士學位論文。

78. 王繼洲：《孫中山「以黨治國」思想的演變與發展》，《廣東社會科學》1989 年第 3 期。

79. 顏軍：《孫中山民權主義研究》，中國社會科學院研究生院 2000 年博士學位論文。

80. 朱仁政：《孫中山權力制約思想研究》，吉林大學 2008 年博士學位論文。

81. 蔣國海、石麗芹：《抗戰時期中間勢力憲政思想與孫中山五權憲法思想比較》，《重慶大學學報》2006 年第 3 期。

82. 張太原、於寶：《抗戰勝利前後中共對國民黨召開國民大會態度的變化》，《抗日戰爭研究》2012 年第 2 期。

83. 褚宸舸：《「憲政」與「民主」的表達（1940～1947）——基於數據庫統計的中國憲法思想史研究》，《杭州師範大學學報》2009 年第 1 期。

84. 曹建坤：《1945～1949 年間中國共產黨與自由主義勢力的關係研究》，中共中央黨校 2007 年博士學位論文。

85. 閻小波：《論近代中國憲政期成之爭》，《南京大學學報》2008 年第 5 期。

86. 蕭功秦：《近代中國人對立憲政治的文化誤讀及其歷史後果》，《戰略與管理》1997 年第 4 期。

87. 劉維開：《中國國民黨六屆臨時中全會之研究（1948.4.4～4.6）》，《近代史研究》2009 年第 1 期。

88. 張瑞德：《遙制——蔣介石手令研究》，《近代史研究》2005 年第 05 期。

89. 荊月新：《民國末期中央立法權的思想與文本研究（1947～1949）》，華東政法大學 2008 年博士學位論文。

90. 聞黎明：《黃炎培與抗日戰爭時期的第二次憲政運動》，《近代史研究》1997 年第 5 期。

91. 聞黎明：《抗日戰爭時期憲政運動若干問題的再研究》，《近代史研究》2006 年第 5 期。

92. 熊秋良：《行憲國大代表選舉中的政黨博弈——以民、青兩黨與國民黨爲考察對象》，《史學月刊》2012 年第 9 期。

93. 唐秋遠：《中國民主社會黨的憲政探索——以〈再生〉雜誌爲主要視角（1946～1949）》，華中師範大學 2013 年碩士研究生學位論文。

94. 遲曉靜：《中國民主社會黨憲政訴求的博弈探析》，《山東社會科學》2012 年第 5 期。

95. 袁野：《張君勱的憲政主張與實踐——以 1946 年〈中華民國憲法〉爲視角》，《哈爾濱師範大學社會科學學報》2013 年第 4 期。

96. 陳華：《「行憲」與「戡亂」——陶希聖日記（1947～1953）的觀察與討論》，《國史館學術集刊》第 8 期（2006 年 6 月）。

97. 臧運祜：《孫中山先生五權憲法的文本體現——葉夏聲〈五權憲法草案〉研析》，《民國檔案》2005 年第 4 期。

98. 臧運祜：《孫中山五權憲法思想的演進》，《史學月刊》2007 年第 8 期。

99. 歐陽湘：《孫中山、葉夏聲與「五權憲法」草案》，《民國檔案》2008 年第 5 期。

100. 張皓：《蔣介石與 CC 系在〈中華民國憲法〉下的權力之爭》，《歷史檔案》2008 年第 2 期。

101. 鄭大華：《「九一八」後的民主憲政運動》，《求索》2006 年第 3 期。

102. 鄭大華：《重評 1946 年〈中華民國憲法〉》，《史學月刊》2003 年第 2 期。

103. 鄭大華：《張君勱與 1946 年〈中華民國憲法〉》，《淮陰師範學院學報》2003 年第 2 期。

104. 葉興藝：《現代中國第三勢力憲政設計研究》，吉林大學 2006 年博士學位論文。

105. 葉興藝：《張君勱憲政思想論綱》，《文史縱橫》2008 年第 5 期。

106. 陳德順：《西方憲政民主的內在價值衝突》，《政治學研究》2008 年第 3 期。

107. 付建明：《現代政治中的民主、法治與憲政》，《社會科學研究》2008 年第 3 期。

108. 楊陽：《在東西方縱橫視閾中析疑憲政概念》，《社會科學家》2008 年第 3 期。

109. 吳傳毅：《憲政視野中的民主政治》，《法學雜誌》2006 年第 1 期。

110. 陳峰、楊俊：《協商民主：提供「審議」傳統憲政理念的新視角》，《中共中央黨校學報》2008 年第 8 期。

111. 戴激濤：《協商民主對憲政主義的貢獻：理論及實踐》，《太平洋學報》2008 年第 6 期。

112. 孟慶順：《1923～1952 年埃及的憲政試驗》，《西亞非洲》1990 年第 4 期。

113. 張懷印：《非洲憲政發展：內涵、特徵及問題》，《西亞非洲》2008 年第 5 期。

114. 曾昭耀：《論墨西哥的政治現代化道路——墨西哥如何從考迪羅主義走向現代憲政制度》，《拉丁美洲研究》1993 年第 1 期。

115. 曾昭耀：《論墨西哥的政治現代化道路——墨西哥如何從考迪羅主義走向現代憲政制度（續）》，《拉丁美洲研究》1993 年第 2 期。

116. 陳永鴻：《論憲政的功能》，《太平洋學報》2008 年第 6 期。

117. 楊雪：《淺析憲政、法治、民主與共和》，《法制與社會》2007 年第 1 期。

118. 陳亞瓊：《論憲政與政治文明》，《湖北廣播電視大學學報》2006 年第 5
期。

119. 蔣永甫：《控制民主——貢斯當、托克維爾與密爾憲政思想比較》，《學術
探索》2008 年第 1 期。

後 記

多年來，筆者一直對民國政治進行探究，當年博士論文，即選擇這方面題目。關於國民黨、蔣介石、憲政和國共關係等問題，有一些初步心得。本書的出版，彙集了這些心得於文字間，也使得該項研究告一段落。擱筆之際，向受業恩師李書源教授和劉會軍教授多年的悉心指教致以敬意和感謝。諸學友王廣義、王明偉、王海明、郭豔波、楊曉軍等經常勉勵並時有學業切磋，白感受益非淺。需要特別指出的是，書稿修訂過程中，承蒙王海明撥冗校對，指出了大量明顯的疏失，使本書諸多瑕疵得以避免，其專心細緻精神以及學術功力令人敬佩，深表謝忱。

鄭率

2015 年 4 月于吉林大學寓所